Die Bonus-Seite

Ihr Vorteil als Käufer dieses Buches

Auf der Bonus-Webseite zu diesem Buch finden Sie zusätzliche Informationen und Services. Dazu gehört auch ein kostenloser **Testzugang** zur Online-Fassung Ihres Buches. Und der besondere Vorteil: Wenn Sie Ihr **Online-Buch** auch weiterhin nutzen wollen, erhalten Sie den vollen Zugang zum **Vorzugspreis**.

So nutzen Sie Ihren Vorteil

Halten Sie den unten abgedruckten Zugangscode bereit und gehen Sie auf **www.galileocomputing.de**. Dort finden Sie den Kasten **Die Bonus-Seite für Buchkäufer**. Klicken Sie auf **Zur Bonus-Seite / Buch registrieren**, und geben Sie Ihren **Zugangscode** ein. Schon stehen Ihnen die Bonus-Angebote zur Verfügung.

Ihr persönlicher **Zugangscode** trhc-3bpd-7vyz-5ui4

Marcus Throll, Oliver Bartosch

Einstieg in SQL

Verstehen, einsetzen, nachschlagen

Galileo Press

Liebe Leserin, lieber Leser,

zugegeben, die Structure Query Language gilt im Allgemeinen als trockene Materie. Dass dies nicht so sein muss, zeigen Marcus Throll und Oliver Bartosch mit ihrem bewährten Einstieg in die Welt von SQL. Sie folgen praxisnah den Entwicklungsschritten einer Datenbank, angefangen vom Entwurf über Datenbankdefinitionen bis hin zur Arbeit mit Rechteverwaltung und Automatisierung. Ideal für den Einsatz in der Lehre, das Selbststudium und der täglichen Praxis.

Sie lernen von Anfang an, wie man in SQL denkt und Lösungen entwickelt. Natürlich wissen auch die Autoren, dass es viele Abweichungen vom SQL-Standard gibt. Daher finden Sie am Ende des Buches eine Befehlsübersicht, die die herstellerspezifischen Unterschiede auflistet.

Die Beispieldatenbank, die im Buch eingesetzt wird, steht Ihnen selbstverständlich auch als Leser zur Verfügung. Auf der beiliegenden CD-ROM finden Sie eine von den Autoren entwickelte Übungssoftware, mit der Sie direkt loslegen können und ausprobieren können, ohne dass Sie zunächst ein Datenbanksystem installieren müssten.

Dieses Buch wurde mit großer Sorgfalt lektoriert und produziert. Sollten Sie dennoch Fehler finden oder inhaltliche Anregungen haben, scheuen Sie sich nicht, mit uns Kontakt aufzunehmen. Ihre Fragen und Änderungswünsche sind uns jederzeit willkommen.

Viel Vergnügen beim Lesen! Wir freuen uns auf den Dialog mit Ihnen.

Ihr Stephan Mattescheck
Lektorat Galileo Computing

stephan.mattescheck@galileo-press.de
www.galileocomputing.de
Galileo Press · Rheinwerkallee 4 · 53227 Bonn

Auf einen Blick

Der Name Galileo Press geht auf den italienischen Mathematiker und Philosophen Galileo Galilei (1564–1642) zurück. Er gilt als Gründungsfigur der neuzeitlichen Wissenschaft und wurde berühmt als Verfechter des modernen, heliozentrischen Weltbilds. Legendär ist sein Ausspruch *Eppur si muove* (Und sie bewegt sich doch). Das Emblem von Galileo Press ist der Jupiter, umkreist von den vier Galileischen Monden. Galilei entdeckte die nach ihm benannten Monde 1610.

Lektorat Stephan Mattescheck
Korrektorat Angelika Glock
Einbandgestaltung Barbara Thoben, Köln
Typografie und Layout Vera Brauner
Herstellung Norbert Englert
Satz SatzPro, Krefeld
Druck und Bindung Bercker Graphischer Betrieb, Kevelaer

Dieses Buch wurde gesetzt aus der Linotype Syntax Serif (9,25/13,25 pt) in FrameMaker.

Gerne stehen wir Ihnen mit Rat und Tat zur Seite:
stephan.mattescheck@galileo-press.de bei Fragen und Anmerkungen zum Inhalt des Buches
service@galileo-press.de für versandkostenfreie Bestellungen und Reklamationen
britta.behrens@galileo-press.de für Rezensions- und Schulungsexemplare

Bibliografische Information der Deutschen Nationalbibliothek
Die Deutsche Nationalbibliothek verzeichnet diese Publikation in der Deutschen Nationalbibliografie; detaillierte bibliografische Daten sind im Internet über *http://dnb.d-nb.de* abrufbar.

ISBN 978-3-8362-1699-9

4., aktualisierte und erweiterte Auflage 2011

Inhalt

Datenbanken bilden die Grundlage nahezu aller Informationssysteme. Und wer Datenbank sagt, muss SQL sprechen. Dieses Buch unterstützt Sie dabei, den Sprachumfang von SQL zu verstehen, und vermittelt Ihnen das »Sprachgefühl«, mit dem Sie das Instrumentarium SQL richtig nutzen können.

Vorwort

Wenn man alle Datenbanken gleichzeitig abschaltete, würde auch automatisch ein Großteil des wirtschaftlichen Lebens zusammenbrechen. Inzwischen hängen die meisten Wirtschaftsprozesse direkt oder indirekt mit der Speicherung von Informationen in Datenbanken zusammen.

Ohne Datenbanken kann man heute praktisch kein Geld vom Geldautomaten abheben, keine Reise buchen und kein Buch bei der Bücherei ausleihen.

Offensichtlich wird die Abhängigkeit von Datenbanken im E-Commerce, bei eBay, Amazon oder Otto Online nicht funktionieren – ohne Datenbanken, in denen praktisch die gesamte Datenhaltung von der Produktinformation bis zur Bestellabwicklung gespeichert wird.

Weitaus am häufigsten sind dabei relationale Datenbanken vertreten, deren Grundprinzip es ist, die Daten in Tabellen mit einzelnen Datensätzen und Feldern zu speichern.

Die bekanntesten Produkte wie Oracle, DB2 von IBM, der SQL Server von Microsoft und MySQL gehören in diese Kategorie der relationalen Datenbanken. Relationale Datenbanken existieren bereits seit über 25 Jahren. Sie gehören damit zu den Basistechnologien, die sich in der IT-Welt dauerhaft durchgesetzt haben.

Und alle diese relationalen Datenbanken verwenden mit der Structured Query Language (SQL) eine in großen Teilen standardisierte Sprache zur Speicherung, Abfrage und Veränderung der Informationen, die in der Datenbank gespeichert sind. Wer also SQL beherrscht, ist auch in der Lage, diese heute so wichtige Datenverwaltung zu anzuwenden.

Wer SQL erlernen möchte, hat die Aufgabe vor sich, den Sprachumfang von SQL zu verstehen und anzuwenden. Im Vergleich zu anderen Programmiersprachen wie Basic, Pascal oder C hat SQL jedoch einen geringeren Sprachumfang. Die Hürde, SQL zu beherrschen, ist also geringer als bei Programmiersprachen.

Aber wie in anderen Lebensbereichen auch, macht bei SQL nur die Übung den Meister.

Dieses Buch soll Ihnen eine Hilfestellung dabei sein, SQL zu verstehen, zu üben und anzuwenden. Aus diesem Grund besitzen die einzelnen Kapitel folgenden Aufbau:

- *Erläuterung des SQL-Befehls*
  Im ersten Schritt erfolgt die Erläuterung des SQL-Befehls.
- *Einführendes Beispiel*
  In einem Einführungsbeispiel können Sie den SQL-Befehl im praktischen Einsatz kennenlernen.
- *Syntax des SQL-Befehls*
  Nachfolgend wird die Syntax des Befehls genauer erläutert.
- *Weiterführende Beispiele*
  Ein oder mehrere weiterführende Beispiele sollen Ihnen den Umgang mit dem SQL-Befehl weiter veranschaulichen und ihn vertiefen.
- [✎] *Übungen*
  Anhand von Übungsbeispielen können Sie eigenständig die Befehle üben. Gekennzeichnet sind die Übungen durch das Bleistift-Icon in der Marginalspalte.

Damit Sie SQL auch praktisch testen können, liegt diesem Buch eine Übungssoftware für Computer mit Windows-Betriebssystem bei, die einfach zu installieren ist. Diese Übungssoftware enthält eine komplette SQL Engine, mit der Sie alle Befehle nachvollziehen, wiederholen und üben können. Bei der SQL Engine handelt es sich um die Embedded-Version von Firebird 2.0.

Firebird ist der Open-Source-Ableger von Borland InterBase und bietet zwei Vorteile: Alle Befehle orientieren sich sehr nahe am SQL-Standard, und die Datenbank ist sehr bewährt.

Anmerkungen zur 2. Auflage

Aufgrund der Erfahrungen mit der 1. Auflage und des positiven Feedbacks zum Inhalt wurde das Manuskript in folgenden Punkten überarbeitet und erweitert:

- Durchsicht und Erweiterung des Inhalts.
- Am Ende eines Kapitels erhalten Sie Hinweise zum Praxiseinsatz. So können Sie das Gelernte leichter anwenden.
- Kapitel 2, »Datenbankentwurf«, wurde erweitert und erhielt eine Vertiefung des ER-Modells.
- Ein neu hinzugekommenes Kapitel, nämlich Kapitel 15, »Systemkatalog«, behandelt das Thema Metadaten der Datenbank und gibt einen Blick hinter die Kulissen einer relationalen Datenbank.
- Die Anzahl der Übungen wurde erhöht.

Anmerkungen zur 3. Auflage

Für die dritte Auflage wurde das Referenzkapitel zu den gängigen Datenbanksystemen überarbeitet, ergänzt und aktualisiert. Hinzugekommen sind PostgreSQL, das im Bereich der Open-Source-Datenbanken immer weitere Anwenderkreise findet, sowie OpenOffice.org Base, das Datenbanksystem der freien Officesoftware OpenOffice.org. Als zusätzliches Thema wird die Verarbeitung von XML-Dateien erläutert. Mit der Veröffentlichung von SQL 2003 hat auch XML Einzug in den SQL-Standard gehalten. Dankenswerterweise ist der SQL-Standard sehr stabil. Sie können so als Leser sicher sein, dass das erworbene Wissen in der schnelllebigen IT-Welt lange Bestand haben wird.

Anmerkungen zur 4. Auflage

Die Weiterentwicklung in der Informationstechnologie ist durch die zunehmende Leistungsfähigkeit von Computern nach wie vor ungebremst. Der Einsatz von relationalen Datenbanken hat dadurch weiter zugenommen. Inzwischen haben relationale Datenbanken auch Einzug in weitverbreitete Standardanwendungen genommen oder sind fester Bestandteil des Betriebssystems. Zu nennen ist beispielsweise der Webbrowser Firefox, dessen Datenspeicherung standardmäßig in dem relationalen Datenbanksystem SQLite erfolgt. SQLite ist auch fester Bestandteil des Betriebssystems Android für mobile Endgeräte.

Wir haben SQLite in die Übersichtsliste der gängigsten Datenbanken von Kapitel 19, »SQL-Syntax gängiger Datenbanken«, aufgenommen.

Bonn, im September 2010
Marcus Throll, Oliver Bartosch

In diesem Kapitel erhalten Sie einen Überblick über die Inhalte dieses Buches. Dabei wird auch das durchgehende Datenbankbeispiel und die eigens für das Buch entwickelte Übungssoftware SQL-Teacher vorgestellt.

1 Einleitung

Dieses Buch ist für Leser gedacht, die den Befehlsumfang von SQL erlernen und üben wollen. Das Buch richtet sich sowohl an Anfänger als auch an SQL-Erfahrene. Für den Anfänger sind alle Befehle mit einem einfachen Einführungsbeispiel erläutert, um ihnen die Nachvollziehbarkeit des jeweiligen Befehls zu erleichtern. Für Leser mit SQL-Erfahrung werden die Inhalte durch weiterführende Beispiele vertieft.

1.1 Aufbau des Buches

Die Reihenfolge, in der die SQL-Befehle besprochen werden, orientiert sich am Ablauf der Arbeit mit einer Datenbank. Im ersten Schritt werden die Datenbankgrundlagen erläutert, damit Sie verstehen, wie Datenbanken entworfen und Daten in der Datenbank gespeichert werden. Anschließend lernen Sie die Befehle kennen, mit denen Sie Daten speichern oder verändern können.

Die folgenden Kapitel bringen Ihnen die umfangreichen Möglichkeiten nahe, Daten aus der Datenbank zu selektieren. Hier werden vom einfachen Selektionsbefehl bis zu komplexen Join-Abfragen und Unterabfragen alle notwendigen Befehle erklärt und anhand von Beispielen gezeigt. Anschließend folgen die fortgeschrittenen Datenbanktechniken wie Transaktionen, Prozeduren und Trigger.

Um Ihnen einen möglichst guten Praxisbezug zu liefern, haben wir im Anhang einen Syntaxvergleich zwischen den Datenbanken InterBase/Firebird, DB2, MySQL, MS Access, PostgreSQL, OpenOffice Base, Oracle, SQLite und SQL Server aufgelistet. So können Sie sehr schnell die Inhalte dieses Buches auf entsprechende Datenbanksysteme übertragen.

1.2 Das durchgehende Datenbankbeispiel

Für ein besseres Verständnis sind nahezu alle Beispiele und Übungen an einem durchgängigen Datenbankbeispiel erläutert. So können Sie die Befehle und Beispiele leichter nachvollziehen, weil sich diese immer wieder auf die gleiche Datenstruktur beziehen. Die Datenbank unseres Buchbeispiels bildet ein Vertriebsunternehmen für Hard- und Software nach. In der Praxis würde ein solches Datenmodell mehr Informationen abbilden. Damit das Beispiel für Sie nachvollziehbar bleibt, haben wir versucht, den Informationsgehalt überschaubar zu halten. Das Datenmodell sieht dabei wie in Abbildung 1.1 dargestellt aus:

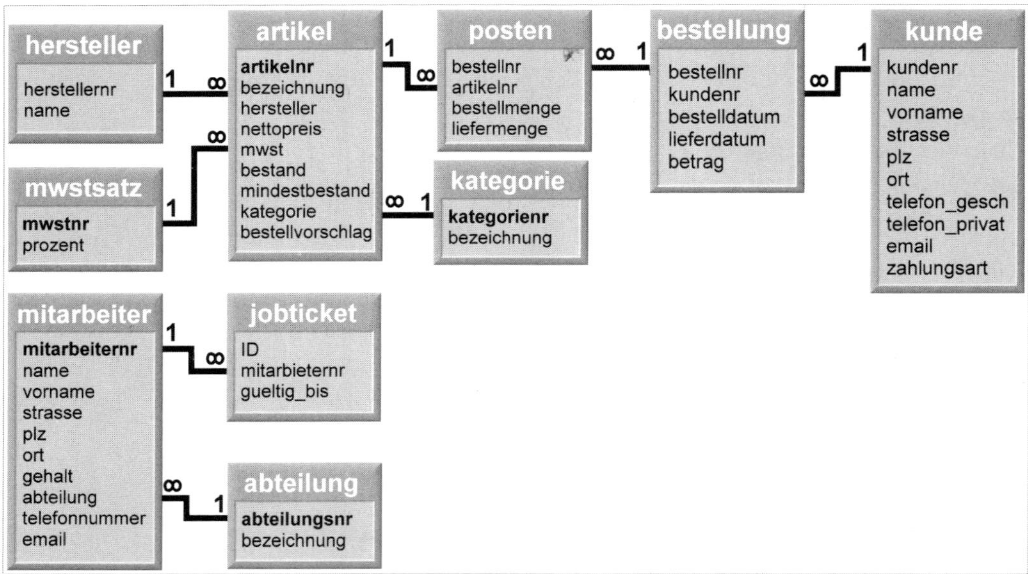

Abbildung 1.1 UML-Darstellung des Aufbaus der Beispieldatenbank

Im Überblick verfügt die Beispieldatenbank über folgende Strukturen:

- In der Tabelle `mitarbeiter` werden alle relevanten Daten wie Name, Adresse und Kontaktdaten der Mitarbeiter gespeichert.
- Jeder Mitarbeiter gehört einer Abteilung an. Diese Abteilungen geben mit Vertrieb, Support, Rechnungswesen, Einkauf und Verwaltung typische Strukturen eines Unternehmens wieder und sind in der Tabelle `abteilung` gespeichert.
- Unser Beispielunternehmen vertreibt Hard- und Software. Diese Artikel werden in der Tabelle `artikel` gespeichert. Jeder Artikel gehört

einer Kategorie an (Monitor, Scanner etc.). Diese verschiedenen Kategorien werden in der Tabelle `kategorie` gespeichert.

- Der Vertrieb erfolgt direkt an Kunden, deren Daten in der Tabelle `kunde` verwaltet werden.
- Sobald ein Kunde bestimmte Artikel bestellt, wird eine entsprechende Bestellung erzeugt. Bestellungen werden einzeln mit Bestelldatum und Bestellnummer in der Tabelle `bestellung` gespeichert.
- Jede Bestellung besteht aus einzelnen Bestellposten (Tabelle `posten`), die sich aus Artikeln zusammensetzen (Tabelle `artikel`).

1.3 Die SQL-Übungen

Am Ende eines jeden Kapitels finden Sie Übungsbeispiele. Hier können Sie den Inhalt des jeweiligen Kapitels noch einmal anhand von Fragestellungen vertiefend wiederholen und insbesondere überprüfen, ob Sie die Befehle auch eigenständig nachvollziehen können. Die Übungen sind so aufgebaut, dass Sie diese mit den Informationen des Kapitels lösen können. Die Lösungen zu den Aufgaben finden Sie in Kapitel 17 »Lösungen zu den Aufgaben«.

1.4 Übungssoftware SQL-Teacher

Speziell für dieses Buch stellen wir Ihnen mit SQL-Teacher eine Übungssoftware für Windows-Betriebssysteme zur Verfügung. Sie können mit dieser Übungssoftware nahezu alle Beispiele und Übungen dieses Buches nachvollziehen. In die Übungssoftware ist eine komplette SQL-Datenbank integriert. Sie haben damit also die Möglichkeit, SQL kennenzulernen, ohne ein Datenbanksystem installiert zu haben.

Wenn Sie im Buch am Rand den Hinweis *SQL-Teacher* sehen, handelt es sich um Schritt-für-Schritt-Beispiele, die Sie mit der Übungssoftware nachvollziehen können.

Systemvoraussetzung ist ein Windows-Betriebssystem (ab Windows XP). Zum Installieren führen Sie bitte das Installationsprogramm aus (*sqlteacher_setup.exe*).

Die Übungssoftware hat zwei Reiter im Hauptfenster. Unter DATENBANK haben Sie die Möglichkeit, SQL-Befehle einzugeben und auszuprobieren. Sie geben den gewünschten Befehl in das Eingabefenster unter DATEN-

BANK ein und führen den Befehl mit [Strg]+[R] oder dem entsprechenden Menübutton aus. Im unteren Fenster der rechten Programmseite werden die Ergebnisse des ausgeführten Befehls angezeigt, soweit der Befehl Informationen zurückgibt (z. B. Selektionsbefehle). Über den Button DDL (für Data Definition Language) können Sie sich die Definition der einzelnen Datenbankobjekte (z. B. Tabellen) ansehen.

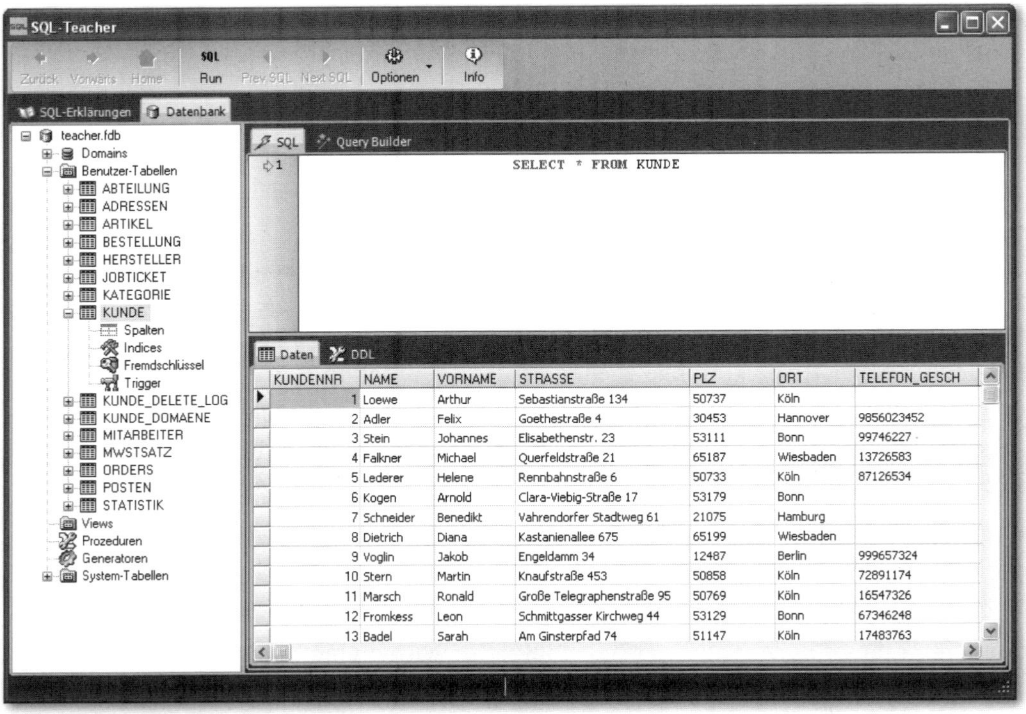

Abbildung 1.2 Die Buchsoftware SQL-Teacher

Abbildung 1.3 gibt Ihnen einen Überblick, wie SQL-Befehle eingegeben und ausgeführt werden:

❶ Den Reiter DATENBANK wählen.

❷ In das Feld SQL den gewünschten SQL-Befehl eingeben.

❸ Den SQL-Befehl mit RUN (oder [Strg]+[R]) ausführen.

❹ Das Ergebnis wird im unteren Feld angezeigt. Falls der SQL-Befehl ungültig ist, erscheint eine Fehlermeldung.

Auf der linken Seite sehen Sie die Datenbankstruktur. Die Beispieldatenbank ist bereits in die Übungssoftware integriert, sodass Sie nahezu alle

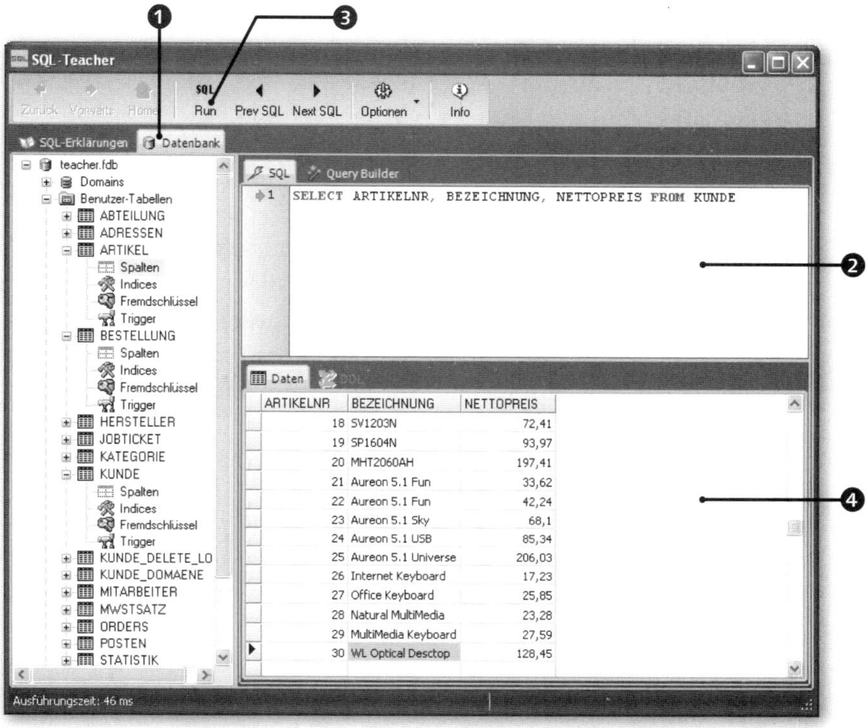

Abbildung 1.3 SQL-Befehle ausführen

Beispiele gleich ausprobieren können, ohne Tabellen anlegen und Daten speichern zu müssen.

Die Datenbankstruktur auf der linken Seite zeigt Informationen des Datenbankaufbaus. Folgende Elemente finden Sie dort:

- Benutzer-Tabellen
  Übersicht über alle Tabellen der Datenbank. Mit einem Klick auf das +-Zeichen wird die Detailansicht geöffnet. Sie finden dort die Einträge Spalten, Indices, Fremdschlüssel und Trigger. Mit einem Klick z. B. auf Spalten werden rechts im Fenster die zugehörigen Informationen angezeigt. Sie können so einen Überblick über die angelegten Datenbankobjekte erhalten.
- Domains
  Liste der angelegten Domains (siehe Abschnitt 3.5, »Domänen«)
- Views
  Liste der definierten Views (siehe Kapitel 10, »Datensichten«)

- **Prozeduren und Generatoren**
  Liste der definierten Prozeduren und Generatoren (siehe Kapitel 12, »Routinen und Trigger«)
- **System-Tabellen**
  Überblick über die Metadateninformationen der Datenbank (siehe Kapitel 15, »Systemkatalog«)

Um Ihnen die Eingabe von SQL-Befehlen zu erleichtern, steht ein Abfrage-Assistent zur Verfügung. Sie finden diesen unter dem Reiter Query Builder. Sie ziehen die gewünschten Tabellen mit gedrückter linker Maustaste aus dem linken Menübaum in das Fenster. Anschließend können Sie den Selektionsbefehl einfach zusammenbauen. Felder wählen Sie durch Anklicken der Checkbox links neben dem Feldnamen aus. Im unteren Teil des Fensters können Selektionsbedingungen (`WHERE`), Gruppierungen (`GROUP BY`) und Sortierungen (`ORDER BY`) vorgenommen werden. Verknüpfungen zwischen Tabellen erreichen Sie durch Verbinden der Zielfelder mit gedrückter linker Maustaste. Um einen SQL-Befehl auszuführen, klicken Sie auf den Button SQL einfügen. Der Befehl wird dann in das Abfragefenster übernommen.

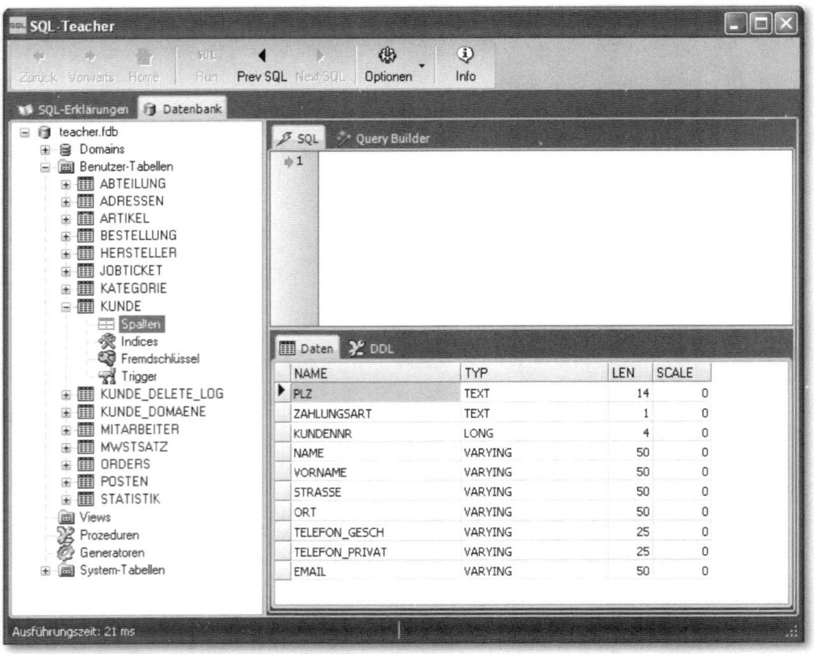

Abbildung 1.4 Datenbank- und Tabellenstruktur

Unter SQL-Erklärungen finden Sie die wichtigsten Befehle und Inhalte dieses Buches in Kurzform. Sie können also dort schnell nachschlagen, falls Ihnen ein Befehl entfallen ist. Sie können auch Befehle direkt über die Zwischenablage kopieren, dann in den Reiter Datenbank wechseln, den Befehl dort einfügen und dann ausführen.

Die Übungssoftware basiert auf dem Embedded Firebird SQL Server. Firebird ist der Open-Source-Ableger von Borland InterBase. Firebird gehört zu den Datenbanken, deren SQL-Befehlsumfang an den ANSI-SQL-Standard angelehnt ist. Sie haben dadurch mehrere Vorteile:

- Die Software ist leicht zu installieren. Die aufwendige Installation eines kompletten Datenbankservers entfällt.
- Die Befehle und Übungen können an einem ausgereiften und marktgängigen Datenbanksystem erlernt und geübt werden.
- Alle erlernten Inhalte lassen sich leicht auf andere Datenbankserver übertragen.

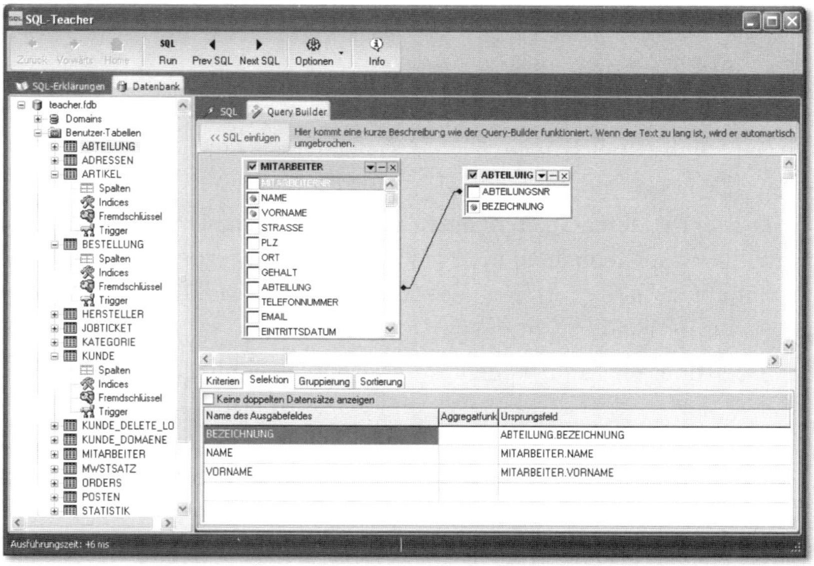

Abbildung 1.5 Abfrage-Assistent (Query Builder)

Wenn Sie weitere Informationen zu Firebird suchen, können Sie unter *www.firebirdsql.org* oder *www.ibphoenix.com* entsprechende Informationen abrufen.

Alle Daten der Beispieldatenbank werden in der Datei *teacher.fdb* im Datenverzeichnis gespeichert. Im gleichen Verzeichnis finden Sie eine

Kopie der Datenbank mit dem Namen *teacher_org.fdb*. Falls Sie den ursprünglichen, von uns eingerichteten Datenbestand der Übungsdatenbank wiederherstellen wollen, gehen Sie wie folgt vor:

- Schließen Sie den SQL-Teacher.
- Wechseln Sie in das Datenverzeichnis der Übungssoftware (in der Regel *c:\Dokumente und Einstellungen\[Ihr Benutzername]\Eigene Dateien\SQLTeacher)*.
- Löschen Sie die Datei *teacher.fdb*.
- Kopieren Sie die Datei *teacher_org.fdb*, und benennen Sie die Kopie in *teacher.fdb* um.
- Starten Sie den SQL-Teacher wieder. Sie haben jetzt den Ausgangsdatenbestand, den wir mitgeliefert haben.

1.5 Notationen

Im Folgenden sind die in diesem Buch verwendeten Notationen aufgelistet:

- `tabellenname`
  Bezeichnet eine Tabelle mit einem variablen Namen. Ersetzen Sie den Namen durch die entsprechende Zieltabelle.
- `spaltenname`
  Bezeichnet einen Spaltennamen mit einem variablen Namen. Wenn mehrere Spaltennamen in der Syntax benötigt werden, werden diese mit einem Index versehen, `spaltenname1`, `spaltenname2` etc.
- `spaltenliste`
  Bezeichnet einen oder mehrere variable Spaltennamen in der Form `spaltenname1`, `spaltenname2`, `spaltenname3` etc. Während `spaltenname` nur einen bestimmten Spaltennamen benennt, werden mit `spaltenliste` in der Regel mehrere aneinandergereihte Spalten, die mit Komma getrennt werden, bezeichnet.
- `[...]`
  Bezeichnet optionale Befehlsbestandteile. Der Befehlsbestandteil ist also nicht zwingend notwendig.
- `{ ... | ... }`
  Bezeichnet alternative Befehlsbestandteile.

SQL benutzt als Abschluss eines Befehls das Semikolon.

Der Datenbankentwurf ist der erste Schritt auf dem Weg zur fertigen Datenbank. Dabei sind grundlegende Kenntnisse zum Aufbau und zur Modellierung relationaler Datenbanken unerlässlich. Fehler bei der Planung und beim Anlegen der Datenbank werden später während des ganzen Betriebs mitgeführt und können sich nachteilig auf Performance und Datenpflege auswirken.

2 Datenbankentwurf

SQL ist die Abkürzung für Structured Query Language und heißt übersetzt »strukturierte Abfragesprache«. SQL dient in Datenbanksystemen zur Definition von Daten und zur Informationsgewinnung. Heute nennt man SQL häufig in einem Atemzug mit relationalen Datenbanken. Dabei hat SQL erst einmal nichts damit zu tun, wie die Datenbank technisch realisiert ist, sondern definiert die Sprache, die verwendet wird, um mit den Datenbankinhalten zu arbeiten.

2.1 Was ist SQL?

Das Konzept relationaler Datenbanken basiert auf mathematischen Ansätzen aus den frühen Siebzigerjahren. Grundprinzip ist, dass die Daten in Form von Tabellen gespeichert werden, die logisch miteinander verknüpft sein können. In diesem Zusammenhang wurde auch die SQL-Sprache entwickelt, um auf diese Daten zugreifen zu können. Das Konzept der relationalen Datenbanken wurde dann in kommerziellen Produkten von IBM oder Oracle umgesetzt.

SQL-Befehlssyntax

Die Hauptaufgabe von SQL-Ausdrücken ist das Lesen oder Verändern von vorhandenen Daten oder das Hinzufügen von neuen Daten in die Datenbank. Sie können nur über den SQL-Befehlsvorrat mit den Daten in Ihrer SQL-Datenbank arbeiten. Die Beherrschung der SQL-Befehlssyntax ist deshalb für einen effektiven Umgang mit SQL-Datenbanken unverzichtbar.

SQL verfügt allgemein über Kommandos zur Datenbearbeitung, die sogenannte Data Manipulation Language (DML), und Kommandos, mit denen das Datenbankdesign definiert bzw. geändert wird, die Data Definition Language (DDL).

DML-Befehle SQL-Befehle der DML-Kategorie können dabei wie folgt gegliedert werden:

- `SELECT`-Ausdrücke zur Abfrage der Datenbank von bestehenden Daten. Mit den `SELECT`-Ausdrücken können einzelne oder mehrere Datensätze oder bestimmte Felder von Datensätzen ausgegeben werden. Hierbei können eine oder mehrere Tabellen abgefragt werden.
- Mit `INSERT`-Ausdrücken werden neue Datensätze in der Datenbank gespeichert.
- `UPDATE`-Ausdrücke dienen zur Veränderung bestehender Datensätze.
- Zur Löschung von bestehenden Daten werden `DELETE`-Befehle verwendet.

DDL-Befehle SQL-Befehle der DDL-Kategorie können dabei wie folgt gegliedert werden:

- Mit `CREATE`-Ausdrücken werden Datenbanken und Tabellen erzeugt und definiert.
- `ALTER`-Ausdrücke dienen zur Veränderung von Eigenschaften und zur Struktur von Datenbanken und Tabellen.
- Mit `DROP`-Befehlen werden Datenbanken und Tabellen gelöscht.

SQL-Ausdrücke sind wiederum in sich gegliedert. Sie bestehen dabei im Allgemeinen aus folgenden Elementen:

Element	Beschreibung
Spaltenname	Spalte einer bezeichneten Tabelle, die ausgegeben, mit der verglichen oder mit der gerechnet wird
Arithmetische Operatoren	Beispielsweise +, –, * und /, die zur Berechnung benötigt werden
Logische Operatoren	Schlüsselwörter `NOT`, `AND` und `OR`, die für einfache Suchfunktionen oder innerhalb von Verknüpfungen zu komplexen Suchanfragen verwendet werden. Ein logischer Operator gibt als Ergebnis immer »wahr« (`TRUE`) oder »falsch« (`FALSE`) zurück.

Tabelle 2.1 Elemente von SQL-Ausdrücken

Element	Beschreibung
Vergleichsoperatoren	<, >, <=, >= und <> dienen dem Vergleich von zwei Werten. Ein Vergleichsoperator gibt immer »wahr« (TRUE) oder »falsch« (FALSE) zurück. In Suchabfragen stehen darüber hinaus weitere spezialisierte Vergleichsoperatoren wie z. B. LIKE, EXISTS, IN.
Verknüpfungs-operatoren	Verkettung von Zeichenketten, z. B. Vor- und Nachname
Unterabfragen	Schachtelung verschiedener SQL-Ausdrücke
Gespeicherte Prozeduren	Wiederverwendbare SQL-Ausdrücke, die als Metadaten gespeichert sind

Tabelle 2.1 Elemente von SQL-Ausdrücken (Forts.)

1982 wurde vom **American National Standards Institute** (ANSI) die Standardisierung von SQL in die Wege geleitet. Die Ergebnisse dieser Arbeiten wurden dann als SQL-89, SQL-92 und SQL-99 veröffentlicht. Die Standardisierung von SQL ist in weiten Teilen auch heute in die jeweiligen Datenbanksysteme implementiert. Da die Hersteller von Datenbanksystemen allerdings immer frei in der Definition der SQL-Syntax waren, findet man eine Reihe von Syntaxabweichungen zwischen einzelnen Datenbanksystemen in den Feinheiten der grundsätzlichen SQL-Befehle `SELECT`, `INSERT`, `UPDATE` oder `DELETE`. Die Unterschiede liegen zum einen in der Syntax und zum anderen im Umfang der Befehle. Sie beruhen darauf, dass Hersteller zum Teil bewusst mit dem Hinweis auf bessere Funktionalität vom Standard abgewichen sind oder Funktionen bereits vor der eigentlichen Veröffentlichung des Standards in ihre Datenbank integriert hatten. In Kapitel 19, »SQL-Syntax gängiger Datenbanken«, haben wir deshalb einen Überblick über die Befehlssyntax gängiger Datenbanksysteme zusammengestellt.

2.2 Phasen der Datenbankentwicklung

SQL und Anwendungsprogramme

Zum effektiven Umgang mit SQL benötigen Sie ein Mindestmaß an Grundkenntnissen über die Beschaffenheit relationaler Datenbanken.

Projektdefinition und Entwurfsphase

Grundsätzlich haben Sie die Aufgabe, beim Betrieb eines Datenbanksystems die Daten so zu organisieren, dass zum einen eine effektive Datenspeicherung möglich ist. Zum anderen müssen Sie aber auch an den Anwender denken: Wie sieht er später die Daten bei der Arbeit? Vor jeder Arbeit mit Datenbanken muss das geplante Projekt zunächst genau definiert werden (**Projektdefinition**). Danach folgt die **Entwurfsphase** der Datenbank. Relationale Datenbanksysteme werden dabei durch ein logisches Schema, das durch die Struktur der Tabellen und ihre Beziehungen zueinander gegeben ist, beschrieben. Unter dem Begriff **externes Schema** wird die Aufbereitung der Daten für den Benutzer oder innerhalb von Anwendungsprogrammen verstanden.

Implementierungsphase

Der erste Schritt bei der Benutzung einer Datenbank liegt immer in deren Einrichtung (Beschreibung des logischen Schemas), um später Daten eingeben, verwalten und auswerten zu können. Diese Phase wird im Allgemeinen als **Implementierungsphase** bezeichnet.

DDL

Für die Definition der logischen und physischen Struktur stehen die SQL-Befehle der Datendefinitionssprache (DDL-Befehle) zur Verfügung. Zu dieser Kategorie gehören z. B. die Befehle zum Anlegen der Datenbank und Tabellen sowie die Definition der Felder einer Tabelle.

DML

Ist eine Datenbank eingerichtet, kann diese durch Ändern, Hinzufügen oder Löschen von Daten verändert werden. Die Befehle hierfür gehören in den Bereich der Datenmanipulationssprache (DML-Befehle).

Die grundsätzliche Struktur der Datenbank wird auch als **Datenbankdesign** oder **Datenbankentwurf** bezeichnet, weil bereits mit den Tabellen und ihren Beziehungen zueinander wesentliche Verhaltensmerkmale festgelegt werden.

Die Erstellung des grundsätzlichen Datenbankdesigns ist keine leichte Aufgabe, weil die Daten, die im **Use Case**, also im Anwendungsfall, benötigt werden, in ein abstraktes logisches Schema zu bringen sind. Bei komplexen Anwendungen wird hierfür unter Umständen viel Zeit benötigt. Ein wichtiger Punkt bei der Erstellung des Datenbankdesigns ist das Verständnis der Anwendungen. Es sollte also bereits bei der Anlage der Datenbank bekannt sein, welche Daten wie behandelt werden sollen.

Phasen der Datenbankentwicklung

Zur richtigen Handhabung des Datenbankdesigns gibt es eigene Abhandlungen und eine Reihe von Hilfsregeln. Im Rahmen dieses Buches sollen die wichtigsten Punkte besprochen werden, damit Sie anschließend in der Lage sind, ein effektives logisches Datenbanklayout zu erzeugen.

2.2.1 Datenmodell

Um mit den Inhalten einer Datenbank arbeiten zu können, müssen diese zuvor im Rahmen des Datenmodells beschrieben werden. Das Datenmodell legt folgende Informationen fest:

- die Eigenschaften der Datenelemente
- die Struktur der Datenelemente
- die Abhängigkeiten von Datenelementen, die zu Konsistenzbedingungen führen
- die Regeln zum Speichern, Auffinden, Ändern und Löschen von Datenelementen

Datenmodelle

In der Praxis wird das relationale Datenmodell zurzeit am häufigsten verwendet. Beim relationalen Datenmodell werden die Daten in Tabellen, die zueinander in Beziehung stehen, gespeichert. Ebenfalls Verwendung findet das objektorientierte Datenmodell. Hierbei werden Objekte in unveränderter Form (also nicht in Tabellenform) in der Datenbank gespeichert. Werden relationale um objektorientierte Datenmodelle ergänzt, spricht man von **objektrelationalen Modellen**.

CASE-Tools

Für die Erstellung des Datenmodells und Datenbankdesigns ist es unter Umständen sinnvoll, CASE-Tools (Computer Aided Software Engineering) zu verwenden. Unter CASE-Tools werden Programme verstanden, die die Datenmodellierung unterstützen. CASE-Tools können dabei die Arbeit in folgender Form unterstützen:

- Die visuelle Modellierung des Datenmodells erleichtert den Überblick und die Handhabung.
- Die Grafiken können in Projektdokumentationen (z. B. im Pflichtenheft) verwendet werden.
- Die SQL-Syntax zur Erzeugung der Datenbank kann automatisch als Reverse Engineering erzeugt werden.

2.2.2 ER-Modell

Um einen Datenbankentwurf zu erstellen, bedient man sich häufig des **Entity-Relationship-Modells** (ER-Modell). Mit seiner Hilfe wird das Datenmodell entwickelt. Das ER-Modell geht dabei von Objekten des abzubildenden Realitätsausschnitts aus.

Grundbegriffe des ER-Modells

Entität

Als **Entität** wird eine eigenständige Einheit oder ein Exemplar bezeichnet, das im betrachteten Modell eindeutig gekennzeichnet werden kann. Dies kann z. B.

- ein Sachobjekt (z. B. ein Produkt),
- ein Unternehmen oder eine Person,

- ein Ereignis (z. B. eine Veranstaltung) oder
- ein Dokument oder ein Formular sein.

Eine Entität besteht aus Eigenschaften (Attributen), sie hat einen Namen und kann erzeugt, geändert oder gelöscht werden.

Entitätstyp

Die Zusammenfassung von Entitäten mit gleichen Eigenschaften wird als **Entitätstyp** bezeichnet.

Mit der Definition von Entitäten bzw. deren Zusammenfassung als Entitätstyp ist eine wichtige Grundlage geschaffen, die Objekte im Modell zu benennen. Eine weitere Verfeinerung des Modells besteht darin, abhängige Entitäten zu identifizieren. Abhängige Entitäten sind von der Existenz einer anderen Entität (der sogenannten Vaterentität) im Modell abhängig. Ein Beispiel wären die Positionen einer Bestellung. Bei der Stornierung (Löschung) einer Bestellung sind die Positionen hinfällig. Als Regel gilt hier, dass die abhängigen Entitäten automatisch zu löschen sind, wenn die Vaterentität gelöscht wird.

Attribute

Die Eigenschaft einer Entität wird durch Attribute beschrieben. Attribute haben jeweils einen Namen (Bezeichner). Da das ER-Modell nur einen Teil der Realität abbildet, sind auch nicht alle möglichen, sondern nur die für den Anwendungsbereich notwendigen Attribute zu benennen. So unterscheiden sich die Attribute, die einen Kunden eines Autohauses beschreiben, von den Attributen, die die gleiche Person als Mitarbeiter eines Unternehmens charakterisieren.

Beziehungen

Die Entitäten können in Beziehung gesetzt werden (»Relationship«), um deren Verhalten genauer zu beschreiben. Eine solche Beziehung ist z. B. »Kunde kauft Produkt« oder »Hersteller bietet Artikel an«. Mit der Beschreibung der Beziehung wird praktisch vorbereitet, wie die Verknüpfungen im Datenmodell zu gestalten sind.

Beziehungstyp

Beziehungen werden über den Beziehungstyp genauer charakterisiert. Beziehungstypen werden im Hinblick auf deren spätere Behandlung im relationalen Datenmodell in folgende drei Formen unterteilt:

- *1:1-Beziehung*
  Es besteht eine eindeutige Beziehung zwischen zwei Tabellen. Jeder Datensatz der einen Tabelle besitzt genau einen verbundenen Datensatz in einer anderen Tabelle. 1:1-Beziehungen können in der Regel auch in einer einzigen Tabelle dargestellt werden.

- *1:n-Beziehung*
  Einem Datensatz der einen Tabelle sind mehrere Datensätze einer anderen Tabelle zugeordnet. Das Beispiel »Artikel hat Hersteller« ist eine solche 1:n-Beziehung, weil ein Hersteller viele Artikel anbieten kann, ein Artikel der eindeutig einem Hersteller zugeordnet ist.
- *n:m-Beziehung*
  Ein Datensatz der einen Tabelle kann mehreren Datensätzen der anderen Tabellen zugeordnet werden und umgekehrt. Ein Beispiel hierfür ist »Student besucht Lehrveranstaltung«. Ein Student besucht dabei mehrere Lehrveranstaltungen, und eine Lehrveranstaltung wird von mehreren Studenten besucht.

Bei den Beziehungen kann noch unterschieden werden, ob die Beziehung optional oder obligatorisch ist. Bei einer **optionalen** Beziehung können Datensätze (Elemente) in Tabelle 1 existieren, die mit keinem Datensatz (Element) in Tabelle 2 in Beziehung stehen. Bei einer **obligatorischen** Beziehung muss mindestens ein Datensatz (Element) in Tabelle 2 mit einem Datensatz (Element) in Tabelle 1 in Beziehung stehen.

Entity-Relationship-Modell

Alle Beziehungen in einem Datenmodell werden als **Entity-Relationship-Modell** oder kurz **ER-Modell** bezeichnet. ER-Modelle werden zur besseren Lesbarkeit häufig grafisch dargestellt.

Schlüssel

Um ER-Modelle erstellen zu können, müssen die Entitäten über eindeutige Werte, sogenannte Schlüssel, verfügen, damit eine Beziehung unzweifelhaft dargestellt werden kann. Jede Entität kann über mehrere Schlüssel verfügen. Ein Schlüssel kann dabei aus einem oder aus mehreren Attributen (Spalten) bestehen.

Beispiele für Identifikationsschlüssel:

- EAN-Nummer (europäische Artikelnummer)
- ISBN eines Buches
- Raumnummer in einem Gebäude

Da nicht jede Entität automatisch über ein geeignetes Schlüsselattribut verfügt, kann dieses auch nachträglich zugewiesen werden. Beispiele hierfür wären eine Kunden-, eine Bestell- oder eine Artikelnummer.

Die Beziehung »Kunden kaufen Produkte« als n:m-Beziehung kann wie folgt dargestellt werden:

Kunden

Kundennr.	Vorname	Nachname	PLZ	...
1000	Sabine	Meyer	99999	
1001	Michael	Müller	10184	
1002	Björn	Gans	61440	
1003	Anneliese	Schmidt	53229	

Produkte (Artikel)

Produktnr.	Bezeichnung	...
658944	Produktname A	
789033	Produktname B	
123394	Produktname C	
578499	Produktname D	

Aus der Verbindung von Kunden- und Produktnummer entsteht die Relation, die das Kaufen darstellt (im Folgenden **Bestellungen** genannt).

Bestellungen

Kundennr.	Produktnr.
1000	658944
1002	658944
1000	123394
1003	578499

Die Bestellungen enthalten die jeweiligen Primärschlüssel von Produkten und Kunden. Somit ist eine eindeutige Zuordnung von Produkt und Käufer gewährleistet.

2.2.3 Grafische Notation von ER-Modellen

Die grafische Darstellung von ER-Modellen dient in der Praxis der Veranschaulichung. Hier ist eine Reihe von verschiedenen Darstellungsformen in Gebrauch. Zu nennen sind beispielsweise die Chen-Notation – nach Peter Chen, dem Entwickler der ER-Diagramme –, die Martin-Notation (Krähenfuß-Notation), IDEF1X, ein langjähriger De-facto-Standard bei amerikanischen Behörden, und UML (Unified Modelling Language). UML gilt inzwischen als Standard.

Die Grundprinzipien der grafischen Notation eines ER-Modells mithilfe von UML sehen wie folgt aus: Eine Entität bzw. ein Entitätstyp wird über die Spracheinheit **Klasse** der UML-Notation dargestellt. Die Attribute werden dieser Klasse zugeordnet, die Darstellung erfolgt in Kastenform (siehe Abbildung 2.1):

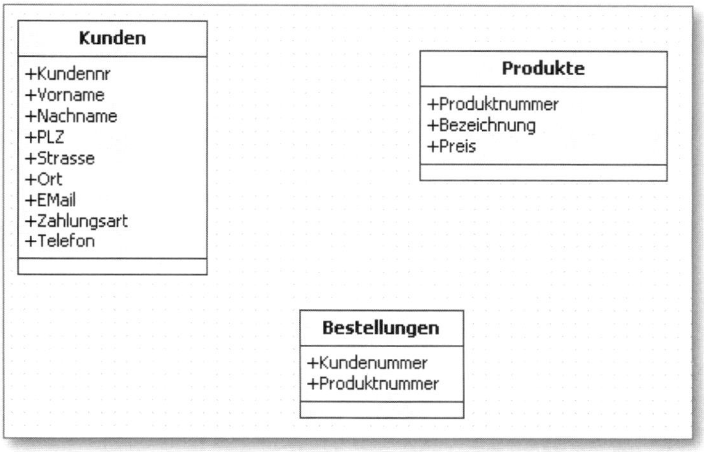

Abbildung 2.1 Darstellung der Entitäten und Attribute in der UML-Notation

Die Beziehungen zwischen Entitäten werden im Modell mit Verbindungslinien gekennzeichnet. Hier wird in der grafischen Notation der Beziehungstyp mit angegeben. Die UML definiert dabei:

UML-Notation	Bedeutung
0..1	optional eindeutig
0..*	optional mehrdeutig
1..1	obligatorisch eindeutig
1..*	obligatorisch mehrdeutig

Tabelle 2.2 Bezeichnung der Beziehungstypen (UML)

Das * steht dabei für eine unbegrenzte Anzahl. Da eine Beziehung zwei Entitäten verbindet, erfolgt die Charakterisierung jeweils an der korrespondierenden Entität.

In unserem Beispiel »Kunde kauft Produkt« gilt für die Beziehungen:

- *Kunde-Bestellung*
  Da zu einem Kunden nicht zwingend eine Bestellung vorliegen muss, ein Kunde aber mehr als eine Bestellung aufgeben kann, ist die Beziehung optional mehrdeutig.
- *Bestellung-Kunde*
  Einer Bestellung muss zwingend ein Kunde zugeordnet sein. Die Beziehung ist also obligatorisch eindeutig.
- *Bestellung-Artikel*
  Eine Bestellung besteht aus einem oder aus mehreren Artikeln. Die Beziehung ist also obligatorisch mehrdeutig.
- *Artikel-Bestellung*
  Ein Artikel kann in keiner, einer oder in mehreren Bestellungen auftauchen. Die Beziehung ist also optional mehrdeutig.

Für unser Beispiel »Kunde kauft Produkt« sieht die grafische Notation wie folgt aus:

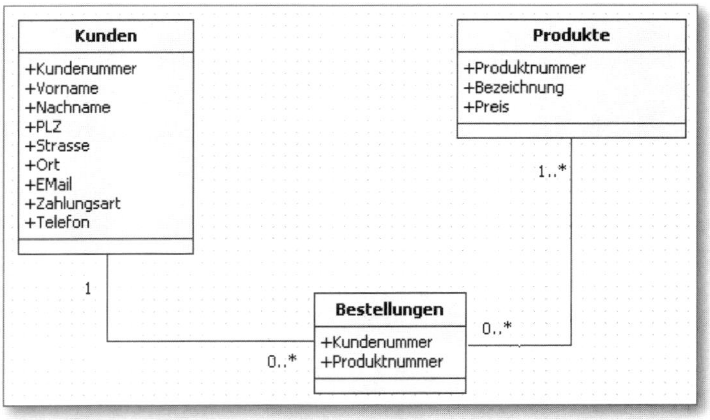

Abbildung 2.2 Darstellung der Entitäten und der Beziehungen (UML)

2.2.4 Relationales Datenmodell

Um die Daten in einem internen Schema zur Datenverwaltung zu strukturieren, wird das relationale Datenmodell zugrunde gelegt.

Attribute

Im **relationalen Datenmodell** wird die Beziehung der Sachverhalte durch das (mathematische) Konzept der Relationen dargestellt. Eine Relation besteht aus Attributen, die die Objekte mit einem Bezeichner und einem Wert beschreiben.

Beispiele für Attribute sind:

```
Name = 'Lauer'
Vorname = 'Barbara'
Ort = 'Bonn'
```

Die Menge aller Attribute wird als **Tupel** bezeichnet, das im Beispiel so aussieht: Tupel

```
t = [Name = 'Lauer', Vorname = 'Barbara', Ort = 'Bonn']
```

Die Menge aller Tupel mit den gleichen Attributen wird als **Relation** bezeichnet. Relation

In der Datenbank wird aus dem theoretischen relationalen Datenmodell das Datenbankmodell. In der Praxis ändert sich die Bezeichnung der einzelnen Komponenten: Eine Entität als eigenständige Einheit wird in der Datenbank als Tabelle umgesetzt und in der Regel auch so angesprochen. Aus den Attributen werden Spalten (Felder), und Tupel stellen in der Datenbank einzelne Datensätze dar.

Im relationalen Datenmodell werden zur Darstellung bzw. Behandlung von Beziehungen ebenfalls Schlüssel benötigt. Über den Primärschlüssel werden Datensätze eindeutig identifiziert, Fremdschlüssel dienen zur Beschreibung der Beziehungen zwischen verschiedenen Relationen.

2.2.5 Primärschlüssel

Im relationalen Datenmodell spielt die Verknüpfung von verschiedenen Tabellen eine entscheidende Rolle. Um Tabellen eindeutig verknüpfen zu können, muss allerdings jeder Datensatz einer Tabelle eindeutig identifiziert und adressiert werden können. Ein Attribut, das einen Datensatz mit allen seinen Feldwerten eindeutig identifiziert, wird als **Primärschlüssel** bezeichnet.

Für einen Primärschlüssel muss immer gelten: Regeln für Primärschlüssel

- Er darf nicht leer sein.
- Es dürfen keine Duplikate in den Datensätzen derselben Tabelle existieren.
- Jede Tabelle hat genau einen Primärschlüssel.

Primärschlüssel können beispielsweise Artikelnummern oder Mitarbeiternummern sein. In vielen Fällen besitzen Datensätze allerdings keinen Primärschlüssel, der sich aus den Daten ergibt (z. B. Telefonbuch). In diesem Fall ist ein zusätzliches Feld zu definieren, das diesen Primärschlüssel aufnimmt (z. B. eine fortlaufende ID-Nummer).

2.2.6 Fremdschlüssel und referenzielle Integrität

Die Verknüpfung zwischen Relationen erfolgt über Werte, die als **Fremdschlüssel** bzw. **Foreign Keys** bezeichnet werden. Ein Fremdschlüssel ist ein Attribut, das sich auf einen Wert des Primärschlüssels einer anderen (oder durchaus auch der gleichen) Relation bezieht.

Die Relation mit dem Primärschlüssel wird häufig als **Vater-** oder **Masterrelation** bezeichnet, die Relation mit dem Fremdschlüssel als **abhängige Relation**.

Aus dem Beispiel »Mitarbeiter gehört Abteilung an« ergeben sich folgende Schlüsselsituationen (siehe Abbildung 2.3):

- In der Tabelle `abteilung` wird der Primärschlüssel als `abteilungsnr` angelegt.
- Die Tabelle `mitarbeiter` besitzt eine Verknüpfung zur Tabelle `abteilung`. Die Abteilungsnummer ist hier als Fremdschlüssel definiert.

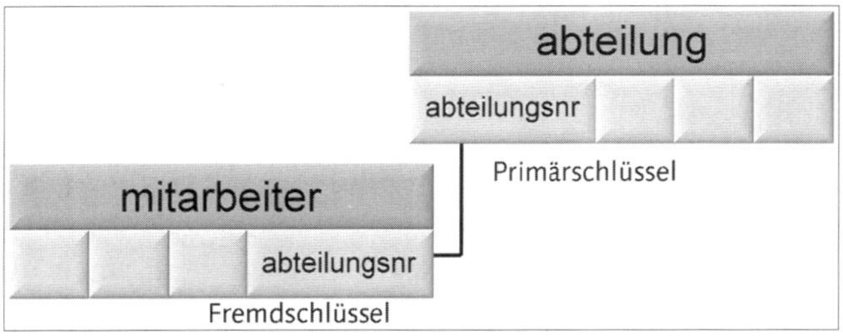

Abbildung 2.3 Zusammenhang von Primär- und Fremdschlüssel

Referenzielle Integrität

Für Beziehungen über Fremdschlüssel wird in der Regel gefordert, dass für einen Wert des Fremdschlüssels immer auch ein Wert in der Masterrelation besteht. Diese Forderung wird als **referenzielle Integrität** bezeichnet.

Aus dieser referenziellen Integrität ergeben sich bei Änderungen oder Löschungen von Datensätzen (Tupeln) Konsequenzen. Wird ein Datensatz aus der Masterrelation (Vatertabelle) gelöscht, sollte automatisch in der abhängigen Relation (Detailtabelle) eine Aktion folgen. Hierzu sind folgende Verhaltensweisen möglich:

- *Nicht zulässig*
  Ein Datensatz in der Vaterrelation darf nicht gelöscht werden, wenn noch referenzierte Datensätze in der Detailtabelle bestehen (Beispiel: »Kunde und Rechnung«).
- *Weitergeben (CASCADE)*
  Wird ein Datensatz aus der Vaterrelation gelöscht, werden alle betroffenen Datensätze in der Detailtabelle ebenfalls gelöscht.
- *Auf NULL (SET NULL) oder Vorgabewert (SET DEFAULT) setzen*
  Wird ein Datensatz aus der Vaterrelation gelöscht, werden alle Verweise in der Detailtabelle auf null oder einen anderen definierten Wert gesetzt.

2.2.7 Optimierung des Datenmodells (Normalisierung)

Die Definition des Datenmodells ist insbesondere bei komplexen Problemlösungen nicht einfach. Anfängern unterlaufen dabei häufiger Fehler, weil die Daten nicht so behandelt werden können wie bei einer herkömmlichen Datenverwaltung auf Papier. Um die Erstellung des Datenmodells zu vereinfachen und Fehler z. B. in Form von Redundanzen zu vermeiden, wurden Regeln entwickelt, nach denen das Datenmodell effektiv erstellt werden kann. Das Prinzip dabei ist, komplexe Beziehungen von Tabellen in einfache Beziehungen zu bringen, um Datenstrukturen zu erreichen, die stabil und flexibel gegenüber Erweiterungen des Datenmodells sind.

Diese Behandlung wird als **Normalisierung** bezeichnet. Die Normalisierung erfolgt dabei in mehreren Schritten, die im weiteren Verlauf des Kapitels beschrieben werden. **Normalisierung**

Unterschätzt wird oft auch die für die Erstellung eines guten Datenbankdesigns notwendige Zeit. Zeit, die in ein möglichst optimales Datenbankdesign investiert wird, zahlt sich später in besserer Performance, leichterer Wartung und geringerem Aufwand bei der Programmierung aus.

Anhand des Beispiels einer Kundendatei, die Bestellungen (in diesem Beispiel für Computerzubehör) speichert, wird im Folgenden die Normalisierung von Datenbanken erläutert.

Als Grundlage dient dabei eine Tabelle, in der alle Bestellungen von Kunden aufgelistet sind:

Kunde	PLZ/Ort	Gekaufte Produkte	Besteller
WCT GmbH	53111 Bonn	HP LJ 5100, LCD 7890	F. Meier
Heizner AG	44135 Dortmund	TCC HUB, LCD 7890	H. Müller
W. Staab	10185 Berlin	MATROX G900	W. Staab
Wald-Apotheke	80111 München	PC Z78, HPLJ 5100	H. Schmidt
WCT	53211 Bonn	HP LJ 5100	F. Meier

Tabelle 2.3 Bestellungen der Kunden

Die Tabelle ist so angelegt, wie die Verkäufe höchstwahrscheinlich auf dem Papier mitprotokolliert würden. Bei der Durchsicht der Tabelle fallen folgende Punkte auf:

- Mehrere Informationen werden in einer Spalte notiert (PLZ und Ort).
- Es gibt doppelte Spalteneinträge bei Namen und Produkten (z. B. Vor- und Nachname).
- Es gibt unterschiedliche Eingaben bei offenbar identischen Adressen (WCT).
- Es gibt Abweichungen zwischen Produktcode und Produktbezeichnung, obwohl offensichtlich die gleiche Ware bezeichnet wird (HP LJ 5100 bzw. HPLJ 5100).

Folgende Probleme können dadurch bei einer Bearbeitung in einer Datenbank entstehen:

- Die Zusammenfassung gleichartiger Datensätze (z. B. die Umsätze bezogen auf einen Kunden) ist erschwert oder sogar überhaupt nicht möglich.
- Es müssen Daten wiederholt eingegeben werden.
- Durch die gleichen Einträge entsteht eine Redundanz, die die Dateigröße der Datenbank unnötig erhöht.

Normalformen

Durch ein besseres Datenbankdesign können negative Effekte dieser Art vermieden werden. Dies ist auch die Zielsetzung der Normalisierung über eine standardisierte Behandlung von Tabellen. Insgesamt gibt es neun Regeln, die auch als **1. bis 9. Normalform** bezeichnet werden. Davon sind aber nur die 1. bis 5. wirklich praxisrelevant und sollen daher hier besprochen und anhand des vorangegangenen Beispiels erläutert werden.

1. Normalform

Eine Relation befindet sich in der 1. Normalform, wenn keine Spalte mit gleichem Inhalt vorliegt (keine Wiederholungen) und Daten in einer Tabelle keine untergeordnete Relation bilden. Weiterhin muss eine Tabelle in der 1. Normalform einen Attributwert besitzen, der eine Zeile einer Tabelle eindeutig identifiziert (Schlüsselattribut).

Für unser Beispiel sind deshalb alle Zeilen, in denen jeweils mehrere Informationen in den Spalten `PLZ/Ort` und `Gekaufte Produkte` vorhanden sind, aufzulösen. Durch die Auflösung in mehrere Zeilen sind die einzelnen Zeilen nicht mehr eindeutig zu unterscheiden. Deshalb müssen zusätzlich eindeutige Schlüssel, hier in Form einer Kunden-ID (KID) und Produkt-ID (PID), hinzugefügt werden.

Die 1. Normalform sieht in diesem Fall wie folgt aus:

KID	Kunde	Besteller	PLZ	Ort	PID	Gekaufte Produkte
1	WCT GmbH	F. Meier	53111	Bonn	1000	HP LJ 5100
1	WCT GmbH	F. Meier	53111	Bonn	1001	LCD 7890
2	Heizner AG	H. Müller	44135	Dortmund	1002	TCC HUB
2	Heizner AG	H. Müller	44135	Dortmund	1001	LCD 7890
3	W. Staab	W. Staab	10185	Berlin	1003	MATROX G900
4	Wald-Apotheke	H. Schmidt	80111	München	1004	PC Z78
4	Wald-Apotheke	H. Schmidt	80111	München	1000	HPLJ 5100
1	WCT	F. Meier	53211	Bonn	1000	HP LJ 5100

Tabelle 2.4 Tabelle in der ersten Normalform

In der 1. Normalform sind jetzt alle Daten so gespeichert, dass sie einzeln behandelt werden können. Allerdings können auch hier weiterhin Anomalien auftreten. Eine **Anomalie** ist z. B. die unterschiedliche Schreibweise und Adresse des Kunden WCT. Zur Vermeidung solcher Anomalien ist es sinnvoll, die Tabelle in die 2. Normalform zu überführen.

2. Normalform

Damit eine Tabelle in der 2. Normalform vorliegen kann, müssen mindestens die Kriterien der 1. Normalform erfüllt sein. Die 2. Normalform ist dadurch charakterisiert, dass jedes Nicht-Schlüsselattribut vom Primärschlüssel funktional abhängig ist. Praktisch wird das dadurch erreicht, dass die Informationen in mehreren Tabellen gespeichert werden. Die Tabellen werden so organisiert, dass Informationen, die nicht vom Schlüssel abhängen, in eigenen Tabellen zusammengefasst werden. In unserem Beispiel gehören die Namens- und Adressbestandteile sowie die Produkte jeweils in eine eigene Tabelle. Die Tabellen sehen dann wie folgt aus:

Tabelle Kunden

KID	Kunde	Besteller	PLZ	Ort
1	WCT GmbH	F. Meier	53111	Bonn
2	Heizner AG	H. Müller	44135	Dortmund
3	W. Staab	W. Staab	10185	Berlin
4	Wald-Apotheke	H. Schmidt	80111	München

Tabelle Produkte

PID	Gekaufte Produkte
1000	HP LJ 5100
1001	LCD 7890
1002	TCC HUB
1003	MATROX G900
1004	PC Z78

Damit ist ein erstes Ziel, Anomalien einzuschränken, erreicht, weil zusammengehörige Informationen konsistent sind. So werden z. B. verschiedene Schreibweisen für die einzelnen Kunden vermieden. Allerdings hat diese Form immer noch den Schwachpunkt, dass Änderungen bei Produktbezeichnungen in allen betroffenen Spalten vorgenommen werden müssen. Zur Lösung dieses Problems wurde die 3. Normalform definiert.

3. Normalform

Zusätzlich zur 2. Normalform gilt die Regel, dass alle nicht zum Schlüssel gehörenden Attribute nicht von diesem transitiv (funktional) abhängen. Alle Spalten dürfen also nur vom Schlüsselattribut und nicht von anderen Werten abhängen. Sind noch solche Abhängigkeiten vorhanden, müssen diese aufgelöst werden.

In unserem Beispiel ist der Besteller ein solcher Fall. Der Besteller ist eine Eigenschaft der Firma, da verschiedene Personen eine Bestellung aufgeben könnten. Damit ist die Tabelle »Kunden« noch nicht in der 3. Normalform. Die Auflösung erfolgt analog der 2. Normalform, indem eigene Tabellen erzeugt werden. Die 3. Normalform sieht wie folgt aus:

Tabelle Kunden

KID	Kunde	PLZ	Ort
1	WCT GmbH	53111	Bonn
2	Heizner AG	44135	Dortmund
3	W. Staab	10185	Berlin
4	Wald-Apotheke	80111	München

Tabelle Besteller

BID	KID	Besteller
1	1	F. Meier
2	2	H. Müller
3	3	W. Staab
4	4	H. Schmidt

Tabelle Produkte

PID	Gekaufte Produkte
1000	HP LJ 5100
1001	LCD 7890
1002	TCC HUB
1003	MATROX G900
1004	PC Z78

4. Normalform

Die 4. Normalform bezieht sich auf Mehrfachabhängigkeiten von Attributen im Hinblick auf einen übergeordneten Schlüssel. Diese Mehrfachabhängigkeiten müssen in Einzelabhängigkeiten aufgelöst werden.

5. Normalform

Wenn durch die 4. Normalform keine verlustfreie Zerlegung in Einzelabhängigkeiten möglich ist, müssen eventuell mehrere übergeordnete Schlüssel hinzugezogen werden, bis nur noch Einzelabhängigkeiten vorliegen.

Allerdings ist die Auflösung der Datenbanken in Normalformen nur ein Hilfsmittel zur Erstellung eines guten Datenbankdesigns. Die vollständige Auflösung in Normalformen bringt im Allgemeinen auch einige Nachteile mit sich. So wird die Anzahl einzelner Tabellen unter Umständen relativ hoch, sodass insbesondere bei der Programmierung der Datenbanken ein erhöhter Aufwand entstehen kann. Je mehr Tabellen vorhanden sind, umso schwieriger wird auch die Definition von SQL-Befehlen, weil alle Tabellen mit entsprechenden Befehlen verknüpft werden müssen.

Häufig wird auch als Argument gegen eine vollständige Normalisierung von Datenbanken eine schlechtere Performance genannt. Ob die Performance von SQL-Statements im Einzelfall wirklich schlechter ist, kann allerdings oft nur durch entsprechende Analyseprogramme, die beide Varianten vergleichen, festgestellt werden. Der Aufwand für einen solchen Vergleich ist unter Umständen beträchtlich.

Hinweise zum Praxiseinsatz

Das passende Datenmodell ist ein wichtiger Grundstein für den späteren Betrieb der Datenbank. Da eine Datenbank im Praxisbetrieb immer mit einer programmierten Anwendung betrieben wird, macht sich ein Fehler oder eine Schwäche im Datenbankmodell auch in der Programmierung bemerkbar. Besonders schwerwiegend sind Fehler, die erst bemerkt werden, nachdem die Anwendung programmiert wurde. Eine Korrektur mit einer Änderung des Datenmodells zieht in der Regel nicht unerhebliche Änderungen des Anwendungsprogramms nach sich, weil Abfragen neu programmiert werden müssen. Um ein passendes Datenmodell zu entwerfen, sollten nach Möglichkeit alle Anforderungen, die die Anwendung später erfüllen soll, bekannt sein.

Übungen

2.1 In der Übungsdatenbank existieren die im Folgenden aufgelisteten Beziehungen. Geben Sie an, um welche Beziehung es sich handelt (1:1, 1:n, n:m):

a) Ein Hersteller produziert mehrere Artikel. Artikel werden immer nur von einem Hersteller produziert.

b) Ein Artikel gehört einer Kategorie an. Eine Kategorie kann mehrere Artikel haben.

c) Ein Mitarbeiter gehört einer Abteilung an. Eine Abteilung kann mehrere Mitarbeiter haben.

d) Kunden kaufen Artikel.

2.2 Erstellen Sie in der UML-Notation ein ER-Modell für die beiden Entitäten »Artikel« und »Hersteller«. Zugrunde gelegt wird dabei, dass eine Herstellerangabe zum Produkt benötigt wird, ein Artikel aber immer nur von einem Hersteller angeboten wird. Geben Sie dabei die Beziehungen in der Form 0..1, 0..*, 1..1, 1..* an.

2.3 In der Beispieldatenbank (siehe Abbildung 1.1) existiert die Tabelle `Abteilung`. Die Ausstattung an Kopiergeräten der einzelnen Abteilungen soll nun in dieser Tabelle gespeichert werden. Dazu wird sie um das Feld Kopierer erweitert. Ein Datenbankauszug sieht dann wie folgt aus:

Abteilungsnr.	Bezeichnung	Kopierer
4	Einkauf	Canon ES1000, Toshiba TH555
5	Vertrieb	Canon ES1000

Gegen welche Normalisierungsregeln verstößt dieser Tabellenaufbau? Begründen Sie, warum!

Sie wissen jetzt bereits, wie Sie den Aufbau einer relationalen Datenbank planen sollten. In diesem Kapitel erfahren Sie, wie Sie Ihre Planung in die Praxis umsetzen.

3 Datenbankdefinition

Eine Datenbank ist mehr als eine in den Computer übertragene Kartei – das war Ihnen schon klar, als Sie sich dazu entschieden haben, mehr über SQL zu erfahren.

3.1 Einführung

Ältere Windows-Versionen und die Office-Home-Editionen stellen Ihnen Karteiprogramme zur Verfügung. Die älteren Programme sind wirklich kaum mehr als Karteikarten, die Sie eben im Computer anlegen. Die Office-Home-Editionen geben Ihnen dagegen schon die Möglichkeit, eine Tabelle anzulegen, also gleichartige Daten in eine Spalte zu schreiben. Leider können Sie mit dieser Kartei auch nicht sehr viel mehr machen als mit einem Karteikasten. Dass Sie dabei Karten nicht falsch einsortieren können, ist ein beinahe lächerlicher Vorteil.

Eine Datenbank dagegen zeigt Ihnen nicht nur die Daten an, die Sie eingegeben haben. Sie ermöglicht es Ihnen darüber hinaus, mit den eingegebenen Werten zu arbeiten. Schon dadurch ist die Datenbank der elektronischen Kartei überlegen.

Sie wissen auch aus dem letzten Kapitel, dass eine Datenbank aus Tabellen besteht, in deren Spalten Sie die grundlegenden Werte eines Datensatzes eingeben.

Welche Werte grundlegend sind, hängt natürlich von dem jeweiligen Zweck ab, dem die Datenbank und die einzelne Tabelle in ihr dienen. Dabei gibt es sicher einige Elemente, die in gleichartigen Tabellen immer wieder auftauchen werden.

Wenn Sie personenbezogene Daten speichern wollen, werden Sie immer Namen und Adressen anlegen müssen, bestimmt auch Telefonnummern.

Einführungsbeispiel

Für eine Mitarbeitertabelle brauchen Sie Namen und Anschrift und eine Information, wie die Kunden erreichbar sind. Aus dem vorangegangenen Kapitel wissen Sie auch bereits, dass Sie Namen und Vornamen trennen und die Adresse in Straße, Postleitzahl und Ort aufteilen sollten.

Die Beispielfirma will außerdem ihre Angestellten telefonisch und über E-Mail erreichen können. Schließlich soll auch noch angegeben werden, in welcher Abteilung die Mitarbeiter tätig und seit wann sie in der Firma beschäftigt sind, und es wird eine laufende Nummer angelegt.

Damit haben Sie praktisch schon die Spalten, die Sie in der Tabelle anlegen müssen.

In der beiliegenden Datenbank gibt es diese Tabelle `mitarbeiter`. Sie wurde mit folgendem Befehl erzeugt:

```
CREATE TABLE mitarbeiter
(
   mitarbeiternr INTEGER NOT NULL,
   name VARCHAR(50),
   vorname VARCHAR(50),
   strasse VARCHAR(50),
   plz CHAR(14),
   ort VARCHAR(50),
   gehalt DECIMAL(10,2),
   abteilung INTEGER,
   telefonnummer VARCHAR(25),
   email VARCHAR(50),
   eintrittsdatum DATE,
   PRIMARY KEY(mitarbeiternr)
);
```

SQL-Teacher

Sie können sich die Definition einer Tabelle in der Übungssoftware ansehen, indem Sie folgendermaßen vorgehen:

- Wenn Sie die Übungsdatenbank anwählen, gehen Sie auf den Reiter DATENBANK. Im Menübaum links finden Sie die Tabellen der Beispieldatenbank aufgeführt.
- Klicken Sie die Tabelle `mitarbeiter` doppelt an. Im unteren rechten Fenster erscheinen die in der Tabelle gespeicherten Datensätze.
- Über dem Fenster gibt es zwei Schaltflächen, DATEN und DDL (für Data Definition Language). Klicken Sie DDL an. Im Fenster erscheint

nun die Tabellendefinition, die wir eingangs erläutert haben. Da die DDL-Syntax hier automatisch von der Datenbank erstellt wurde, sind die Spalten noch um den eingestellten Zeichensatz ergänzt. In der obersten Zeile wird der Besitzer der Datenbank angegeben.

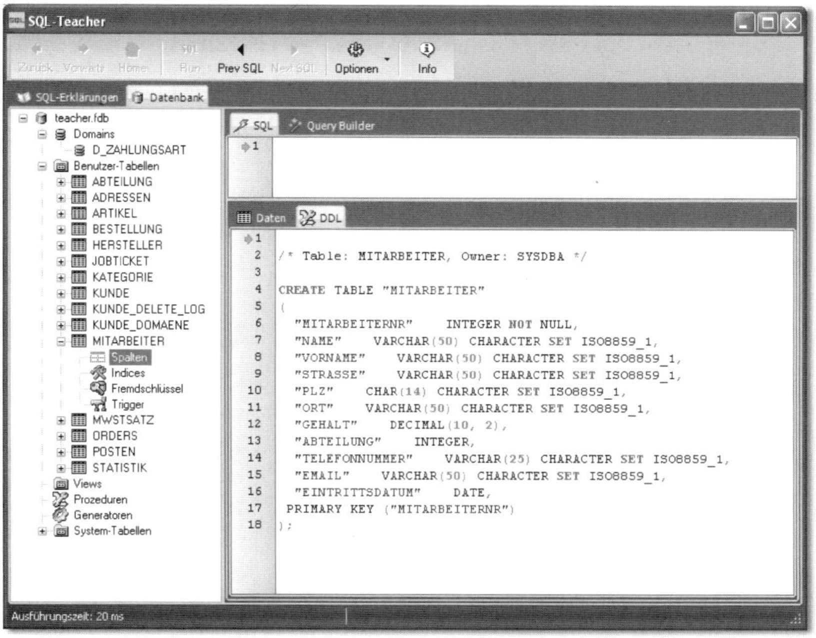

Abbildung 3.1 Tabellendefinition in der Übungssoftware einsehen

3.2 Tabellen und Datentypen

Sie haben im Einführungsbeispiel festgestellt, dass Sie bei einer Tabelle mehr angeben müssen als die Namen der Spalten, die Sie anlegen wollen. Sie müssen auch angeben, von welcher Art die Werte sind, die Sie in der Spalte ablegen wollen.

In der Tabelle `mitarbeiter` brauchen Sie allerdings fast nur gleichartige Werte, da Sie in der Regel mit personenbezogenen Daten kaum mehr tun, als sie sich anzeigen zu lassen. Es gibt sicher Ausnahmen, aber die betreffen eine Mitarbeitertabelle kaum.

Nehmen Sie aber z. B. eine Tabelle, mit der Sie angebotene Waren führen. Im einfachsten Fall brauchen Sie nur eine Spalte mit der Bezeichnung der Ware und eine weitere mit ihrem Preis. Wenn wir mehrere

Artikel bei Ihnen bestellen würden, sollten Sie in der Lage sein, den Rechnungsbetrag zu erstellen.

Einführungsbeispiel

Die Tabelle artikel der Beispielfirma ist natürlich sehr viel ausführlicher. Sie wurde mit diesem Befehl angelegt:

```
CREATE TABLE artikel
(
   artikelnr INTEGER NOT NULL,
   bezeichnung VARCHAR(50),
   hersteller INTEGER,
   nettopreis DECIMAL(10,2),
   mwst INTEGER,
   bestand INTEGER,
   mindestbestand INTEGER,
   kategorie INTEGER,
   bestellvorschlag CHAR(1) DEFAULT '0',
   PRIMARY KEY (artikelnr)
);
```

Wie Sie aus den Spaltennamen ersehen können, speichert die Beispielfirma hier Bezeichnungen und Zahlen, mit denen auch gerechnet werden soll. Einige dieser Zahlen sind in anderen Tabellen untergebracht, auf sie wird wiederum mit Zahlen referenziert.

Gäbe es nur eine Art von Daten, müsste sie so allgemein sein, dass sie alle Eingaben als Text werten würde. Dann aber ist ein Name grundsätzlich das Gleiche wie eine Zahl oder ein Datum. Sie sehen schon, Berechnungen wären dann nicht möglich.

Wir Menschen wandeln Daten sofort in Zahlen um, wenn wir mit Ihnen rechnen wollen. Computer können das nicht – und sie sollen es auch gar nicht: Es kann ja durchaus sein, dass Sie eine Zahl als Text speichern wollen. Eine Umwandlung in eine Zahl könnte zu sinnlosen Werten führen.

Die Datenbank muss also wissen, von welcher Art die Daten sind, die Sie eingeben. Grundsätzlich gibt es fünf Arten von Daten: Text, Zahlen, Datumsangaben, Dateien und logische Werte. Bis auf Letztere sind diese Arten noch einmal unterteilt, um der Datenbank bestimmte Feinheiten zu erlauben. Diese Unterteilungen stellen die Datentypen dar.

Die im SQL-Standard festgelegten Datentypen sind nicht in allen Datenbanksystemen umgesetzt. Manche Systeme benennen sie anders oder besitzen eigene Datentypen. Schlagen Sie in Kapitel 19, »SQL-Syntax gängiger Datenbanken«, nach, um zu erfahren, wie es das System hält, das

Sie benutzen. Hier werden Sie zunächst die gebräuchlichen Datentypen kennenlernen. Später wird es Ihnen aber keine Schwierigkeiten mehr bereiten, Ihr Wissen auch auf eine spezielle Datenbank anzuwenden.

3.2.1 Text (String)

Die meisten Felder der Tabelle `mitarbeiter` wurden als Text definiert, weil mit ihren Werten nicht gerechnet werden muss. Damit haben diese Werte die Funktion eines Textes und werden als Zeichenketten gespeichert. Sie können die Länge dieser Zeichenkette festlegen, indem Sie eine Zahl in Klammern hinter den Datentyp setzen.

Eine Zeichenkette mit festgelegter Länge wird immer so abgespeichert, dass sie den vollen Speicherplatz belegt, auch wenn sie kürzer ist. Eine Zeichenkette mit maximaler Länge nimmt dagegen nur den benötigten Speicherplatz ein.

Der Standard kennt folgende Datentypen:

CHARACTER(n)

Mit `CHARACTER(n)` legen Sie für eine Spalte eine Zeichenkette mit genau n Zeichen Länge fest. In vielen Datenbanken können Sie auch `CHAR(n)` verwenden.

Wenn Sie wissen, dass die Werte einer Spalte immer dieselbe Länge haben, legen Sie die Spalte direkt als `CHARACTER` dieser Länge fest.

In der Tabelle `kunde` wurde die Spalte `zahlungsart` als `CHAR(1)`, also als genau ein Zeichen, festgelegt. Hier soll nur ein Buchstabe als Abkürzung für die Zahlungsart eingegeben werden, z. B. steht »K« für Kreditkarte.

CHARACTER VARYING(n)

`CHARACTER VARYING(n)` legt eine Spalte auf eine Zeichenkette mit höchstens n Zeichen Länge fest. Die meisten Datenbanken kennen diesen Datentyp als `VARCHAR(n)`.

Da eine als `CHARACTER VARYING` definierte Spalte immer nur den tatsächlich benötigten Speicherplatz belegt, können Sie in ihr Werte ablegen, die unterschiedlich lang sind, deren längsten Sie vielleicht nicht einmal kennen.

In den Tabellen `kunde` und `artikel` wurden die Spalten für Namen bzw. Bezeichnungen als `VARCHAR(50)` definiert. In den Spalten können nun Worte mit bis zu 50 Zeichen Länge abgespeichert werden. Für die meisten Namen und Bezeichnungen sollte das auch ausreichen.

Sie müssen sich daher nur fragen, ob die betreffende Spalte vielleicht mehr Speicherplatz benötigen könnte. Das kann schon für Buchtitel der Fall sein. Wenn die Beispielfirma Bücher ins Sortiment aufnimmt, wird sie Schwierigkeiten mit einem Buch wie »Dieser Titel ist ein wenig länger als fünfzig Zeichen« haben.

NATIONAL CHARACTER(n)

`NATIONAL CHARACTER(n)` verwenden Sie für eine Zeichenkette mit genau n Zeichen Länge und nationalen Besonderheiten. »Nationale Besonderheiten« sind hier besondere Buchstaben oder Definitionen von Buchstaben oder eigene Schriftsysteme. Dieser Datentyp ist in vielen Datenbanksystemen nicht umgesetzt.

Der Standard geht natürlich vom Englischen aus. Eigentlich sollten Datenbanksysteme in der Lage sein, den nationalen Zeichensatz des Systems, auf dem sie installiert sind, zu erkennen, aber natürlich können Sie sich darauf nicht verlassen. Außerdem können Sie auch nicht sicher sein, dass selbst dann richtig sortiert wird.

Deutsch ist also auch ein Zeichensatz mit nationalen Besonderheiten und müsste daher als `NATIONAL CHARACTER` definiert werden. Wir verwenden ja die besonderen Zeichen »ä«, »ö«, »ü« und »ß«, für deren Sortierung besondere Regeln gelten. So sollen etwa die Umlaute eigentlich wie das Grundzeichen mit angehängtem e eingeordnet werden, also »ä« wie »ae«.

Andere Sprachen haben ebenfalls Sonderzeichen – denken Sie nur an die Akzente im Französischen – oder verwenden wie im Griechischen oder im Armenischen eigene Alphabete, die dem Lateinischen in Aussehen oder Schreibrichtung nicht unbedingt ähneln. Schließlich gibt es noch Sprachen mit Silbenschriften wie Japanisch oder mit Zeichensystemen, bei denen jedes Wort ein eigenes Zeichen besitzt, wie z. B. im Chinesischen.

Wenn die Beispielfirma als Zahlungsart ein »Ü« für Überweisung zulassen wollte, wäre das auch als `CHAR` möglich, weil die beiliegende Datenbank die Werte als ISO 8859-1 abspeichert. Als ASCII abgespeichert, könnte dieses »Ü« in anderen Systemen allerdings durch ein anderes Zeichen ersetzt werden. Sie kennen das sicherlich aus Dateien, die Sie aus sehr viel älteren Word-Editionen in die neuesten übertragen haben.

NATIONAL CHARACTER VARYING(n)

`NATIONAL CHARACTER VARYING(n)` steht für eine Zeichenkette mit höchstens n Zeichen Länge und nationalen Besonderheiten. Auch dieser Datentyp ist in den meisten Datenbanksystemen nicht umgesetzt.

In der Tabelle `mitarbeiter` hätten die Spalten, in denen vom Englischen abweichende Buchstaben verwendet werden, als `NATIONAL CHARACTER VARYING(50)` definiert werden können. Hier wurde darauf verzichtet, weil in der beiliegenden Datenbank ohnehin nationale Besonderheiten berücksichtigt werden und vor allem weil `VARCHAR(50)` sehr viel kürzer ist.

CHARACTER LARGE OBJECT(n)

`CHARACTER LARGE OBJECT(n)` ist ein Datentyp für große Texte. Die meisten Datenbanken haben auch für diesen Datentyp eigene Namen. Die Beispielfirma könnte in ihre Tabelle `artikel` eine Spalte `beschreibung` aufnehmen, in der mehr über das jeweilige Angebot ausgeführt wird.

Ziffern als Text

Sie erinnern sich, manchmal ist es durchaus sinnvoll, auch Ziffern als Text und nicht als Zahl abzuspeichern. Es gibt ja Zahlen, mit denen Sie nicht rechnen müssen, wie Postleitzahlen oder Telefonnummern. Manche Postleitzahlen oder auch die Vorwahlen bei Telefonnummern fangen mit 0 an. Definieren Sie den Wert als Zahl, wird die 0 einfach nicht mitgespeichert. Wenn Sie Telefonnummern wie üblich als »Vorwahl/Nummer« speichern, interpretiert das System die Eingabe als Rechnung und teilt die Vorwahl durch die Nummer, was Ihnen später überhaupt nicht weiterhilft.

3.2.2 Zahlen

In der Tabelle `artikel` gab es mehrere Spalten, die Zahlen aufnehmen sollten. Einige dieser Zahlen waren als Verweis auf andere Tabellen gedacht und mussten daher denselben Datentyp haben wie die Spalte der anderen Tabelle, auf die sie sich bezogen.

In dieser Tabelle gibt es die Spalte `nettopreis` sowie die Spalten `bestand` und `mindestbestand`. Sie alle sollen Zahlen aufnehmen, aber `nettopreis` war als `DECIMAL` definiert und die beiden anderen als `INTEGER`. Der Grund ist offensichtlich: Hier kann der jeweilige Bestand nur aus ganzen Größen bestehen, etwa 100 Monitore und 80 Festplatten. Der Unterschied zwischen `bestand` und `mindestbestand` wird auch immer eine ganze Zahl sein. Der Preis besteht dagegen auch aus Bruchteilen, 129,35 Euro und 250,71 Euro pro Stück. In der Addition wird dabei wahrscheinlich auch wieder eine Zahl mit Bruchteilen herauskommen.

Die Datentypen, mit denen Sie Zahlen darstellen, werden in **exakt numerische** und **annähernd numerische Datentypen** eingeteilt. Exakt numerische Datentypen entsprechen ganzen Zahlen oder Zahlen mit festgelegter Anzahl von Nachkommastellen, wie es etwa bei Preisen der Fall ist.

Annähernd numerisch sind Datentypen, bei denen die Anzahl der Nachkommastellen nicht festgelegt ist, wie Gleitpunkt- oder Fließkommazahlen.

Nehmen Sie einfach die Rechnung »10 geteilt durch 3 (10/3)«. Wenn das Ergebnis als Ganzzahl ausgegeben werden soll, erhalten Sie eine 3. Wenn Sie genau zwei Nachkommastellen festgelegt haben, erhalten Sie 3,33. Bei einer Fließkommazahl, die insgesamt acht Zeichen haben darf, erhalten Sie 3,3333333.

Punkt statt Komma

Bedenken Sie dabei, dass im Englischen statt des Kommas ein Punkt gesetzt wird; Sie müssen daher auch im SQL-Teacher einen Punkt anstatt eines Kommas verwenden.

Auch hier gilt wieder, dass eine Zahl mit festgelegter Anzahl von Zeichen immer den vollen Speicherplatz belegt, während eine Zahl mit einer maximal festgelegten Anzahl von Zeichen nur den benötigten Speicherplatz belegt.

Exakt numerisch

Der Standard kennt die im Folgenden beschriebenen exakt numerischen Datentypen.

INTEGER

`INTEGER` steht für eine Ganzzahl, die üblicherweise mit vier Byte dargestellt wird.

Sie wissen ja, dass ein Byte aus acht Bit besteht. Eine als `INTEGER` definierte Zahl kann also eine Ganzzahl darstellen, die in ihrer binären Form 32 Stellen haben kann. Damit können Sie 4.294.967.296 Zahlen darstellen. Bis vor das Jahr 1990 hätte das ausgereicht, um jedem lebenden Menschen auf dieser Erde eine eigene laufende Nummer zu geben. Für Ihre Datenbank sollte das immer noch ausreichen.

SMALLINT

`SMALLINT` definiert den Inhalt einer Spalte als eine Ganzzahl, die üblicherweise mit zwei Byte dargestellt wird. Damit lassen sich 65.536 Zahlen darstellen.

Die Verbindung der Tabelle `artikel` zur Tabelle `mwstsatz` könnte auch als `SMALLINT` definiert sein, da es ja nur zwei Mehrwertsteuersätze in Deutschland gibt.

Mit `NUMERIC(n, m)` legen Sie für eine Spalte eine Dezimalzahl von genau n Zeichen Länge mit m Zeichen Länge hinter dem Dezimalzeichen fest.

NUMERIC(n, m)

Wenn alle Preise der Beispieldatenbank vor dem Komma dreistellig wären, könnten Sie die Spalte `nettopreis` in der Tabelle `artikel` mit `NUMERIC(5,2)` definieren.

`DECIMAL(n, m)` steht für eine Dezimalzahl von maximal n Zeichen Länge mit m Zeichen Länge hinter dem Dezimalzeichen.

DECIMAL(n, m)

Die Nettopreise (Spalte `nettopreis`) in der Tabelle `artikel` und die Spalte `prozent` in der Tabelle `mwstsatz` wurden als `DECIMAL` mit zwei Nachkommastellen angelegt.

Der Standard kennt drei annähernd numerische Datentypen. Sie sind vor allem für Messergebnisse geeignet, die exaktere Ergebnisse speichern sollen, als dies mit Festkommazahlen möglich ist.

Annähernd numerisch

`REAL` steht für eine Gleitkommazahl mit einfacher Genauigkeit.

REAL

Eine als `REAL` definierte Zahl hat wie ein `INTEGER`-Wert die Größe von vier Byte – das ist mit einfacher Genauigkeit gemeint. Ihnen stehen also insgesamt 32 Bit zur Verfügung.

Mit `DOUBLE PRECISION` legen Sie für eine Spalte eine Gleitkommazahl mit doppelter Genauigkeit fest.

DOUBLE PRECISION

Für eine als `DOUBLE PRECISION` definierte Zahl stehen, wie schon der Name und der Zusatz der doppelten Genauigkeit erahnen lassen, acht Byte, also 64 Bit, zur Verfügung.

`FLOAT(n)` steht für eine Gleitkommazahl mit mindestens n Stellen Genauigkeit.

FLOAT(n)

3.2.3 Zeiten

In der Tabelle `bestellung` speichert die Beispielfirma den Eingang der Bestellung und den Ausgang der Lieferung. In der Tabelle `mitarbeiter` hält sie das Eintrittsdatum ihrer Angestellten fest.

Damit die Tabelle nun feststellen kann, ob Bestellungen schon erledigt sind oder ein Mitarbeiter Jubiläum feiern kann, speichert sie diese Informationen als Datum ab. So sind verschiedene Berechnungen möglich, die vom Standard vorgegeben und von den meisten Datenbanksystemen umgesetzt sind. Dazu später mehr.

Die folgende Aufstellung beschreibt die typischen Datums- und Zeittypen.

DATE `DATE` steht für Kalenderdaten vom Jahr 1 bis zum Jahr 9999.

In den meisten Fällen, wie z. B. für die Beispieldatenbank, reicht es völlig aus, mit ganzen Tagen zu rechnen. Die Beispielfirma hat sich vielleicht vorgenommen, jede Bestellung nach spätestens zwei Wochen zu erledigen. Sie kann nun die Daten danach abfragen, ob bei den unerledigten Bestellungen diese Grenze schon erreicht ist.

TIME(n) `TIME(n)` legt für eine Spalte die Uhrzeit in Stunden, Minuten und Sekunden mit n Stellen nach dem Komma hinter den Sekunden fest.

TIMESTAMP(n) Mit `TIMESTAMP(n)` bestimmen Sie für eine Spalte Datum und Uhrzeit in Stunden, Minuten und Sekunden mit n Stellen nach dem Komma hinter den Sekunden.

Dieser Datentyp kann verwendet werden, wenn das Datum und die Uhrzeit von Bedeutung sind, etwa bei Terminen, die am letzten Arbeitstag eines Monats genau um 12 Uhr enden – oder etwa bei Horoskopen.

TIME(n) WITH TIME ZONE `TIME(n) WITH TIME ZONE` steht für die Uhrzeit in Stunden, Minuten und Sekunden mit n Stellen nach dem Komma hinter den Sekunden und mit Angabe der von der Standardzeit abweichenden Zeitzone. Dieser Datentyp und der folgende sind in den meisten Datenbanken nicht vorhanden.

Die Standardzeitzone ist die – theoretisch – für den Längengrad Null gültige, die allgemein als **Greenwich-Zeit** bekannt ist (früher GMT für »Greenwich Mean Time« abgekürzt, heute UTC für »Universal Time Coordinate«). Der Längengrad Null durchschneidet zwar auch Frankreich, aber da der größere Teil des Landes und vor allem die Hauptstadt östlich des Längengrads liegen, gilt dort auch die mitteleuropäische Zeit (MEZ). Die MEZ geht der UTC um eine Stunde voraus, im Sommer wegen der Sommerzeit sogar um zwei Stunden.

TIMESTAMP(n) WITH TIME ZONE `TIMESTAMP(n) WITH TIME ZONE` legt für eine Spalte Datum und Uhrzeit in Stunden, Minuten und Sekunden mit n Stellen nach dem Komma hinter den Sekunden und Angaben der von der Standardzeit abweichenden Zeitzone fest.

INTERVAL ... `INTERVAL YEAR` steht für den Datumsunterschied in Jahren. Die Unterschiede sind als Datentypen in den meisten Datenbanken nicht umgesetzt.

`INTERVAL YEAR TO MONTH` steht für den Datumsunterschied in Jahren und Monaten.

`INTERVAL DAY` steht für den Zeitunterschied in Tagen.

`INTERVAL DAY TO HOUR` steht für den Zeitunterschied in Tagen und Stunden.

`INTERVAL DAY TO MINUTE` steht für den Zeitunterschied in Tagen, Stunden und Minuten.

`INTERVAL MINUTE TO SECOND(n)` steht für den Zeitunterschied in Minuten und Sekunden mit n Stellen nach dem Komma hinter den Sekunden.

3.2.4 Bits

Sie können in Datenbanken auch ganze Dateien wie Bilder, Töne etc. abspeichern. Diese Werte werden **Bit-Ketten** genannt, weil binäre Daten gespeichert werden.

Allgemein wird Ihnen geraten, anstatt die Datei selbst in die Datenbank aufzunehmen, nur den Verweis auf ihren Speicherplatz einzugeben. Dadurch wird die Datenbank nicht zu groß. Außerdem können Sie durch grafische Benutzeroberflächen die angegebene Datei laden und anzeigen oder abspielen.

Allerdings kann es durchaus sinnvoll sein, die Datei doch zum Teil der Datenbank zu machen, sonst gäbe es diese Datentypen ja nicht. Aber bevor Sie die Gelegenheit erhalten, einen dieser Datentypen anzuwenden, werden Sie bestimmt sehr viel Erfahrung gesammelt haben und können dann damit umgehen.

Der Standard kennt zwei Datentypen dieser Art.

`BIT(n)` legt für eine Spalte eine Bit-Kette mit n Bits fest. **BIT(n)**

Die Beispielfirma könnte der Tabelle `artikel` auch Bilder der angebotenen Waren beigeben. Um Platz zu sparen, werden GIF-Dateien genommen, die alle zwei KB groß sein sollen. Dazu ließe sich `BIT` verwenden.

`BIT VARYING(n)` legt für eine Spalte eine Bit-Kette mit höchstens n Bits fest. **BIT VARYING(n)**

Vielleicht gefallen der Geschäftsführung die GIF-Bilder nicht. Sie möchte lieber unterschiedlich große JPG-Dateien verwenden. So können detailreiche Bilder mehr Speicherplatz einnehmen als die Abbildungen relativ schmuckloser und einfacher Gegenstände.

Auch hier gilt wieder, dass eine als BIT definierte Spalte den ganzen angegebenen Speicherplatz einnimmt, während eine als BIT VARYING definierte Spalte nur den benötigten Speicherplatz einnimmt.

BLOB Die meisten Datenbanken setzen nur den zweiten Datentyp um und nennen ihn in der Regel BLOB. Allgemein gilt das als Abkürzung von »Binary Large Object«, was aber angeblich vom Schöpfer des Begriffs abgelehnt wird. Derjenige meinte damit wohl eine Kreatur aus einem billigen Horrorfilm.

3.2.5 Logische Werte

Ein logischer Wert kann wahr, falsch oder unbestimmt sein, deshalb gibt es nur einen Datentyp dieser Art:

BOOLEAN BOOLEAN legt für eine Spalte den Wahrheitswert TRUE, FALSE oder UNKNOWN fest.

Wahrheitswerte sind erst in den letzten SQL-Standard aufgenommen worden. Viele Datenbanksysteme haben diesen Datentyp noch nicht umgesetzt oder behelfen sich mit Konstruktionen.

Datentypen der Beispieldatenbank

Im Folgenden werden Ihnen nur noch die von der Beispieldatenbank tatsächlich verwendeten Datentypen begegnen. Um uns und Ihnen wenigstens ein bisschen Arbeit zu ersparen, werden wir die Datentypen der Zeichenketten in der kürzeren Form verwenden, also CHAR und VARCHAR anstatt CHARACTER und CHARACTER VARYING. Aus diesem Grund verzichten wir auch weitgehend auf NATIONAL CHARACTER und NATIONAL CHARACTER VARYING.

Denken Sie aber immer daran, dass Theorie und Praxis durchaus verschieden aussehen können und dass andere Datenbanken dieselben Datentypen auch ganz anders benennen können.

3.3 Tabellen anlegen (CREATE TABLE)

Tabellen werden mit dem Befehl CREATE TABLE angelegt. Eine Tabelle hat einen eindeutigen Namen, besteht aus einer definierten Spaltenliste und Integritätsbedingungen wie z. B. Fremdschlüsseln.

Wenn Sie eine Tabelle anlegen, führen Sie die Spalten auf, die Sie für notwendig erachten, und weisen ihnen Datentypen zu.

Darüber hinaus können Sie noch weitere Festlegungen treffen: Sie können vorschreiben, dass Spalten bei der Eingabe von Datensätzen immer gefüllt werden müssen (NOT NULL), Sie können Eingaben überprüfen lassen und Vorgabewerte setzen. Sie können Primärschlüssel und Fremdschlüssel anlegen, die Abfragen über mehrere Tabellen sicherer machen.

Einführungsbeispiel

Sie haben bereits die Tabelle mitarbeiter kennengelernt. In dieser Tabelle gibt es die Spalte abteilung, die sich auf die Tabelle abteilung bezieht, in der die Bezeichnungen der Abteilungen gespeichert sind. Sie erinnern sich: Das geschieht, damit die Tabellen den Normalformen entsprechen.

Es gibt nur zwei Felder: wieder eine laufende Nummer, die als Primärschlüssel definiert ist, und die Bezeichnung der Abteilung:

```
CREATE TABLE abteilung
(
   abteilungsnr INTEGER NOT NULL,
   bezeichnung VARCHAR(50),
   PRIMARY KEY (abteilungsnr)
);
```

SQL-Syntax

Es fällt Ihnen sicher nicht schwer, den Grundaufbau des Befehls zu erkennen. Sie geben der Tabelle einen Namen und versehen jede Spalte mit einem Datentyp und weiteren Bestimmungen:

```
CREATE TABLE tabellenname
(
   spaltenname datentyp [feldeinschränkung]
   [...]
);
```

Diese Bestimmungen werden Sie in den folgenden Abschnitten näher kennenlernen.

3.4 Integritätsregeln

Der Datenbestand einer Datenbank sollte in der Idealform in sich schlüssig und fehlerfrei sein. So sollte es keine Datensätze geben, bei denen Feldinhalte fehlen, obwohl sie vorhanden sein sollten (z. B. der Name in einer Anschriftentabelle), oder Datensätze in Tochtertabellen ohne Bezug zu Vatertabellen existieren.

Mit der Anlage von Tabellen legen Sie auch schon deren Integritätsregeln fest. Im vorangegangenen Abschnitt haben Sie das getan, indem Sie eine Spaltendefinition mit `NOT NULL` ergänzten. Damit haben Sie erreicht, dass in die betreffende Spalte auf jeden Fall etwas hineingeschrieben werden muss, anderenfalls wird der Datensatz nicht angenommen.

Datenbanken kennen folgende Integritätsregeln:

- Primärschlüssel: Über den Primärschlüssel kann ein Datensatz eindeutig angesprochen werden. Somit kann sichergestellt werden, dass die Verknüpfung im relationalen Datenmodell funktioniert. Des Weiteren kann man nur mit Primärschlüsseln letztendlich sicherstellen, dass bei Aktualisierungsvorgängen in der Datenbank die richtigen Datensätze angesprochen werden.
- Fremdschlüssel: Der Fremdschlüssel dient zur eindeutigen Verknüpfung von Tabellen im relationalen Modell.
- Mit `UNIQUE` wird verhindert, dass doppelte Werte gespeichert werden, wo diese logisch nicht sinnvoll sind. So wäre die Speicherung von doppelten Kontonummern in einer Tabelle von Kontoinhabern und Kontonummern ein solcher Fall.
- Bei der Eingabe von Daten können mit `CHECK` Überprüfungsregeln definiert werden, um Fehleingaben zu verhindern (z. B. zu große oder zu kleine Werte).
- Mit `DEFAULT` können beim Speichern von Datensätzen Standardwerte gesetzt werden, die verwendet werden, wenn nichts anderes angegeben wird.

3.4.1 Primärschlüssel (PRIMARY KEY)

Mit dem Primärschlüssel machen Sie jeden Datensatz einer Tabelle eindeutig identifizierbar. In jedes Feld der betreffenden Spalte muss ein Wert geschrieben sein. Fehlt dieser Wert, wird der Datensatz nicht angenommen. Gleiches gilt, wenn der Wert schon vorhanden ist.

Ein Primärschlüssel wird für Tabellenspalten definiert. Vereinfacht ausgedrückt: Sie bestimmen eine Spalte, die als Primärschlüssel dienen soll und aufgrund des Inhalts auch geeignet ist. Ein Beispiel ist die Kundennummer bei einer Kundentabelle. Durch die Festlegung des entsprechenden Feldes als Primärschlüssel lässt die Datenbank dann keine doppelten

Werte mehr zu. Sie können den Primärschlüssel auch auf mehrere Spalten setzen, dann müssen alle Spalten bei der Eingabe mit einem Wert gefüllt sein, und die Kombination der Werte in den Spalten muss für jeden Datensatz einmalig sein (Mehrfelderschlüssel). Ob Sie den Primärschlüssel nun auf eine Spalte oder auf mehrere Spalten setzen, eine Tabelle kann immer nur einen Primärschlüssel besitzen.

Autoinkrement

Oft besteht der Primärschlüssel aber aus einer laufenden Nummer. In den meisten Datenbanksystemen können Sie diese Nummer als Autoinkrement automatisch vergeben lassen, wenn ein neuer Datensatz angelegt wird. In Kapitel 19, »SQL-Syntax gängiger Datenbanken«, finden Sie einen Überblick darüber, wie das in den meistverbreiteten Datenbanksystemen umgesetzt wird.

Einführungsbeispiel

In unserer Übungsdatenbank existiert die Tabelle `abteilung`. Hier sind die Bezeichnungen der Abteilungen der Beispielfirma gespeichert, auf die sich die Tabelle `mitarbeiter` bezieht. Um jeden Datensatz eindeutig identifizierbar zu machen, wird auf die Spalte `abteilungsnr` ein Primärschlüssel gelegt. Nun kann keine neu eingegebene Abteilung mehr eine Nummer erhalten, die bereits vergeben ist:

```
CREATE TABLE abteilung
(
   abteilungsnr INTEGER NOT NULL,
   bezeichnung VARCHAR(50),
   PRIMARY KEY (abteilungsnr)
);
```

SQL-Syntax

Der Primärschlüssel wird in der Tabellendefinition durch `PRIMARY KEY` gesetzt.

Das kann am Ende des `CREATE TABLE`-Befehls geschehen, indem Sie das Schlüsselwort `PRIMARY KEY` setzen und ihm in Klammern die Spalten, die den Primärschlüssel ausmachen sollen, folgen lassen:

```
CREATE TABLE tabellenname
(
   spaltenname1 datentyp,
   spaltenname2 datentyp,
   [...]

   [CONSTRAINT constraintname]
   PRIMARY KEY (spaltenliste)
);
```

Mit `CONSTRAINT` geben Sie dem Primärschlüssel einen Namen, über den Sie ihn später ansprechen können, wenn Sie die Tabelle ändern und dabei den Primärschlüssel wieder abschaffen wollen. Einige Datenbanken verlangen, dass Sie Schlüssel mit dem Schlüsselwort `CONSTRAINT` anlegen. »Constraint« heißt wörtlich übersetzt »Zwang« und bezeichnet damit die Definition von Integritätsregeln.

Wenn der Primärschlüssel nur aus einer Spalte besteht, können Sie `PRIMARY KEY` auch schon hinter die Spaltendefinition setzen:

```
CREATE TABLE tabellenname
(
   spaltenname datentyp PRIMARY KEY
   [...]
);
```

Weiterführen des Beispiel

In der Tabelle `artikel` gibt es eine Spalte `mwst`, die sich auf die Tabelle `mwstsatz` bezieht. Diese Tabelle ist ähnlich aufgebaut wie die Tabelle `abteilung`.

```
CREATE TABLE mwstsatz
(
   mwstnr INTEGER NOT NULL,
   prozent DECIMAL(4,2),
   PRIMARY KEY (mwstnr)
);
```

Sie haben bereits erfahren, dass Sie Einträge in einer Spalte erzwingen können, indem Sie hinter den Datentyp `NOT NULL` setzen. Da eine als Primärschlüssel gesetzte Spalte auf jeden Fall einen Eintrag verlangt, sollte es eigentlich nicht nötig sein, diese Spalte zusätzlich mit `NOT NULL` zu definieren.

In der Theorie ist das auch nicht nötig, aber einige Datenbanken verlangen dennoch danach. Dazu gehört auch das Programm Firebird, das in der Übungssoftware SQL-Teacher implementiert ist.

Hinweise zum Praxiseinsatz

Die Anlage der Tabellen, der Felddefinitionen und Integritätsregeln gehört zum Handwerkszeug beim Umgang mit relationalen Datenbanken. Die Definitionen ergeben sich direkt aus der theoretischen Überlegung zum Datenbankentwurf. Da sich die Datenbanken im Bereich der Datentypen unterscheiden, ist das Wissen über die verfügbaren Datentypen der eingesetzten Datenbank wichtig und gegebenenfalls zu erarbeiten.

Übungen

[✎]

3.1 Definieren Sie eine Tabelle `geburtstag` mit Name, Vorname und Geburtstag. Die Datensätze sollen eine laufende Nummer (`gebnr`) erhalten.

3.2 Definieren Sie eine Tabelle `urlaub`, in der Sie Name, Vorname, Urlaubsantritt (`beginn`) und Urlaubsende (`ende`) speichern. Auch hier sollen die Datensätze eine laufende Nummer (`urlnr`) als Primärschlüssel erhalten.

3.3 Definieren Sie eine Tabelle `telefonliste`, in der Sie `name`, `vorname`, `telefonnummer` und einen Buchstaben als `bemerkung` wie H für Handy oder G für geschäftlich speichern wollen. Der Name und die Telefonnummer sollen auf jeden Fall eingegeben werden. Die Datensätze sollen eine laufende Nummer (`telnr`) als Primärschlüssel erhalten. Der Primärschlüssel soll als `CONSTRAINT` mit dem Namen `primaerschluessel` angelegt werden.

3.4 Sehen Sie sich die folgenden Datensätze A bis J mit `abteilungsnr` und `bezeichnung` an. Wenn Sie sie in die Tabelle `abteilung` eingeben, werden sie dann angenommen oder nicht? Warum?

A	1	Geschäftsführung
B	2	Support
C		Rechnungswesen
D	4	
E	5	Vertrieb
F	6	Verwaltung
G	4	Einkauf
H	2	Wartung
I	7	Rechnungswesen
J	3	Werkstatt

3.5 Sehen Sie sich die folgenden Datensätze A bis E an. Sie sollen in die Tabelle `mwstsatz` eingefügt werden und bestehen aus der `mwstnr` und `prozent`. Wenn Sie diese Datensätze eingeben, werden sie dann angenommen oder nicht? Warum?

A	1	7
B	2	16

C	3	120
D		29,6
E	2	7

3.4.2 Fremdschlüssel (FOREIGN KEY)

Wir haben bereits erläutert, dass der Fremdschlüssel für sichere Verbindungen zwischen den Tabellen sorgt. Er verbindet eine Spalte der einen Tabelle mit einer gleichartigen Spalte der anderen Tabelle.

Hier wurde bisher eine `INTEGER`-Zahl als Primärschlüssel gesetzt. Deshalb muss auch das Feld des Fremdschlüssels eine `INTEGER`-Zahl aufnehmen. Hier sehen Sie auch den Vorteil, wenn Sie einen einfachen und keinen zusammengesetzten Primärschlüssel verwenden: Sie können sich viel einfacher im Fremdschlüssel darauf beziehen.

Sobald Sie eine Spalte als Fremdschlüssel setzen, können Sie dort nur noch Werte eingeben, die auch in der als Primärschlüssel gesetzten Spalte der anderen Tabelle vorhanden sind. In den bisherigen Beispielen konnten Sie in die entsprechenden Spalten noch Werte eintragen, die es in der anderen Tabelle gar nicht gab, da noch kein Fremdschlüssel gesetzt war.

Eine Tabelle, der Sie einen Fremdschlüssel mitgeben, wird **abhängige Tabelle** genannt. Die Tabelle mit dem dazugehörenden Primärschlüssel heißt **Vatertabelle**. Natürlich kann die abhängige Tabelle einen eigenen Primärschlüssel haben und so für eine weitere Tabelle zur Vatertabelle werden. Die Vatertabelle selbst kann durch einen Fremdschlüssel von einer weiteren Tabelle abhängig sein.

Einführungsbeispiel

Sie kennen bereits die Tabellen `mitarbeiter` und `abteilung`. Die beiden Tabellen sind über die `abteilungsnr` der Tabelle `abteilung` miteinander verknüpft. In der Tabelle `abteilung` ist die Spalte `abteilungsnr` die Spalte mit dem Primärschlüssel. In der Tabelle `mitarbeiter` heißt die Spalte mit dem Fremdschlüssel `abteilung`.

Die Tabelle `abteilung` wird so definiert:

```
CREATE TABLE abteilung
(
   abteilungsnr INTEGER NOT NULL,
   bezeichnung VARCHAR(50),
   PRIMARY KEY (abteilungsnr)
);
```

Und die Tabelle mitarbeiter so:

```
CREATE TABLE mitarbeiter
(
   mitarbeiternr INTEGER NOT NULL,
   name VARCHAR(50),
   vorname VARCHAR(50),
   strasse VARCHAR(50),
   plz CHAR(14),
   ort VARCHAR(50),
   gehalt DECIMAL(10,2),
   abteilung INTEGER,
   telefonnummer VARCHAR(25),
   email VARCHAR(50),
   eintrittsdatum DATE,
   PRIMARY KEY (mitarbeiternr),
   FOREIGN KEY (abteilung)
      REFERENCES abteilung(abteilungsnr)
);
```

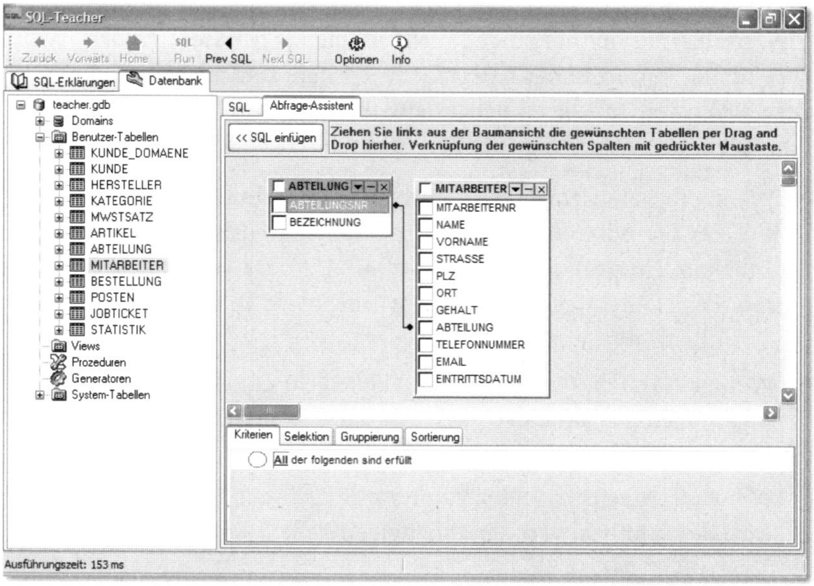

Abbildung 3.2 Verbindung zwischen Vatertabelle und abhängiger Tabelle

SQL-Syntax

Sie legen den Fremdschlüssel als FOREIGN KEY immer nach den Spaltendefinitionen an. Wenn Sie den Primärschlüssel nicht in der Spalte selbst definieren, sondern ebenfalls nach den Spaltendefinitionen, folgt ihm der Fremdschlüssel. Mit REFERENCES geben Sie die Tabelle mit der Primärschlüsselspalte an, auf die Sie sich beziehen.

Auch den Fremdschlüssel können Sie mit CONSTRAINT anlegen. Sie geben auch dabei einen Namen an, auf den Sie sich später, bei Änderungen der Tabelle, beziehen können.

Grundsätzlich sieht der CREATE TABLE-Befehl mit der Fremdschlüsseldefinition also so aus:

```
CREATE TABLE tabellenname
(
   spaltenname datentyp [feldbeschränkung],
   [...]
   [PRIMARY KEY (spaltenliste)]
   [CONSTRAINT constraintname]
   FOREIGN KEY (spaltenname)
   REFERENCES tabellenname (spaltenname)
);
```

Beachten Sie dabei, dass die Tabelle, auf die Sie sich beziehen, bereits existieren muss.

Bei der Definition von Fremdschlüsseln kann die Betrachtung von Lösch- bzw. Aktualisierungsvorgängen nicht außen vor gelassen werden. Wenn Sie einen Datensatz in der Vatertabelle löschen, sind auch alle Datensätze der abhängigen Tabelle zu behandeln, um die Datenintegrität zu bewahren. Es können dabei folgende Fälle konstruiert werden:

- Wenn ein Datensatz in der Vatertabelle gelöscht oder verändert wird, soll der Fremdschlüssel der betroffenen Datensätze der abhängigen Tabelle nicht geändert werden (NO ACTION). Da dies zur Störung der referenziellen Integrität führen würde, wird diese Option von der Datenbank abgelehnt.
- Wenn ein Datensatz in der Vatertabelle gelöscht oder verändert wird, sollen auch alle Fremdschlüssel in den Datensätzen der abhängigen Tabelle gelöscht bzw. aktualisiert werden (CASCADE).
- Wenn ein Datensatz in der Vatertabelle gelöscht oder verändert wird, wird der Schlüsselwert der abhängigen Tabelle auf den DEFAULT-Wert gesetzt (SET DEFAULT).
- Wenn ein Datensatz in der Vatertabelle gelöscht oder verändert wird, wird der Schlüsselwert der abhängigen Tabelle auf NULL gesetzt (SET NULL).

Bei allen vier Fällen wird die referenzielle Integrität sichergestellt.

Entsprechend kann die Fremdschlüsseldefinition diese Optionen enthalten. Die Syntax ist dann wie folgt:

```
CREATE TABLE tabellenname
(
   spaltenname Datentyp,
   FOREIGN KEY (spaltenname)
   REFERENCES tabellenname (spaltenname)
   [ON DELETE {NO ACTION|CASCADE|SET DEFAULT|SET NULL}]
   [ON UPDATE {NO ACTION|CASCADE|SET DEFAULT|SET NULL}]
);
```

Weiterführendes Beispiel

Wie Sie bereits wissen, sind die Tabellen `mwstsatz` und `artikel` miteinander verknüpft. Die Tabelle `mwstsatz` ist dabei die Vatertabelle der Tabelle `artikel`.

Die Tabelle `mwstsatz` speichert, wie Sie wissen, jeden Prozentsatz mit einer eindeutigen laufenden Nummer ab. Sie wird so definiert:

```
CREATE TABLE mwstsatz
(
   mwstnr INTEGER NOT NULL,
   prozent DECIMAL(4,2),
   PRIMARY KEY (mwstnr)
);
```

Die Tabelle `artikel` bezieht sich in der Spalte `mwst` auf die Spalte `mwstnr` der Tabelle `mwstsatz`. Sie wird als Fremdschlüssel gesetzt und kann daher nur Werte annehmen, die bereits in der Primärschlüsselspalte von `mwstsatz` vorhanden sind. Zudem hat sie den gleichen Datentyp wie die Primärschlüsselspalte der anderen Tabelle. Damit können Sie nur Mehrwertsteuersätze angeben, die auch vorgesehen sind.

Die Tabelle wird so definiert:

```
CREATE TABLE  artikel
(
   artikelnr INTEGER NOT NULL,
   bezeichnung VARCHAR(50),
   hersteller INTEGER,
   nettopreis DECIMAL(10,2),
   mwst INTEGER,
   bestand INTEGER,
   mindestbestand INTEGER,
   kategorie INTEGER,
   bestellvorschlag CHAR(1) DEFAULT '0',
   PRIMARY KEY (artikelnr),
```

```
    FOREIGN KEY (mwst) REFERENCES mwstsatz (mwstnr),
    FOREIGN KEY (hersteller)
       REFERENCES hersteller (herstellernr),
    FOREIGN KEY (kategorie)
       REFERENCES kategorie (kategorienr)
);
```

Wie Sie sehen, gibt es in der Tabelle `artikel` noch zwei weitere Fremdschlüsselfelder. Die Spalte `hersteller` bezieht sich auf die Spalte `herstellernr` der Tabelle `hersteller`. Die Spalte `kategorie` bezieht sich auf die Spalte `kategorienr` der Tabelle `kategorie`.

Hinweise zum Praxiseinsatz

Fremdschlüssel und deren automatische Überprüfung durch die Datenbank sind die unsichtbaren »Ordnungspolizisten«, die über die Datenintegrität wachen, weil Abhängigkeiten im Datenmodell (referenzielle Integrität) damit festgeschrieben werden. Für den Anfänger sind die Regeln teilweise schwer nachzuvollziehen. Im Sinne der Datensicherheit sollten die Möglichkeiten des Fremdschlüssels unbedingt ausgeschöpft werden.

[✎] Übungen

3.6 Definieren Sie für die Beispielfirma eine Tabelle `ferien`, in der der Urlaubsbeginn (`beginn`) und das Urlaubsende (`ende`) für die einzelnen Mitarbeiter gespeichert werden soll. Statt der Namen der Mitarbeiter sollen Sie dort die `mitarbeiternr` aus der Tabelle `mitarbeiter` speichern. Die Tabelle muss also einen Fremdschlüssel haben. Auf einen Primärschlüssel können Sie verzichten.

3.7 Definieren Sie für die Beispielfirma eine Tabelle `notfall`, in der für jeden Mitarbeiter Telefonnummern zur Benachrichtigung von Angehörigen gespeichert werden sollen. Auch hier beziehen Sie sich auf die Tabelle `mitarbeiter`. Sie benötigen keine Primärschlüsselspalte.

3.8 Die Tabelle `artikel` ist selbst auch die Vatertabelle für die Tabelle `posten`. Diese Tabelle ist auch von der Tabelle `bestellung` abhängig, deren Primärschlüsselspalte die Spalte `bestellnr` ist. Außerdem werden `bestellmenge` und `liefermenge` in `posten` gespeichert. Wie sieht der `CREATE TABLE`-Befehl für die Tabelle `posten` aus?

3.9 In der Tabelle `abteilung` gibt es die Datensätze 1 bis 6, sie ist die Vatertabelle für die Tabelle `mitarbeiter`. In die Tabelle `mitarbeiter` sollen die Datensätze A bis J eingegeben werden. Werden sie angenommen oder nicht? Warum?

Datensatz	Name	Vorname	Abteilung
A	Ross	Hagen	1
B	Roberts	Patrick	1
C	Hummer		1
D	Weinert	Eduard	2
E	Michaels	Connie	3
F		Bernd	5
G	Koppes	Karin	
H	Wilding	Alexander	7
I	Schmidt	Peter	0
J	Müller	Ole	5

3.10 In der Tabelle `mwstsatz` gibt es zwei Datensätze 1 und 2. In der Tabelle `hersteller` gibt es die Datensätze 1 bis 10. In der Tabelle `kategorie` gibt es ebenfalls die Datensätze 1 bis 10. Alle diese Tabellen sind, wie Sie wissen, Vatertabellen für die Tabelle `artikel`. Sehen Sie sich nun die Datensätze A bis J an, die in die Tabelle `artikel` eingegeben werden sollen. Werden sie angenommen oder nicht? Warum? Denken Sie auch an den Primärschlüssel der Tabelle `artikel`.

Datensatz	artikelnr	mwst	hersteller	kategorie
A	1	2	3	4
B	2	2	9	3
C	3	1		9
D		1	4	8
E	5	3	2	1
F	6	2	9	11
G	7	1	22	5
H	4	2		6
I	8			
J	2	2	6	3

3.4.3 Doppelte Werte verhindern (UNIQUE)

Neben dem Primärschlüssel haben Sie noch eine Möglichkeit, dafür zu sorgen, dass in einer Spalte jeder Wert nur einmal vorkommt. Die Definition hierfür lautet `UNIQUE`. Damit wird jeder Versuch, einen gleichen Wert in dieser Spalte zu speichern, vom Datenbanksystem abgelehnt.

Einführungsbeispiel

An einem Beispiel sei dies erläutert. In Kundentabellen kommen häufige Namen wie Müller oder Meier mehrfach vor. Anhand des Nachnamens kann man solche Kunden nicht unterscheiden. Aus diesem Grund findet sich in Adressverwaltungen häufig noch das Feld `matchcode`, um jedem Kunden eine eindeutige Bezeichnung geben zu können. Damit sichergestellt ist, dass der Matchcode nur einmal vergeben wird, kann man dieses Feld sinnvollerweise mit einem `UNIQUE` versehen. Die (verkürzte) Tabellendefinition könnte dann wie folgt aussehen:

```
CREATE TABLE kunde
(
   name VARCHAR(50),
   matchcode VARCHAR(20) UNIQUE
);
```

SQL-Syntax

Wie den Primärschlüssel können Sie auch `UNIQUE` auf zwei Weisen setzen. Sie setzen `UNIQUE` an das Ende des `CREATE TABLE`-Befehls hinter `PRIMARY KEY` und können dabei ebenfalls mehrere Spalten angeben. Auch `UNIQUE` können Sie mit `CONSTRAINT` setzen:

```
CREATE TABLE tabellenname
(
   spaltenname1 datentyp,
   spaltenname2 datentyp
   [...]
   [PRIMARY KEY (spaltenliste)]
   [CONSTRAINT constraintname]
   UNIQUE (spaltenname1, spaltenname2 [...])
);
```

Oder Sie setzen `UNIQUE` wie den Primärschlüssel direkt an die Spaltendefinition:

```
CREATE TABLE tabellenname
(
   spaltenname datentyp [CONSTRAINT constraintname] UNIQUE,
   [...]
);
```

Übung [✎]

3.11 Finden Sie drei Anwendungsfälle, bei denen die Verwendung von UNIQUE sinnvoll ist.

3.4.4 Nur bestimmte Werte zulassen (CHECK)

Abgesehen von der Festlegung von Gültigkeitsbereichen für Spalten können auch definierte Werte über eine CHECK-Klausel festgeschrieben werden, indem die Eingaben auf definierte Regeln überprüft werden. Sie können eine Reihe von Werten festschreiben. Dann werden nur noch Datensätze zugelassen, wenn der Wert in der Spalte zu diesen Werten gehört. Sie können darüber hinaus bei der Eingabe eines Wertes prüfen, ob der Wert in einem bestimmten Verhältnis zu einem anderen Wert steht.

Einführungsbeispiel

In den Tabellen der beiliegenden Datenbank gibt es keine CHECK-Klauseln. In der Tabelle posten könnte eine CHECK-Klausel die Eingabe der Bestellmenge daraufhin überprüfen, ob sie größer als 0 ist.

Die Tabelle posten sähe mit dieser CHECK-Klausel so aus:

```
CREATE TABLE posten
(
   bestellnr INTEGER NOT NULL,
   artikelnr INTEGER,
   bestellmenge INTEGER,
   liefermenge INTEGER,
   FOREIGN KEY (bestellnr)
      REFERENCES bestellung (bestellnr),
   FOREIGN KEY (artikelnr)
       REFERENCES artikel (artikelnr),
   CHECK (bestellmenge > 0)
);
```

SQL-Syntax

Mit CHECK legen Sie die gültigen Werte einer Spalte fest. Sie haben auch hier wieder zwei Möglichkeiten dazu.

Sie können CHECK an das Ende der Tabellendefinition setzen. Es steht dann wirklich am Schluss, hinter anderen Festlegungen wie PRIMARY KEY etc. Auch hier können Sie wieder mit CONSTRAINT arbeiten:

```
CREATE TABLE tabellenname
(
   spaltenname datentyp,
   [CONSTRAINT constraintname] CHECK (bedingung)
);
```

Sie können `CHECK` aber auch an die Spaltendefinition hängen:

```
CREATE TABLE tabellenname
(
   spaltenname datentyp [CONSTRAINT constraintname]
         CHECK (bedingung)
[...]
);
```

Als Bedingung können Sie, wie gesagt, Werte vorgeben oder einen Vergleich mit einem bestimmten Wert durchführen.

Sie legen den Wertebereich fest, indem Sie den Namen der Spalte nennen und ihm mit `IN` eine Liste von Werten in Klammern hinzufügen.

```
CHECK (spaltenname IN (werteliste))
```

In der Tabelle `artikel` könnten Sie z. B. die Eingabe der `mwst` durch eine `CHECK`-Klausel überwachen. Die entsprechende Zeile im `CREATE TABLE`-Befehl sähe so aus:

```
mwst DECIMAL(4,2),
CHECK (mwst IN (7, 19))
```

Sie vergleichen den in die Spalte eingegebenen Wert mit einem von Ihnen vorgegebenen Wert. Dieser Wert kann von Ihnen absolut festgelegt oder aus einer anderen Spalte genommen werden:

```
CHECK (spaltenname vergleichsoperator wert)
```

So können Sie z. B. verhindern, dass Sie an Ihre Kunden mehr Ware ausliefern, als sie bestellt haben. Die Menge der ausgelieferten Ware darf einfach nicht größer sein als die bestellte Menge:

```
liefermenge INTEGER,
CHECK (liefermenge <= bestellmenge)
```

Wenn nun einer Ihrer Kunden zwei Packungen Disketten bestellt hat, wird der Datensatz oder seine Änderung nur angenommen, wenn Sie ihm auch höchstens zwei Packungen schicken wollen.

Weiterführendes Beispiel

Die Beispielfirma möchte eine Urlaubstabelle anlegen – das kennen Sie vielleicht bereits aus vorangegangenen Übungen. Diesmal soll aber bei der Eingabe darauf geachtet werden, dass niemand mehr als 21 Tage der Firma fernbleibt.

In der `CHECK`-Klausel soll also das Datum des letzten Urlaubstags höchstens 21 Tage weiter als das Datum des Urlaubsbeginns sein. Sie können zum Urlaubsbeginn einfach 21 addieren und den entstehenden Wert mit dem geplanten Urlaubsende vergleichen:

```
CHECK (ende <= (beginn + 21))
```

Der `CREATE TABLE`-Befehl für die Tabelle `urlaub` sieht dann so aus:

```
CREATE TABLE urlaub
(
   mitarbeiternr INTEGER,
   beginn DATE,
   ende DATE,
   CHECK (ende <= (beginn + 21))
);
```

Übungen

[✎]

3.12 Definieren Sie eine Tabelle `rabatt`, in der zu der Kundennummer eine Rabattstufe gespeichert werden soll. Es gibt die Rabattstufen »Bronze (`B`)«, »Silber (`S`)« und »Gold (`G`)«. Die eingegebene Rabattstufe soll immer gültig sein. Die Tabelle braucht keinen Primärschlüssel.

3.13 In der Tabelle `kunde` gibt es eine Spalte `zahlungsart`. Wie sieht die Spalte aus, wenn Sie eine `CHECK`-Klausel hinzufügen? Gültige Eingaben sollen `R`, `B`, `N`, `V` und `K` sein.

3.14 Nehmen wir an, die Tabelle `posten` wäre tatsächlich wie in Übung 3.13 mit der `CHECK`-Klausel definiert worden. Sehen Sie sich die Datensätze A bis J an. Werden sie in die veränderte Tabelle `posten` aufgenommen oder nicht? Warum? Denken Sie auch an die Fremdschlüssel der Tabelle! Gegenwärtig gibt es Bestellungen von 1 bis 150 und Artikel von 1 bis 50.

Datensatz	Bestellnummer	Artikelnummer	Bestellmenge
A	1	17	2
B	2	8	1
C	3	32	1
D	8	15	0
E	19	6	2
F	133	69	21
G	12		7
H	19	14	6

Datensatz	Bestellnummer	Artikelnummer	Bestellmenge
I		12	3
J	170	44	25

3.15 Werden die folgenden Urlaubsanträge A bis J in die in Übung 3.2 definierte Tabelle `urlaub` aufgenommen oder nicht? Warum?

Datensatz	Urlaubsbeginn	Urlaubsende
A	20.12.2010	10.01.2011
B	02.01.2011	16.01.2011
C	04.03.2011	16.03.2011
D	09.06.2011	01.07.2011
E	12.06.2011	11.06.2011
F	15.07.2011	07.08.2011
G	19.12.2010	04.01.2011
H	31.12.2010	19.01.2011
I	16.10.2011	01.11.2011
J	31.12.2010	28.01.2011

3.16 Werden die Datensätze A bis J in die Tabelle `rabatt`, die Sie in Übung 3.12 definiert haben, aufgenommen oder nicht? Warum? Achten Sie auf den Fremdschlüssel – es gibt zurzeit die Kundennummern 1 bis 100.

Datensatz	Kundennummer	Rabattstufe
A	1	G
B	2	S
C	4	B
D	19	g
E	35	
F	99	G
G	100	V
H	96	
I	102	S
J	3	2

3.17 Nehmen wir an, die Tabelle `kunde` hätte die eben verlangte `CHECK`-Klausel für die Spalte `zahlungsart` (vergleichen Sie dazu mit Übung 3.13). Welche der folgenden Datensätze A bis J werden dann angenommen oder abgelehnt? Warum? Denken Sie an den Primärschlüssel (vergleichen Sie dazu mit Übung 3.16).

Datensatz	Kundennummer	Zahlungsart
A	101	N
B	102	K
C	309	N
D	1.067	Q
E	1.972	bar
F	2.000	k
G	103	G
H	101	R
I	689	V
J	100	N

3.18 In Übung 3.15 wurde ein unsinniger Datensatz angenommen: Ein Urlaub sollte enden, bevor er überhaupt begonnen hat. Wie können Sie weitere Fehler dieser Art mit einer `CHECK`-Klausel verhindern?

3.4.5 Standardwerte (DEFAULT)

Sie können in der Tabellendefinition Standardwerte vorgeben. Diese Werte werden immer dann eingesetzt, wenn nichts anderes angegeben wird. Default-Werte unterstützen die Datenbankintegrität, denn sie verhindern, dass NULL-Werte (nicht definiert) gespeichert werden.

Einführungsbeispiel

In der Tabelle `artikel` der beiliegenden Datenbank wurde die Spalte `bestellvorschlag` mit dem Vorgabewert `0` belegt. Das besagt, dass es keinen Bestellvorschlag gibt. Anderenfalls muss eine `1` eingegeben werden.

Wenn nun nichts anderes angegeben wird, wird in die Tabelle automatisch der Wert `0` in die Spalte `bestellvorschlag` eingetragen:

```
CREATE TABLE artikel
(
   artikelnr INTEGER NOT NULL,
   bezeichnung VARCHAR(50),
```

```
    hersteller INTEGER,
    nettopreis DECIMAL(10,2),
    mwst INTEGER,
    bestand INTEGER,
    mindestbestand INTEGER,
    kategorie INTEGER,

    bestellvorschlag CHAR(1) DEFAULT '0',
    PRIMARY KEY (artikelnr),
    FOREIGN KEY (mwst) REFERENCES mwstsatz (mwstnr),
    FOREIGN KEY (hersteller)
       REFERENCES hersteller(herstellernr),
    FOREIGN KEY (kategorie)
       REFERENCES kategorie(kategorienr)
);
```

SQL-Syntax

Um einen Standardwert vorzugeben, werden an die Spaltendefinition einfach DEFAULT und der Standardwert gesetzt:

```
CREATE TABLE tabellenname
(
   spaltenname datentyp DEFAULT vorgabewert
   [...]
);
```

Sie können als Standardwert die NULL-Marke, eine Systemvariable (wie CURRENT_DATE()) oder ein gültiges Zeichen setzen. Wenn Sie nichts angeben, geht das System von der NULL-Marke aus.

Sie können einer CHECK-Klausel, die auf einen gültigen Eingabebereich hin prüft, einen Vorgabewert mitgeben. Die CHECK-Klausel wird einfach um DEFAULT und den Vorgabewert erweitert:

```
CHECK (bedingung) DEFAULT wert
```

Weiterführendes Beispiel

So können Sie in einer Tabelle artikel, bei der Sie die Eingabe der Mehrwertsteuer mit CHECK überwachen, den höheren, deutlich am häufigsten vorkommenden Prozentsatz als Standardwert vorgeben. In kurzer Form könnte diese Tabelle so aussehen:

```
CREATE TABLE artikel
(
   artikelnr INTEGER NOT NULL PRIMARY KEY,
   bezeichnung VARCHAR(50),
   nettopreis DECIMAL (10,2),
   mwst DECIMAL (4,2) CHECK (mwst IN (7, 19) DEFAULT 19
);
```

Tabellenname ändern

Wenn Sie diese Tabellendefinition in der Übungssoftware ausprobieren wollen, verwenden Sie bitte einen anderen Tabellennamen, weil die Tabelle artikel bereits in der Beispieldatenbank vorhanden ist.

3.5 Domänen

Sie haben eine weitere Möglichkeit, um den Wertebereich einer Spalte festzulegen. Anstatt dies in der Tabellendefinition zu tun, können Sie dafür auch eine sogenannte Domäne anlegen. Eine **Domäne** ist die Definition der Menge zulässiger Werte.

Domänen gehören deshalb inhaltlich zu den DDL-Befehlen. Um Ihnen Domänen erklären zu können, müssen in diesem Abschnitt einige Befehle Verwendung finden, die erst später ausführlich erläutert werden.

Durch die Domäne können Sie die Tabellendefinition vereinfachen. Sie wird, besonders bei komplizierteren Bedingungen, dadurch übersichtlicher. Außerdem brauchen Sie die Bedingungen nur einmal zu definieren und können diese dann mehrmals verwenden.

3.5.1 Domänen erstellen (CREATE DOMAIN)

Einführungsbeispiel

In unserer Beispieldatenbank gibt es in der Kundentabelle das Feld `zahlungsart`, in das die bevorzugte Zahlungsart eingetragen wird. Für dieses Feld ist es sinnvoll, die Menge an zulässigen Werten auf die vom Unternehmen akzeptierten Zahlungsarten zu beschränken. Nehmen wir an, dass hier nur Rechnung (`R`), Bankeinzug (`B`), Nachnahme (`N`), Vorkasse (`V`) und Kreditkarte (`K`) eingetragen werden dürfen.

Sie wissen bereits, wie Sie diese Bedingung in einer `CHECK`-Klausel formulieren können:

```
CREATE TABLE kunde
(
[...]
zahlungsart CHAR(1)
CHECK
   (
    VALUE IN ('R', 'B', 'N', 'V', 'K')
   )
[...]
);
```

Als Domäne definiert, sieht diese Einschränkung des Wertebereichs wie folgt aus. Die entsprechende Domäne gibt den Datentyp an und enthält die CHECK-Klausel:

```
CREATE DOMAIN d_zahlungsart
AS CHAR(1)
CHECK
   (
   VALUE IN ('R', 'B', 'N', 'V', 'K')
   );
```

Die Domänendefinition wird also als eigener SQL-Befehl ausgeführt und erhält einen eindeutigen Namen.

Wenn Sie die Domäne vor der Tabelle kunde_domaene erzeugen, können Sie sich in dieser Tabelle ganz einfach auf die Domäne beziehen. Sie ordnen einer Tabellenspalte über den entsprechenden Domänennamen den definierten Gültigkeitsbereich zu:

```
CREATE TABLE kunde_domaene
(
[...]

zahlungsart d_zahlungsart
[...]
);
```

SQL-Teacher

Um dieses Einführungsbeispiel nachzuvollziehen, finden Sie in der Übungssoftware die Tabelle kunde_domaene. Die im Einführungsbeispiel erstellte Domäne ist bereits in der Übungssoftware definiert. Die Domänendefinition erscheint links im Menübaum. Doppelklicken Sie auf DOMÄNE und anschließend auf DDL, und Sie können sich die Definition der Domäne noch einmal ansehen (siehe Abbildung 3.3).

Um das Verhalten von Domänen bei Aktualisierungsfunktionen zu demonstrieren, greifen wir der Befehlsbesprechung in diesem Buch etwas vor und verwenden hier einen UPDATE-Befehl. Wenn Sie jetzt versuchen, einen neuen Datensatz mit

```
UPDATE kunde_domaene
   SET Zahlungsart = 'P'
   WHERE kundennr = 1;
```

zu speichern, wird dies von der Datenbank abgelehnt und mit einem »validation error« quittiert, weil P sich nicht in dem zulässigen Wertebereich befindet. Der Befehl zum Aktualisieren von Datensätzen wird in Kapitel 8, »Datensätze ändern (UPDATE)«, besprochen.

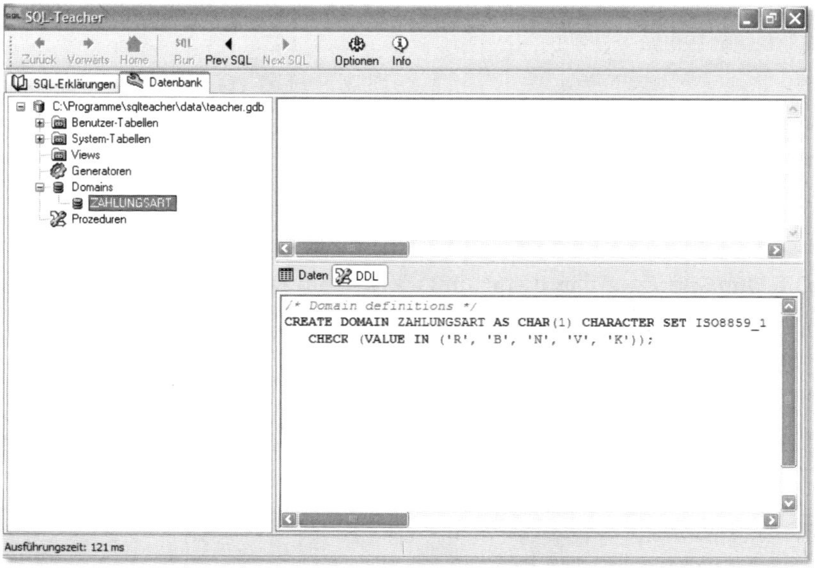

Abbildung 3.3 Definition einer Domäne

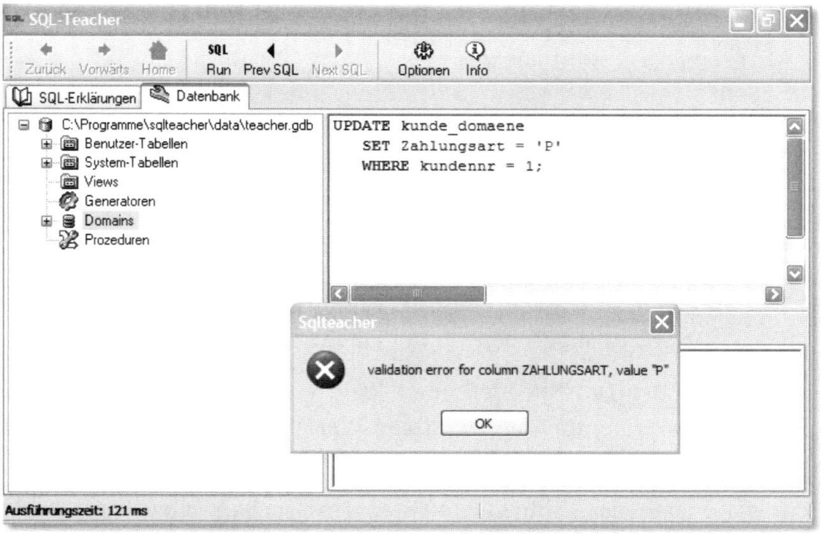

Abbildung 3.4 »validation error« zeigt an, dass die Aktualisierung unzulässig ist.

SQL-Syntax

Eine Domäne wird analog zu Tabellen mit einem `CREATE`-Befehl erzeugt. Sie geben ihr einen Namen und legen einen Datentyp fest. Mit einer `CHECK`-Anweisung grenzen Sie den Wertebereich ein. Schließlich können Sie auch einen Vorgabewert bestimmen:

```
CREATE DOMAIN domänenname
AS datentyp
DEFAULT vorgabewert

CHECK
   (
   VALUE bedingung
   );
```

Die Domäne kann dann ganz einfach wie ein Datentyp im Rahmen des `CREATE`-Befehls zur Erstellung von Tabellen (siehe Abschnitt 3.3, »Tabellen anlegen (CREATE TABLE)«, und Abschnitt 3.4, »Integritätsregeln«) verwendet werden:

```
CREATE TABLE tabellenname
(
spaltenname domänenname,
[...]
);
```

Weiterführendes Beispiel

Um das Feld `zahlungsart` in dem Einführungsbeispiel mit einem Standardwert zu versehen, würde der Befehl wie folgt lauten:

```
CREATE DOMAIN d_zahlungsart
AS CHAR(1)
DEFAULT 'R'
CHECK
   (
   VALUE IN ('R', 'B', 'N', 'V', 'K')
   )
```

Jetzt würde automatisch jeder neue Datensatz, bei dem das Feld `zahlungsart` nicht angegeben ist, mit einem `R` für Rechnung belegt.

Im Rahmen der Domänendefinition kann eine Reihe von Operatoren verwendet werden, um den zulässigen Wertebereich zu definieren. Die folgenden Beispiele zeigen dies.

Mit dem Schlüsselwort `BETWEEN` können Werte mit Unter- und Obergrenze definiert werden; Sie erinnern sich sicher an den letzten Abschnitt. Um grobe Fehleingaben im Feld `gehalt` der Mitarbeitertabelle zu vermeiden, könnte eine Domäne wie folgt definiert werden:

```
CREATE DOMAIN d_gehalt
AS DECIMAL(10,2)
CHECK
   (
```

```
    VALUE BETWEEN 200 AND 50000
    )
```

Sehr gut lassen sich mit Domänendefinitionen durchaus auch komplexere Wertebereiche definieren. Ein Beispiel hierfür ist die Überprüfung von E-Mail-Adressen. Im Folgenden wird eine Domäne definiert, die jene Fälle ausschließt:

- die Speicherung einer E-Mail-Adresse ohne @
- die Speicherung von E-Mail-Adressen, die am Ende nicht auf *.de, *.com oder *.at lauten
- die Speicherung von E-Mail-Adressen der Free-Mail-Provider GMX und Web.de

```
CREATE DOMAIN d_email
AS VARCHAR(50)
CHECK
    (

     VALUE CONTAINING '@'
     AND
     VALUE LIKE '%.de' OR VALUE LIKE '%.com'
     OR
     VALUE LIKE '%.at'
     AND
     VALUE NOT LIKE '%@gmx.de' OR VALUE NOT LIKE '%@web.de'
    );
```

`VALUE` steht für den Wert, der eingegeben wird. `CONTAINING` verlangt einfach, dass das Zeichen @ in dem Wert vorkommen muss, um aufgenommen zu werden. Außerdem muss der Wert einer von drei Grundformen (in diesem Fall den Toplevel-Domains) ähneln, und bestimmte Werte dürfen gar nicht erst vorkommen.

Hinweise zum Praxiseinsatz

Die Definition von Default-Werten ist ein wichtiges Hilfsmittel, um einheitliche Datenbestände ohne Fehlwerte (NULL-Werte) zu erhalten, und sollte auf jeden Fall genutzt werden. Die Verwendung von `CHECK()` bzw. die Definition von Domänen schützt vor fehlerhaften Eingaben, bringt aber den Nachteil mit sich, dass die Meldung der Datenbank bei Ablehnung eines Einfüge- oder Aktualisierungsbefehls in der Anwendung, die auf die Datenbank zugreift, abgefangen werden muss.

[✎] **Übungen**

3.19 Erstellen Sie eine Domäne mit dem Namen `d_plz` für den Gültigkeitsbereich von Postleitzahlen. Der Gültigkeitsbereich soll nur deutsche Postleitzahlen umfassen, also eine fünfstellige Zahl sein. Beachten Sie, dass dabei auch eine führende Null gespeichert werden muss. Eine Definition eines Zahlendatentyps scheidet deshalb aus, weil bei Zahlen keine führende Null gespeichert wird.

3.20 Definieren Sie eine Domäne `d_groesser_null`, die die Eingabe von negativen Werten verhindert. Diese Domänendefinition kann z. B. für die Spalte `mindestbestand` der Tabelle `artikel` angewendet werden.

3.21 Setzen Sie die Mehrwertsteuer als Domäne `d_mehrwertsteuer` um. Der Datentyp soll eine Nachkommastelle haben, der Vorgabewert soll 19 (Prozent) sein.

3.22 Erstellen Sie eine Tabelle mit dem Namen `anschrift` und den Spalten `name`, `strasse`, `postleitzahl`, `ort`. Weisen Sie der Spalte `postleitzahl` die erstellte Domäne `d_plz` zu.

3.5.2 Domänendefinition ändern (ALTER DOMAIN)

Wenn es die Situation erfordert, können Sie eine Domäne auch neuen Gegebenheiten anpassen. Sie können den Vorgabewert ändern oder abschaffen und natürlich den Wertebereich anpassen.

Einführungsbeispiel

Im letzten Abschnitt haben wir für die Domäne `zahlungsart` einen Vorgabewert gesetzt. Sie können ihn so ändern:

```
ALTER DOMAIN d_zahlungsart
   SET DEFAULT 'N';
```

SQL-Teacher

Vollziehen Sie dieses Beispiel ganz einfach in der Beispieldatenbank nach:

- Schreiben Sie den Befehl aus dem Einführungsbeispiel zum Ändern einer Domänendefinition in den dafür vorgesehenen Teil, und führen Sie ihn aus.
- Doppelklicken Sie auf den Domänennamen im Menübaum, und schalten Sie die DDL ein. Sie sehen, dass die Änderung gespeichert wurde.

- Geben Sie folgenden Datensatz ein, bei dem die Zahlungsart nicht angegeben ist:

  ```
  INSERT INTO kunde_domaene
  (kundennr, name, vorname, strasse, plz, ort,
     telefon_gesch, telefon_privat, email)
  VALUES (39, 'Adler', 'Felix', 'Goethestrasse 4', '30453',
  'Hannover', '9856023452', '10562382', 'adler@on-line.de');
  ```

- Der Datensatz wird angenommen. Klicken Sie nun auf die Tabelle `kunde_domaene` im Menübaum. Sehen Sie sich den Datensatz mit der Kundennummer 99 an: Als Zahlungsart ist automatisch `N` eingetragen.

SQL-Syntax

Der Befehl zum Ändern einer Domänendefinition sieht grundsätzlich so aus:

```
ALTER DOMAIN domaenenname
anweisung;
```

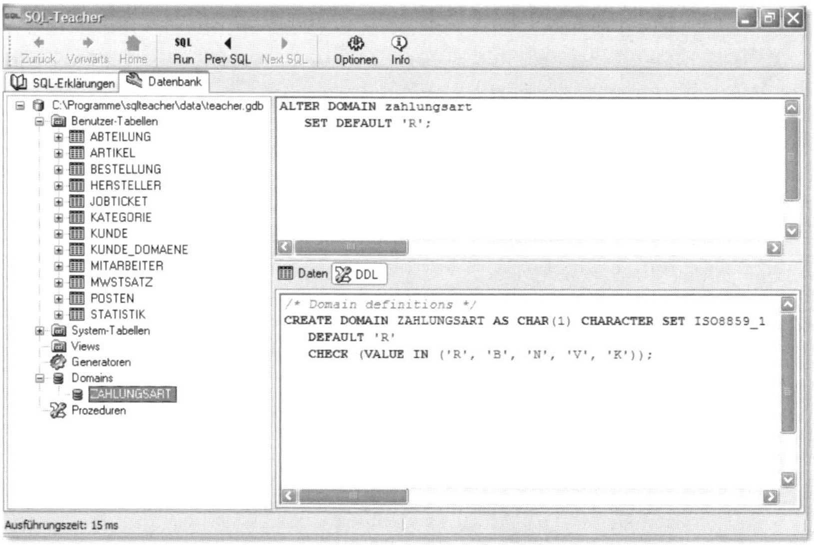

Abbildung 3.5 Geänderte Domänendefinition mit ALTER DOMAIN

Sie können, wie Sie gesehen haben, den Standardwert einsetzen oder ändern, indem Sie einfach einen neuen setzen:

```
ALTER DOMAIN domaenenname
   SET DEFAULT neuer wert;
```

Sie können den Vorgabewert auch wieder entfernen:

```
ALTER DOMAIN domaenenname
   DROP DEFAULT;
```

Sie können schließlich auch neue Werte vorgeben, müssen dafür aber erst einmal die alten Werte löschen, falls diese bereits mit CHECK definiert wurden. Bestehende Vorgabewerte werden wie folgt gelöscht:

```
ALTER DOMAIN domaenenname
   DROP CONSTRAINT;
```

Dann können Sie die neuen Werte angeben. Sie fügen eine neue CHECK-Klausel an:

```
ALTER DOMAIN domaenenname
   ADD CHECK
   (
    VALUE bedingung
   );
```

Weiterführendes Beispiel

Die Domäne d_gehalt, die im letzten Abschnitt erzeugt wurde, soll einen neuen Wertebereich von 500 bis 50.000 erhalten. Außerdem soll 1.500 als Vorgabewert gesetzt werden.

Den Vorgabewert können Sie sofort setzen, da er durch die Änderung des Wertebereichs nicht berührt wird:

```
ALTER DOMAIN d_gehalt
   SET DEFAULT 1500;
```

Nun löschen Sie die alten Werte:

```
ALTER DOMAIN d_gehalt
   DROP CONSTRAINT;
```

Jetzt kann der neue Wertebereich gesetzt werden:

```
ALTER DOMAIN d_gehalt
   ADD CHECK
   (
    VALUE BETWEEN 500 AND 50000
   );
```

[✎] Übungen

3.23 Fügen Sie der Domäne d_zahlungsart (aus Abschnitt 3.5.1, »Domänen erstellen [CREATE DOMAIN]«) eine weitere Kategorie hinzu. Als zusätzliche Zahlungsart soll L (Lastschrift) akzeptiert werden.

3.24 In Übung 3.19 wurde die Domäne d_plz mit dem Datentyp CHAR(5) definiert. Für internationale Postleitzahlen reichen diese fünf Stellen nicht aus. Das Postleitzahlenfeld soll deshalb 14 Zeichen speichern können. Wie gehen Sie vor?

3.25 Geben Sie Ihrer Domäne `d_zahlungsart` den Vorgabewert `L` (Lastschrift).

3.26 Schaffen Sie den eben definierten Vorgabewert für die Domäne `d_zahlungsart` wieder ab.

3.27 Ändern Sie die Domäne `d_email`. Der aufzunehmende Wert soll auch einen Punkt enthalten. Nehmen Sie die Endung `ch` in die Liste auf.

3.5.3 Domänendefinition löschen (DROP DOMAIN)

Natürlich können Sie eine Domäne auch wieder löschen. Hierfür steht der Befehl `DROP DOMAIN` zur Verfügung. Beachten Sie dabei, dass Sie zuerst die Tabellen ändern oder löschen müssen, in denen die Domäne verwendet wird, ansonsten erhalten Sie eine entsprechende Fehlermeldung, die die Unzulässigkeit des Befehls ausgibt .

SQL-Teacher

Löschen Sie die Domäne `d_zahlungsart` in der beiliegenden Übungsdatenbank.

- Geben Sie folgenden Befehl in das dafür vorgesehene Feld ein, und führen Sie ihn aus:

  ```
  DROP DOMAIN d_zahlungsart
  ```

  Der Befehl wird nicht ausgeführt. Sie erhalten eine Fehlermeldung. Hier wird angegeben, in welcher Tabelle die Domäne noch verwendet wird.
- Löschen Sie zuerst die Tabelle `kunde_domaene` mit diesem Befehl:

  ```
  DROP TABLE kunde_domaene;
  ```

  Die Tabelle `kunde_domaene` ist aus dem Menübaum verschwunden.
- Löschen Sie nun die Domäne `zahlungsart` mit

  ```
  DROP DOMAIN d_zahlungsart;
  ```

  Die Domäne `d_zahlungsart` ist aus dem Menübaum verschwunden.

SQL-Syntax

Diese einfache Anweisung haben Sie eben schon gesehen, als der Vorgabewert mit `DROP DEFAULT` gelöscht wurde. Sie werden ihr noch öfter begegnen.

```
DROP DOMAIN domaenenname;
```

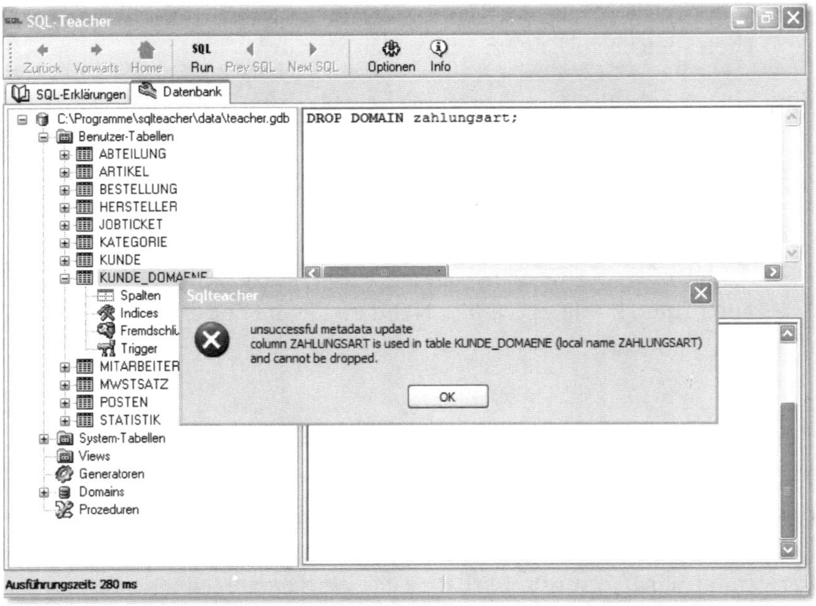

Abbildung 3.6 Domänen können nur gelöscht werden, wenn sie nicht mehr verwendet werden.

Damit ist die Domäne als Konzept vorgestellt worden. Sie haben gesehen, dass Sie mit Domänen die Tabellendefinition übersichtlicher und einfacher machen können. Aber bevor Sie sich die Frage stellen, ob Sie Domänen verwenden wollen oder nicht, sehen Sie zunächst nach, ob Ihr Datenbanksystem Domänen überhaupt unterstützt.

[✎] **Übung**

3.28 Löschen Sie die in Abschnit 3.51 genannten Domänen `d_gehalt` und `d_email`.

3.6 Tabellendefinitionen verändern (ALTER TABLE)

Haben Sie einen Fehler gemacht, als Sie die Tabelle angelegt haben? Stellen Sie fest, dass Sie dringend eine weitere Spalte benötigen? Bemerken Sie nun, dass Sie für eine Spalte besser `VARCHAR(100)` als `VARCHAR(50)` genommen hätten? Stellen Sie fest, dass Sie für eine andere Spalte einen ganz anderen als den bereits definierten Datentyp benötigen? Möchten Sie einen Primär- oder Fremdschlüssel oder einen anderen `CONSTRAINT` wieder loswerden? Und wird Ihnen klar, dass Sie eine bestimmte Spalte ganz löschen können?

Einführungsbeispiel

Sie sehen, es gibt viele Gründe, warum Sie eine Tabellendefinition ändern möchten. Nehmen wir an, Sie haben die Tabelle `mein_kunde` mit folgendem Befehl erzeugt:

```
CREATE TABLE mein_kunde
(
   kundennr INTEGER NOT NULL,
   name VARCHAR(50) NOT NULL,
   vorname VARCHAR(50) NOT NULL,
   anschrift VARCHAR(50) NOT NULL,
   ort VARCHAR(50) NOT NULL,
   telefon VARCHAR(50) NOT NULL,
   email VARCHAR(50)
);
```

Sie stellen fest, dass Sie vergessen haben, eine Spalte für die Postleitzahlen anzulegen. Nun können Sie nicht einfach die Tabelle löschen, weil damit auch alle Daten gelöscht würden.

Damit Ihre Arbeit also nicht völlig sinnlos war, müssen Sie die Tabellendefinition um eine Spalte `plz` ergänzen. Der Befehl hierfür lautet:

```
ALTER TABLE mein_kunde
   ADD plz CHAR(5);
```

Mit dem Befehl `ADD` und der Angabe von »Spaltenname« und »Datentyp« können bestehende Tabellen um Felder ergänzt werden.

Nun können auch Postleitzahlen in die Tabelle gespeichert werden.

SQL-Teacher

Sie können dieses Beispiel in der beiliegenden Übungssoftware nachvollziehen:

- Erzeugen Sie die Tabelle `mein_kunde`, indem Sie den `CREATE TABLE`-Befehl ausführen. Die Tabelle erscheint im Menübaum.
- Klicken Sie auf den Tabellennamen, und sehen Sie sich die Spalten an.
- Führen Sie den Befehl

  ```
  ALTER TABLE mein_kunde
     ADD plz CHAR(5);
  ```

  aus, damit die Spalte `plz` hinzugefügt wird.
- Klicken Sie wieder auf den Tabellennamen im Menübaum, und sehen Sie sich die Spalten an. Die Spalte `plz` ist nun angelegt.

SQL-Syntax

Sie können mit einem ALTER TABLE-Befehl drei Arten von Änderungen an Tabellen vornehmen. Dies sind:

- Ergänzen von Spalten (ADD)
- Ändern von bestehenden Spalten (ALTER bzw. MODIFY)
- Löschen von Spalten (DROP)

Dabei können Sie so viel ändern, wie Sie für nötig erachten. Sie geben einfach den Namen der Tabelle an und führen dann die Art der Änderung und die Änderungen auf, die Sie vornehmen wollen. Die SQL-Syntax des ALTER TABLE-Befehls lautet:

```
ALTER TABLE tabellenname
   ADD
   | ALTER
   | DROP spaltenname
   | CONSTRAINT constraintname {änderung | anlage},
[...];
```

Mit ADD fügen Sie eine Spalte und mit ADD CONSTRAINT einen Constraint hinzu. Dabei definieren Sie die Spalte oder den Constraint genauso wie in einem CREATE TABLE-Befehl. Ihnen stehen dabei dieselben Möglichkeiten zur Verfügung:

```
ALTER TABLE mein_kunde
ADD zahlungsart CHAR(1)
   CHECK
   (
    zahlungsart IN ('R', 'K', 'B')
   )
   DEFAULT 'R';
```

Sie legen so auch einen Primärschlüssel an:

```
ALTER TABLE mein_kunde
   ADD CONSTRAINT ps PRIMARY KEY (kundennr);
```

Mit ALTER bzw. MODIFY ändern Sie eine Spaltendefinition. In manchen Datenbanksystemen, so auch in der Übungsdatenbank, lautet dieser Befehl ausschließlich ALTER. Manche Datenbanken (z. B. MySQL) kennen sowohl ALTER als auch MODIFY. Zum Beispiel vergrößern Sie den Speicherplatz bei einer Zeichenkette so:

```
ALTER TABLE mein_kunde
   ALTER name TYPE VARCHAR(100);
```

Sie können auch einen neuen Datentyp auswählen, einen Vorgabewert ändern oder setzen.

Mit DROP löschen Sie eine Spalte und mit DROP CONSTRAINT einen Constraint:

```
ALTER TABLE mein_kunde
   DROP email;
```

Ein fortgeschrittener SQL-Anwender wird über ALTER TABLE-Befehle vielleicht die Nase rümpfen, er wird eher eine neue Tabelle mit den Änderungen anlegen und die Daten dann umkopieren. Wenn man den Umgang mit SQL an einer Datenbank lernt, die nur wenige Änderungsmöglichkeiten zulässt, wird man sicher von dieser Möglichkeit auch auf anderen Datenbanken Abstand nehmen, weil man nun an die andere Vorgehensweise gewöhnt ist.

Primär- und Fremdschlüssel löschen

Dabei gibt es allerdings einiges zu beachten. Sie können keine Spalten ändern oder löschen, auf die sich andere Tabellen beziehen. Sie können nicht einfach Primär- und Fremdschlüssel löschen – je nach Datenbanksystem gibt es hierbei jedoch Ausnahmen. Wenn Sie eine Spalte löschen, ist natürlich auch deren Inhalt verloren.

Sie sollten auf jeden Fall darauf vorbereitet sein, dass Ihre Datenbank nicht alle hier vorgestellten Möglichkeiten umgesetzt hat. In Kapitel 18, »Beispieldatenbank«, erfahren Sie mehr über die Umsetzung einzelner Befehle in den wichtigsten Datenbanksystemen.

Weiterführendes Beispiel

Im folgenden Beispiel soll ein Primärschlüssel gelöscht werden, und zugleich sollen zwei neue Spalten eingefügt werden. Die Ausgangstabelle sieht wie folgt aus:

```
CREATE TABLE mein_kunde
(
   kundennr INTEGER NOT NULL,
   name VARCHAR(50) NOT NULL,
   vorname VARCHAR(50) NOT NULL,
   anschrift VARCHAR(50) NOT NULL,
   plz CHAR(5) NOT NULL,
   ort VARCHAR(50) NOT NULL,
   CONSTRAINT primaerschluessel PRIMARY KEY (kundennr)
);
```

Jetzt soll der Primärschlüssel (kundennr) gelöscht werden, und zugleich sollen die beiden Felder anrede und zahlungsart ergänzt werden. Der Befehl lautet wie folgt:

```
ALTER TABLE mein_kunde
   DROP CONSTRAINT primaerschluessel,
   ADD anrede CHAR(4) CHECK (anrede IN ('Herr', 'Frau')),
   ADD zahlungsart CHAR(1)
   CHECK (zahlungsart IN ('R', 'E', 'K'));
```

SQL-Teacher

Sie können dieses Beispiel folgendermaßen in der Übungssoftware nachvollziehen:

- Geben Sie den CREATE TABLE-Befehl in das dafür vorgesehene Feld ein, und führen Sie ihn aus.

  Im Menübaum erscheint sofort die Tabelle mein_kunde.
- Doppelklicken Sie auf den Namen der Tabelle im Menübaum und dann auf DDL.
- Geben Sie nun den ALTER TABLE-Befehl ein, und führen Sie ihn aus.
- Doppelklicken Sie erneut auf den Namen der Tabelle im Menübaum und dann wieder auf DDL. Die Tabellendefinition wurde geändert.

[✎] **Übungen**

3.29 Ändern Sie die Definition der Tabelle hersteller aus der Beispieldatenbank. Ergänzen Sie die Felder plz und ort. Verwenden Sie sinnvolle Datentypen.

3.30 Ändern Sie die Definition der Spalte name aus der Tabelle kunde der Beispieldatenbank. Vergrößern Sie die Feldgröße von VARCHAR(50) auf VARCHAR(60).

3.7 Tabellen löschen (DROP TABLE)

Im letzten Abschnitt haben Sie erfahren, dass manche Datenbankanwender Tabellendefinitionen nicht ändern, sondern lieber eine neue Tabelle anlegen, die Daten dorthin exportieren und anschließend die alte Tabelle löschen.

Sie wissen bereits, wie Sie eine Domäne löschen und wie Sie Spalten und Constraints aus einer Tabellendefinition entfernen.

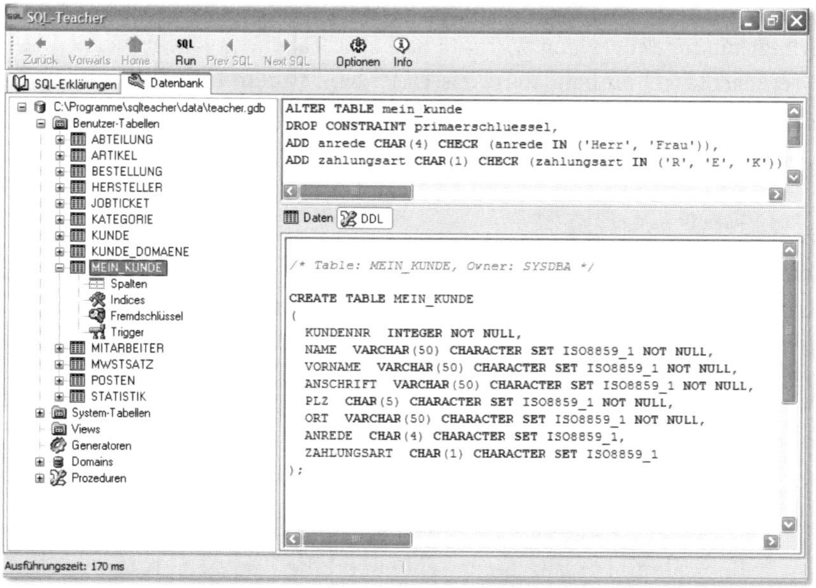

Abbildung 3.7 Der ALTER TABLE-Befehl

SQL-Syntax

Wie Sie aus `DROP DOMAIN` und der `DROP`-Anweisung aus dem `ALTER TABLE`-Befehl schließen können, löschen Sie auch Tabellen mit dem Schlüsselwort `DROP`. Der `DROP`-Befehl erwartet die Angabe des Objekts (hier eine Tabelle) und den Namen:

```
DROP TABLE tabellenname;
```

SQL-Teacher

Am besten probieren Sie den Befehl aus, indem Sie eine neue Tabelle anlegen und diese dann wieder löschen.

- Erstellen Sie eine neue (einfache) Tabelle, z. B.

  ```
  CREATE TABLE buecher
  (
  titel VARCHAR(50),
  autor VARCHAR(50)
  );
  ```

  Die neue Tabelle erscheint links im Menübaum mit dem Namen `buecher`.

- Löschen Sie jetzt die eben angelegte Tabelle mit dem Befehl

  ```
  DROP TABLE buecher;
  ```

  Die Tabelle verschwindet aus dem Menübaum.

Weiterführendes Beispiel

Beim Löschen von Tabellen überprüft das Datenbanksystem stets, ob die Integritätsregeln verletzt wurden. Soll eine Tabelle gelöscht werden, die Fremdschlüssel enthält, wird das Datenbanksystem dies ablehnen, weil damit auch die Verweise auf die Tochtertabelle gelöscht würden.

Den folgenden Befehl

```
DROP TABLE artikel;
```

können Sie deshalb bei der Übungsdatenbank gefahrlos ausprobieren, weil er gar nicht ausgeführt wird (siehe Abbildung 3.8). Wenn Sie abhängige Tabellen löschen wollen, löschen Sie deshalb immer zuerst die abhängige Tabelle.

[✎] **Übungen**

3.31 Legen Sie eine Tabelle mit dem Namen `telefonliste` und den Spalten `name`, `telefonnummer` an. Wählen Sie sinnvolle Datentypen für die Spalten. Löschen Sie anschließend die Tabelle `telefonliste`.

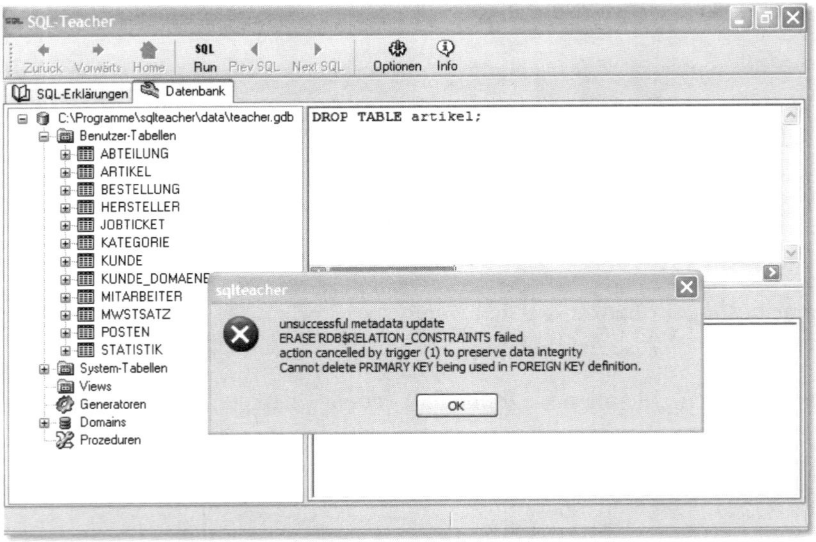

Abbildung 3.8 Beim Löschen von Tabellen werden Integritätsbedingungen beachtet.

3.8 Indizes

Indizes gehören nicht zum SQL-Standard, weil sie die technische Aufbereitung der Daten durch das Datenbanksystem und nicht die Abfrage oder Verwaltung der Datenbankinhalte betreffen. Da die Erstellung von Indizes aber zu jedem Datenbanksystem gehört, werden sie hier dennoch besprochen.

3.8.1 Was sind Indizes?

Indizes haben eine besondere Bedeutung für die Suche und die Performance von Datenbanken. Sie beschleunigen

- das Auffinden von Informationen bei Abfragen,
- die Sortierung von Tabellen,
- die Suche nach Maximal- und Minimalwerten innerhalb einer Datenreihe sowie
- die Abfragen über verschiedene Tabellen.

Ein Index ist nichts anderes als eine interne Aufbereitung der Daten in einer Form, die schnelleres Suchen bzw. das Auffinden einzelner Datensätzen erlaubt. Ist ein Index für ein gesuchtes Merkmal vorhanden, können Vorgänge wie z. B. »Suchen« beschleunigt durchgeführt werden.

Indizes werden vollständig von der Datenbank verwaltet und beim Löschen oder Hinzufügen von Datensätzen in einer Tabelle automatisch aktualisiert. Sie müssen für die Tabelle lediglich definieren, welche Datenfelder mit einem Suchindex ausgestattet werden sollen. Hierbei ist es möglich, dass eine Tabelle keinen, einen oder mehrere Indizes besitzt. Ein Index kann aus einem oder aus mehreren Feldern bestehen.

Nachteile

Indizes haben aber auch Nachteile. Während Abfragen beschleunigt werden, werden im Gegenzug Änderungs-, Löschungs- oder Ergänzungsvorgänge verlangsamt, weil der Index jeweils neu organisiert werden muss. Indizes führen in der Regel auch zu einem höheren Bedarf an Speicherplatz auf der Festplatte, weil eine zusätzliche Indexdatei angelegt werden muss.

Indizes können bei der Tabellendefinition oder nachträglich mit dem Befehl `CREATE INDEX` definiert werden. Indizes werden für definierte Tabellenspalten angelegt. Sie können einen Index für eine oder mehrere Tabellenspalten definieren. Werden mehrere Tabellenfelder angegeben, wird der Index mit allen angegebenen Feldern erzeugt. Es handelt sich dann um einen sogenannten zusammengesetzten oder **Multi-Column-Index**.

3.8.2 Index bei der Tabellenanlage definieren

Ein Index kann in der Regel bei der Tabellendefinition angelegt werden. In diesem Fall kann der Index mit dem Schlüsselwort `INDEX` und der Angabe der Spalte(n) definiert werden.

Die Definition eines Index für die Spalte `name` innerhalb unserer Beispieltabelle sähe dann wie folgt aus (einige Felder sind wegen der besseren Übersichtlichkeit ausgelassen worden):

```
CREATE TABLE kunde
(
   kundennr INTEGER NOT NULL,
   name VARCHAR(50),
   [...]
   PRIMARY KEY (kundennr),
   INDEX indexname (name)
);
```

In der letzten Zeile der Tabellendefinition ist der Index durch Angabe eines Indexnamens und durch die indizierten Spalten definiert.

3.8.3 Index nach Tabellendefinition definieren (CREATE INDEX)

Indizes können auch für bestehende Tabellen definiert werden. Da die Indizierung einer Datenbank unter Umständen einige Zeit in Anspruch nehmen kann, erfolgt eine Indizierung von Feldern sinnvollerweise vor Inbetriebnahme der Datenbank. Die Befehlssyntax für die Anlage eines Index für eine bestehende Tabelle lautet wie folgt:

```
CREATE INDEX indexname
   ON tabellenname (spaltenliste);
```

Die Tabellenfelder, für die der Index angewendet werden soll, müssen dabei bereits in der Tabellendefinition angelegt sein.

SQL-Teacher

Wenn wir in unserer Übungsdatenbank für das Feld `name` der Kundentabelle einen Index anlegen wollen, lautet der Befehl:

```
CREATE INDEX idx_name ON kunde (name);
```

Multi-Column-Index

Bei einem zusammengesetzten Index werden alle gewünschten Spalten bei der Definition des Index durch Kommata getrennt angegeben. Wenn Sie z. B. einen zusammengesetzten Index für die Spalten `plz` und `ort` der Tabelle `mitarbeiter` definieren wollen, lautet der SQL-Befehl:

```
CREATE INDEX idx_plzort ON mitarbeiter (plz,ort);
```

SQL-Datenbanken erlauben häufig auch die Indizierung von Teilen von Feldern. Interessant ist das bei Feldern, die anhand der ersten x-Zeichen unterschieden werden können, wie z. B. Namensfelder. Die Definition erfolgt einfach durch eine Längenangabe nach dem Spaltennamen in der Form `spaltenname(Länge)`. In der vollständigen Syntax sieht eine solche Längenbegrenzung des Index wie folgt aus:

```
CREATE INDEX indexname
   ON tabellenname (spaltenname(10));
```

oder als konkretes Beispiel:

```
CREATE INDEX idx_name ON kunde (name(10));
```

In diesem Beispiel werden die ersten zehn Zeichen des Namens für den Index verwendet, der die Bezeichnung `idx_name` erhält. Unsere Übungsdatenbank (InterBase/Firebird) lässt das allerdings nicht zu.

In der Übungssoftware SQL-Teacher werden die Indizes links in der Tabellendefinition in einem eigenen Zweig angezeigt (siehe Abbildung 3.9).

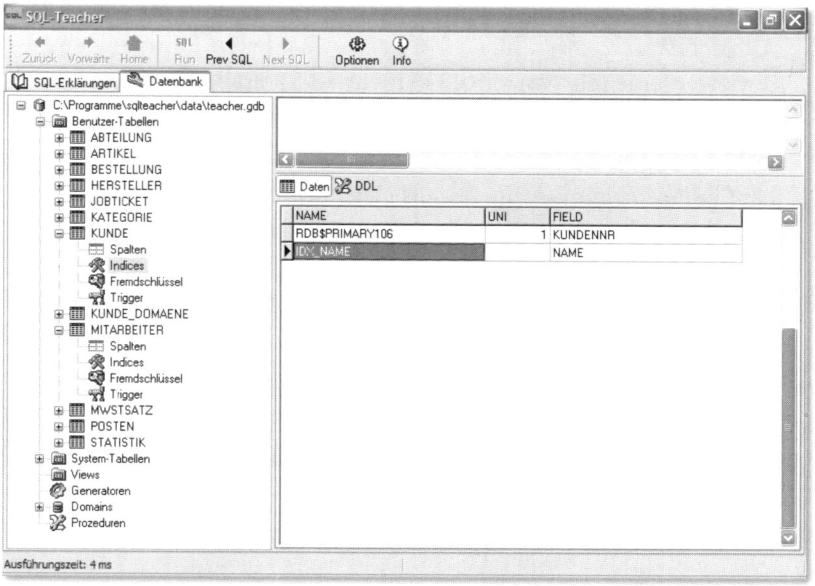

Abbildung 3.9 Indexanzeige im SQL-Teacher

3.8.4 Wann sollte ein Index angelegt werden?

Auch die Anlage von Indizes sollte geplant werden, weil der positive Effekt der schnelleren Suche nach einzelnen Datensätzen durch eine erhöhte Anzahl an Festplattenzugriffen zunichtegemacht werden kann.

Auch ist der Erfolg einer Indizierung von der Art und Weise abhängig, in der die Daten später abgefragt werden. Denken Sie bei der Indizierung also immer an die spätere Anwendung und an den Use Case. Folgende Grundregeln sollten Sie bei der Anlage von Indizes beachten:

- Indizes werden nur für Felder angelegt, in denen häufig gesucht wird.
- Tabellen, die vor allem zur Speicherung von Informationen dienen (wie z. B. Log-Dateien) und die nicht abgefragt werden, benötigen in der Regel keinen Index.
- Die Anlage von Indizes lohnt nur bei einer großen Datenmenge in den jeweiligen Feldern. Bei z. B. nur zehn Einträgen in einer Tabelle lohnt eine Indizierung nicht.
- Der Datentyp darf nicht TEXT/BLOB sein oder NULL-Werte zulassen.
- Indizes sollten nur bei Feldern angewendet werden, in denen insbesondere nach einzelnen Datensätzen gesucht wird. Wenn Sie z. B. immer Teile einer Tabelle abfragen, kann der Suchvorgang durch vermehrte Festplattenzugriffe ineffektiv werden. Ein Beispiel für einen solchen Fall ist die Ausgabe aller Mitglieder aus einer Mitgliederliste. Als Richtwert werden hier 30 % der vorhandenen Einträge genannt; d. h., wenn Sie (durchschnittlich) mehr als 30 % aller Datensätze einer Tabelle ausgeben, lohnt eine Indizierung nicht.
- Zusammengesetzte Indizes sollten dann eingesetzt werden, wenn häufige Abfragen über die jeweils gleichen Spalten durchgeführt werden. Diese Abfragen dürfen keine Oder-Abfragen sein, bei denen nur einzelne Felder abgefragt werden. In diesem Fall muss die Datenbank dennoch den ganzen Index durchsuchen. Sie verlieren damit den Vorteil der Indizierung.

Wenn Sie sich die Indizes einer Datenbank ansehen, werden Sie feststellen, dass Indizes von der Datenbank auch selbstständig angelegt werden können. Dies erfolgt in der Regel bei der Definition von Primär- und Fremdschlüsseln, da hier die Verknüpfung für Abfragen möglichst effektiv erfolgen muss.

3.8.5 Index löschen (DROP INDEX)

Ein Index kann mit folgendem Befehl gelöscht werden:

```
DROP INDEX Indexname;
```

Wenn Sie Indizes nicht mehr benötigen, sollten Sie diese auch löschen, um keinen unnötigen Festplattenspeicherplatz zu belegen.

Um den Index `idx_name` zu löschen, lautet der Befehl:

```
DROP INDEX idx_name;
```

Hinweise zum Praxiseinsatz

Indizes sind unverzichtbar, um eine ausreichende Performance der Datenbank zu erreichen. Welche Felder zu indizieren sind, hängt auch von der Datenart und -menge ab, die gespeichert wird. In der Praxis sind deshalb unter Umständen Performancemessungen bzw. genaue Analysen notwendig, um Mängel bei der Indizierung der Datenbank festzustellen. In der Regel halten alle Datenbanksysteme spezielle Befehle bereit, um Laufzeitmessungen bzw. Details zur Abfrageausführung durchzuführen bzw. anzuzeigen. Unter MySQL und PostgreSQL lautet z. B. der Befehl dafür `EXPLAIN`.

Übungen

[✎]

3.32 Definieren Sie einen Index für das Feld `ort` für die Tabelle `kunde`. Geben Sie dem Index den Namen `idx_ort`.

3.33 Definieren Sie einen Multi-Column-Index mit dem Namen `idx_name_vorname` für die Tabelle `kunde`. Dieser Index soll die Felder `name` und `vorname` beinhalten.

3.34 Löschen Sie den in Übung 3.33 angelegten Index `idx_ort`.

In diesem Kapitel wird der INSERT-Befehl zum Einfügen neuer Datensätze in eine Tabelle vorgestellt.

4 Datensätze einfügen (INSERT INTO)

Da Datenbanken zum Speichern von Informationen konzipiert sind, darf ein Befehl zum Speichern neuer Datensätze natürlich nicht fehlen. Der SQL-Befehl zum Einfügen lautet `INSERT INTO`.

Einführungsbeispiel

Wenn Sie z. B. einen neuen Kunden anlegen wollen, könnten Sie das mit folgendem Befehl tun:

```
INSERT INTO kunde
   (kundennr, name, vorname, plz, ort, strasse)
VALUES
   (345,'Becker','Andreas','53111','Bonn', 'Goethestr. 23');
```

Mit dem Befehlsteil `INSERT INTO kunde` wird festgelegt, dass ein Datensatz in der Tabelle `kunde` gespeichert werden soll. Die anschließende Liste in Klammern definiert die Felder, die gefüllt werden sollen (hier also die Felder `name`, `vorname`, `plz`, `ort` und `strasse`). Mit dem Schlüsselwort `VALUES` beginnt dann die Speicherung von Werten. Die Werte werden hier durch Kommata getrennt und in der Feldreihenfolge gespeichert. Die Reihenfolge ist unbedingt zu beachten, weil sonst die Werte in einem falschen Feld gespeichert werden.

Mit einem `INSERT`-Befehl wird ein neuer Datensatz erzeugt. Wenn Sie mehrere Datensätze speichern wollen, ist der `INSERT`-Befehl entsprechend mehrfach auszuführen. Es können auch berechnete Werte eingefügt werden.

Das Einfügen von Datensätzen sieht im ersten Moment relativ einfach aus, allerdings prüft ein relationales Datenbanksystem bei der Eingabe von Daten, ob die Speicherung des Datensatzes gültig ist. Hier kann durchaus eine Reihe von Hindernissen auftreten, die dazu führen, dass der Datensatz nicht gespeichert wird. Dies können sein:

- *Ungültiger Datentyp*
  Bei der Anlage der Tabelle haben Sie für jedes Feld einen Datentyp definiert. Beim Einfügen von Datensätzen werden in den entsprechenden Feldern jetzt nur passende Datentypen akzeptiert. Wenn Sie z. B. in einem Integer-Feld versuchen, einen String zu speichern, wird dies abgelehnt.
- *Feldinhalt notwendig, aber nicht angegeben*
  Wie bereits besprochen, können Sie bei der Definition von Tabellen Felder als `NOT NULL` definieren. Diese Felder erwarten also bei der Neuanlage eines Datensatzes einen Wert. Falls Sie im `INSERT`-Befehl dieses Feld nicht berücksichtigen, wird die Speicherung abgelehnt, weil damit gegen die definierte Integritätsregel verstoßen wird.
- *Ungültige Fremdschlüssel*
  Wenn Sie in einer Tabelle einen Fremdschlüssel definiert haben (`FOREIGN KEY`), wird automatisch überprüft, ob der eingegebene Wert auch in der Vatertabelle vorhanden ist. Falls dies nicht der Fall ist, wird der Datensatz nicht gespeichert. Felder, die einen Fremdschlüssel enthalten, sind also bei einem `INSERT`-Befehl immer mit einem gültigen Wert einzugeben.
- *Doppelte Werte bei Primärschlüssel oder im UNIQUE-Feld*
  Ist ein Primärschlüssel oder ein `UNIQUE`-Feld definiert, überprüft das Datenbanksystem automatisch auf doppelte Werte und lehnt eine Speicherung ab.

SQL-Syntax

Die grundsätzliche SQL-Syntax für den `INSERT`-Befehl lautet:

```
INSERT INTO tabellenname
   (spaltenname, spaltenname2 [,...])
VALUES
   (Wert, Wert [...]);
```

Die Anzahl der Spalten muss mindestens eins sein und kann maximal die Anzahl der Spalten in der Tabelle betragen. Die Reihenfolge der Werte muss dabei mit der Reihenfolge der Spalten korrespondieren.

Weiterführendes Beispiel

Im folgenden Beispiel soll das voraussichtliche Lieferdatum beim Speichern einer Bestellung gesichert werden. Unser Beispielunternehmen hat eine Zielvorgabe von maximal zehn Tagen Lieferzeit:

```
INSERT INTO bestellung
   (bestellnr, kundennr, bestelldatum, lieferdatum,
    rechnungsbetrag)
VALUES
   (422, 1, current_date, current_date + 10, 231.10)
```

Bei diesem Befehl werden auf das Bestelldatum mit einer Datenbankfunktion zehn Tage addiert, um das maximale Lieferdatum zu ermitteln und zu speichern.

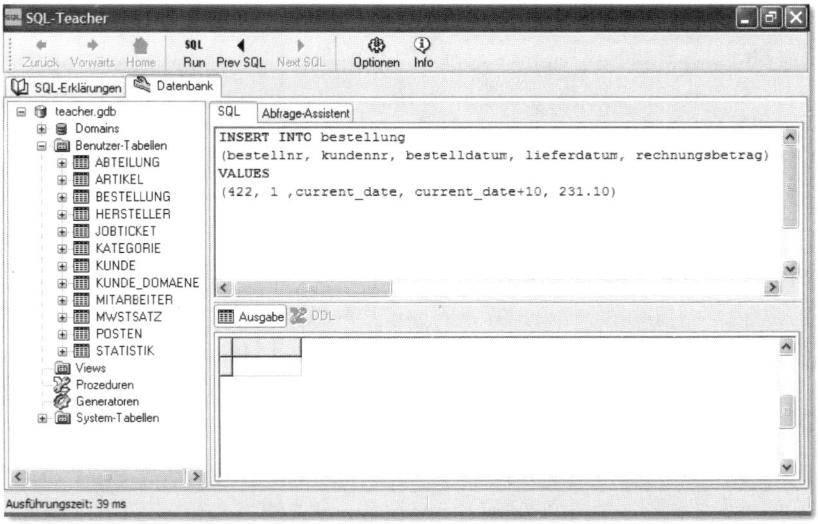

Abbildung 4.1 Der INSERT INTO-Befehl

Das folgende Beispiel demonstriert die Wirkung von Gültigkeitsbedingungen. Für die Tabelle `mitarbeiter` ist die Spalte `abteilung` mit einem Fremdschlüssel definiert. Gültig sind deshalb nur Einträge, die einen entsprechenden Datensatz in der Tabelle `abteilung` aufweisen. Der Versuch, einen Datensatz zu speichern, der keine gültige Abteilungsnummer enthält, wird von der Datenbank abgelehnt:

```
INSERT INTO mitarbeiter
   (mitarbeiternr, name, vorname, abteilung)
VALUES
   (20, 'Schmidt', 'Walter', 999);
```

Übungen [✎]

4.1 Fügen Sie in die Tabelle `mitarbeiter` einen neuen Datensatz ein, der folgende Werte enthält:

Vorname: Hans
Nachname: Ulm
PLZ: 53113
Ort: Bonn
Straße: Talweg 7

Eintrittsdatum: 01.01.2011
Mitarbeiternummer: 304

4.2 Fügen Sie einen neuen Hersteller mit dem Namen betamax in die Herstellertabelle ein.

4.3 Fügen Sie einen neuen Artikel in die Tabelle `artikel` ein. Beachten Sie dabei den Fremdschlüssel `mwst`, `hersteller` und `kategorie`. Wählen Sie frei: Artikelname, Hersteller, Nettopreis, Kategorie und Mehrwertsteuersatz. Hersteller, Kategorie und Mehrwertsteuersatz sind dabei Fremdschlüssel.

Hinweise zum Praxiseinsatz

Der `INSERT`-Befehl gehört zu den Befehlen, die häufig benötigt werden und in der Anwendung unproblematisch sind. Unzulässige Eingaben sollten durch die Definition entsprechender Gültigkeitsregeln bei der Datenbankdefinition weitgehend unterbunden werden.

Der `INSERT`-Befehl kann auch mit `SELECT` verwendet werden. Erläuterungen hierzu erhalten Sie in Abschnitt 5.8, »INSERT mit SELECT«.

Nachdem Sie Tabellen angelegt und mit Daten gefüllt haben, können Sie endlich nutzbringend mit der Datenbank arbeiten. Und das bedeutet hauptsächlich, dass Sie Daten abfragen. Dazu verwenden Sie den SELECT-Befehl.

5 Daten abfragen (SELECT)

Es ist ziemlich einfach, sich alle Datensätze einer einzigen Tabelle anzeigen zu lassen. Sie können sich aber auch die Datensätze verschiedener Tabellen ansehen, vorher eine Auswahl treffen, was Sie genau interessiert, und dann auch noch Berechnungen mit oder ohne Veränderungen an den Werten ausführen.

Einführungsbeispiel

Mit einem einfachen `SELECT`-Befehl können Sie sich den gesamten Inhalt einer oder mehrerer Spalten anzeigen lassen. Mit diesem Befehl werden Ihnen die Namen und Vornamen aller Personen, die in der Tabelle `kunde` gespeichert sind, angezeigt:

```
SELECT name, vorname
   FROM kunde;
```

Sie können den Befehl unterschiedlich erweitern, um die Auswahl einzuschränken. Hier wollen Sie nur die Kunden angezeigt bekommen, die in Bonn wohnen:

```
SELECT name, vorname
   FROM kunde
   WHERE ort = 'Bonn';
```

SQL-Teacher

Vollziehen Sie diese Beispiele einfach in der beiliegenden Datenbank nach.

- Geben Sie die erste Abfrage in das dafür vorgesehene Fenster ein, und führen Sie den Befehl aus:

  ```
  SELECT name, vorname FROM kunde;
  ```

  Im Fenster darunter wird das Ergebnis angezeigt. Sie sehen die Namen und Vornamen der Kunden in zwei Spalten. Die Namen stehen in der linken, die Vornamen in der rechten Spalte (siehe Abbildung 5.1).

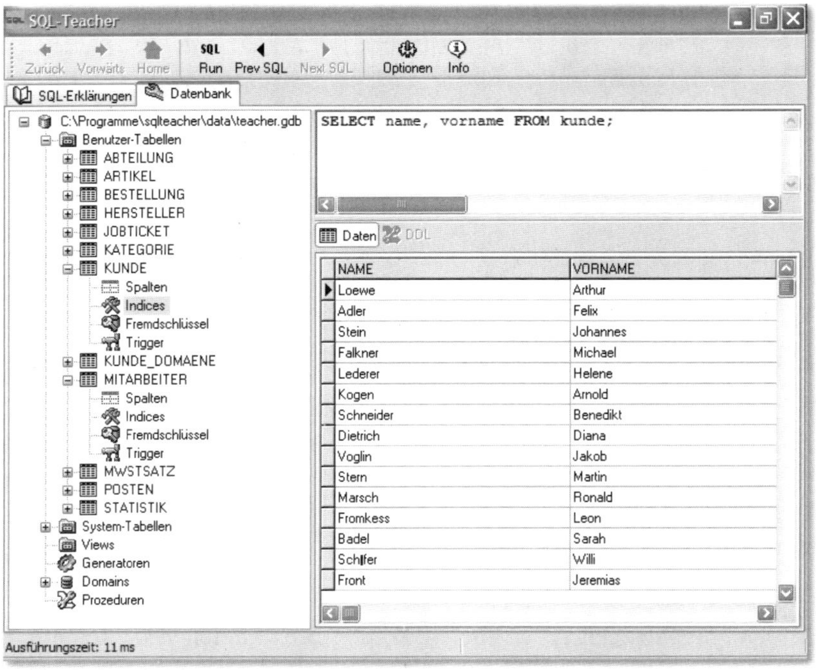

Abbildung 5.1 Der SELECT-Befehl

- Vertauschen Sie nun die Plätze von `name` und `vorname` hinter dem `SELECT`. Der Befehl sieht nun so aus:

```
SELECT vorname, name FROM kunde;
```

- Führen Sie den Befehl aus.
- Sehen Sie sich die Ausgabe an. Nun stehen die Vornamen in der linken Spalte und die Namen in der rechten (siehe Abbildung 5.2).
- Geben Sie nun den Befehl ein, bei dem Sie sich auf die Kunden aus Bonn beschränken:

```
SELECT name, vorname
   FROM kunde
   WHERE ort = 'Bonn';
```

- Führen Sie den Befehl aus.
- Nun werden Ihnen alle Kunden angezeigt, die in Bonn wohnen (siehe Abbildung 5.3).

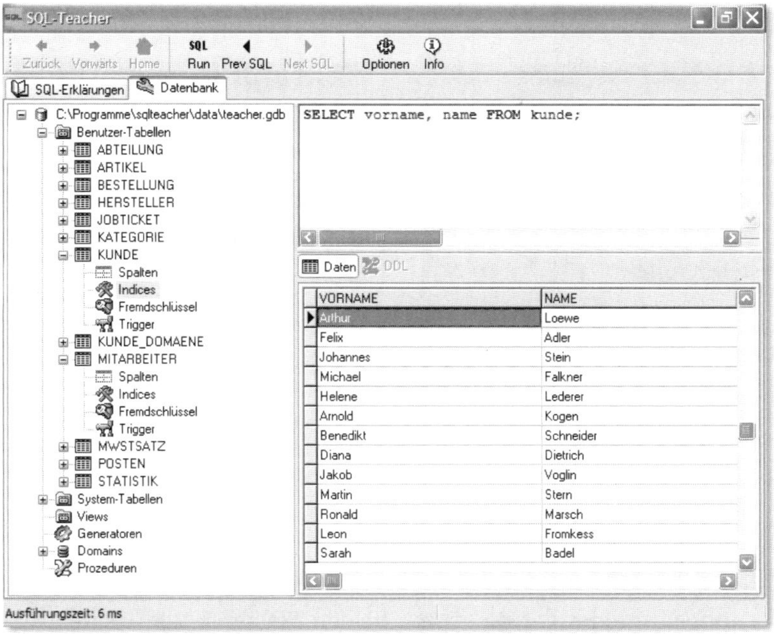

Abbildung 5.2 Geänderte Spaltenreihenfolge

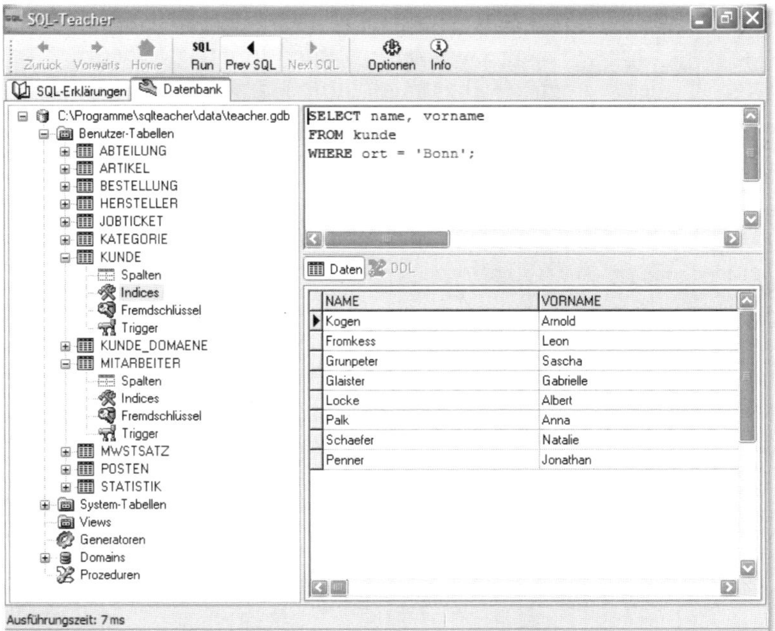

Abbildung 5.3 Ergebnis SELECT mit WHERE

5.1 Aufbau des SELECT-Befehls

Der grundsätzliche Aufbau des `SELECT`-Befehls ist Ihnen damit schon bekannt: Sie geben an, welche Felder Sie auswählen und woher sie stammen. Dann führen Sie noch weitere Bedingungen an.

In diesem Kapitel werden Abfragen aus einer Tabelle vorgenommen; was sich bei der Abfrage über mehrere Tabellen ändert, erfahren Sie im nächsten Kapitel.

SQL-Syntax Wenn Sie die Möglichkeiten des `SELECT`-Befehls nutzen, müssen Sie diese Reihenfolge der einzelnen Befehlskomponenten einhalten:

```
SELECT spaltenliste
   FROM tabellenname
   [WHERE auswahlbedingung]
   [GROUP BY spaltenliste]
   [HAVING auswahlbedingung]
   [ORDER BY spaltenliste];
```

Sie benötigen mindestens die ersten beiden Elemente, die Spalten und die Tabelle, um eine gültige Syntax zu erzeugen. Die Einschränkungen müssen Sie nur angeben, wenn dies erforderlich ist.

- Hinter dem `SELECT` geben Sie die Spalten an, aus denen Sie Werte angezeigt haben wollen. Die Werte werden in der gleichen Reihenfolge ausgegeben, wie sie abgefragt wurden.
- Mit `FROM` geben Sie die Tabelle an, in der sich diese Spalten befinden.
- Mit `WHERE` können Sie die Suche einschränken. Sie legen den Wert einer Spalte fest, der nötig ist, damit die anderen gesuchten Werte des Datensatzes angezeigt werden.
- Sie können Werte mit `GROUP BY` zu Gruppen zusammenfassen, um spezielle Berechnungen durchzuführen.
- Dabei können Sie die Gruppen mit `HAVING` einschränken.
- Mit `ORDER BY` lassen Sie sich die Ergebnisse sortiert anzeigen.

5.1.1 Alle Spalten einer Tabelle ausgeben

SQL-Syntax

Wenn Sie alle Daten einer Tabelle ausgeben wollen, müssen Sie nicht alle Spalten hinter dem `SELECT` aufführen. In diesem Fall reicht ein * als Platzhalter für alle Spalten aus:

```
SELECT *
   FROM tabellenname;
```

Weiterführendes Beispiel

Die Geschäftsleitung des Beispielunternehmens will für eine Werbeaktion alle Daten der Kunden aufgelistet sehen. Sie erinnern sich, dass die betreffende Tabelle `kunde` heißt. Also sieht der entsprechende Befehl so aus:

```
SELECT *
   FROM kunde;
```

SQL-Teacher

Sehen Sie sich die Ergebnisse des Befehls in der beiliegenden Datenbank an.

▶ Geben Sie dazu den `SELECT`-Befehl ein, und führen Sie ihn aus.

  In der Anzeige sehen Sie die vollständigen Datensätze aller Kunden.

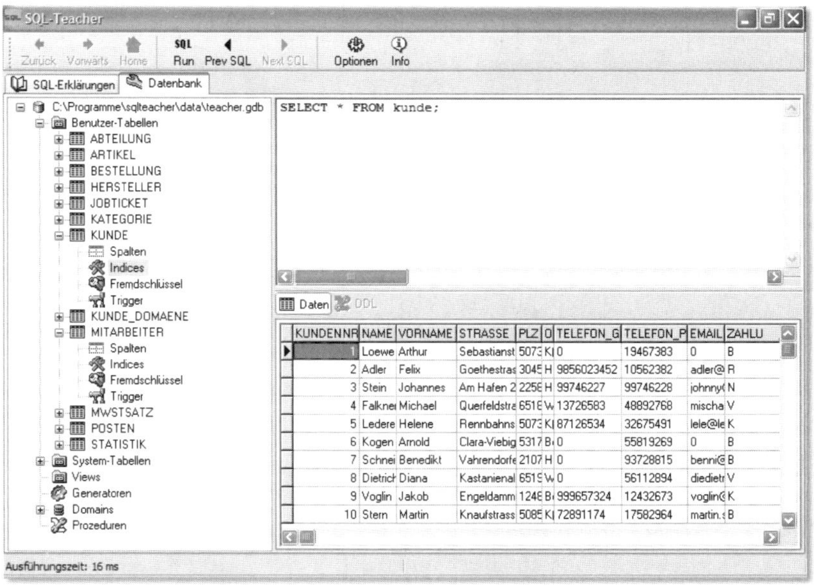

Abbildung 5.4 Die SELECT * FROM-Tabelle

5.1.2 Spalten auswählen

Selten werden alle Spalten einer Tabelle benötigt. Wenn Sie Ihre Kunden anschreiben wollen, brauchen Sie dafür ja weder die Kundennummer noch die Zahlungsart.

Solange die Anzahl der Spalten noch übersichtlich ist, bereitet das sicher keine Schwierigkeiten. Aber es ist immer gut, wenn Sie nur die wesentlichen Informationen auslesen.

SQL-Syntax

Um bestimmte Spalten auszuwerten, muss der `SELECT`-Befehl diese Struktur haben:

```
SELECT spaltenliste FROM tabellenname;
```

Nur die benötigten Spalten müssen angegeben werden, sie werden jeweils durch ein Komma voneinander getrennt. Hinter der letzten Spalte steht kein Komma. Natürlich kann die Liste auch aus einer einzigen Spalte bestehen.

Weiterführendes Beispiel

Die Beispielfirma möchte eine Werbeaktion durchführen und braucht dazu nur Namen, Vornamen und Anschrift der Kunden:

```
SELECT name, vorname, strasse, plz, ort
   FROM kunde;
```

SQL-Teacher

Vollziehen Sie das Beispiel in der beiliegenden Datenbank nach:

- Geben Sie den `SELECT`-Befehl ein, und führen Sie ihn aus.

  In der Ausgabe werden Ihnen nur die Felder angezeigt, die Sie ausgewählt haben. Sie erhalten nur die Informationen, die Sie brauchen, um den Kunden Ihre Werbung zuzusenden.

Tabellenalias

Bereits an dieser Stelle sei darauf hingewiesen, dass es möglich ist, einer Tabelle innerhalb einer Abfrage einen anderen, in der Regel kürzeren Namen zu geben. Dies bezeichnet man als **Alias**. Diese Möglichkeit ist insbesondere im Zusammenhang mit Verknüpfungen (`JOIN`) interessant, die in Kapitel 6, »Daten aus mehreren Tabellen abfragen (JOIN)«, vorgestellt werden. Sie nennen die Tabellen kurzerhand im `FROM`-Teil `(Alias)` um. Dies erfolgt durch Angabe des Aliasnamens hinter dem Tabellennamen. Hier reicht schon ein Buchstabe. Bei vielen Datenbanken ist noch ein `AS` davorzuschreiben. Bei InterBase/Firebird, die wir innerhalb unserer Übungssoftware SQL-Teacher verwenden, ist dies nicht gültig. Ein Tabellenalias kann also wie folgt definiert werden:

```
SELECT name, vorname, strasse, plz, ort
   FROM kunde AS k;
```

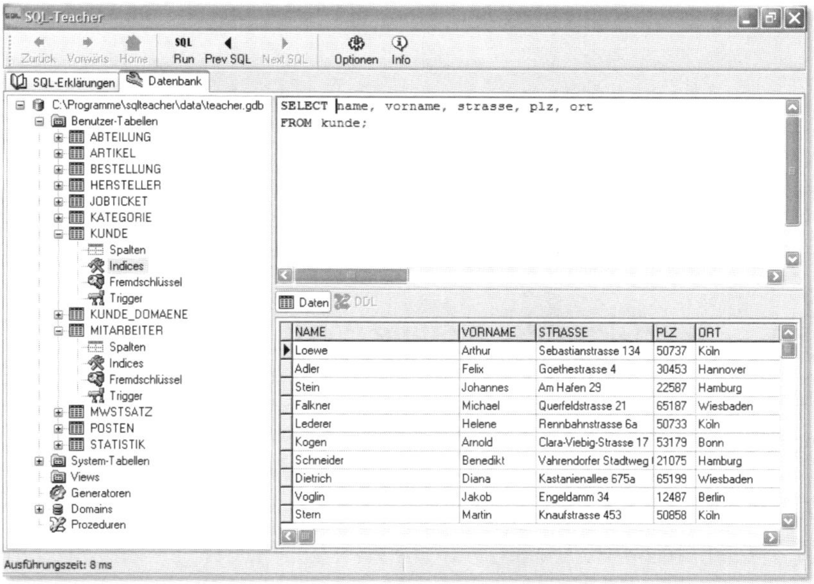

Abbildung 5.5 Die SELECT-Auswahl

bzw.:

```
SELECT name, vorname, strasse, plz, ort
   FROM kunde k;
SELECT DISTINCT plz FROM kunde;
```

Aliasse für Spaltennamen

Aliasse können nicht nur für Tabellen, sondern auch für Spaltennamen verwendet werden. Dies ist praktisch, wenn Sie bei der Ausgabe das Feld umbenennen wollen. Dies wird vor allem dann der Fall sein, wenn Sie Felder bei der Ausgabe durch Funktionen erzeugen. Solche Funktionen werden in Abschnitt 5.6, »Funktionen für SELECT-Befehle«, besprochen. Das folgende Beispiel benennt die Spalte `name` bei der Ausgabe in `Nachname` um:

```
SELECT name AS Nachname FROM kunde;
```

DISTINCT

Sie können durch die Angabe von `DISTINCT` identische Zeilen in der Ausgabe zusammenfassen. Zwei Zeilen sind dann identisch, wenn sie in allen Spalten denselben Wert besitzen. Das folgende Beispiel fasst alle gleichen Postleitzahlen aus der Tabelle `kunde` zusammen:

Übungen

[✎]

5.1 Fragen Sie aus der Tabelle `kunde` die Kundennummer (`kundennr`) und die Zahlungsart (`zahlungsart`) ab.

5.2 Listen Sie aus der Tabelle `artikel` die Bezeichnungen und den Preis aus.

5.3 Suchen Sie aus der Tabelle `mitarbeiter` die Namen und die jeweilige Abteilungsnummer heraus.

5.4 Lassen Sie sich die Namen der Hersteller aus der gleichnamigen Tabelle ausgeben.

5.2 SELECT mit Bedingung (WHERE)

Sie werden auch nicht immer alle Datensätze einer Tabelle benötigen. Im Einführungsbeispiel wurden zuerst die Namen und Vornamen aller Kunden angezeigt. Dann haben Sie die Suche auf die Kunden aus Bonn eingeschränkt.

Der Befehl bestand zunächst nur aus zwei Zeilen, dem Sie eine weitere hinzugefügt haben:

```
SELECT name, vorname
   FROM kunde
   WHERE ort = 'Bonn';
```

SQL-Syntax Die Einschränkungen werden an dritter Stelle aufgelistet:

```
SELECT spaltenliste
   FROM tabellenname
   WHERE auswahlbedingungen;
```

Das `WHERE` ist immer das nächste Element nach `FROM`.

Verschiedene Anforderungen können durch `AND` bzw. `OR` verknüpft werden. `AND` (und) sorgt dafür, dass alle so miteinander verknüpften Anweisungen zutreffen müssen. `OR` (oder) achtet darauf, dass eine der Bedingungen zutrifft. Eine Bedingung kann mit `NOT` verneint werden, also wird darauf geachtet, dass sie nicht zutrifft, damit die betreffenden Daten ausgegeben werden.

Sie können in der Bedingung auf exakte Übereinstimmung oder auf Mindest- bzw. Höchstwerte prüfen. Dabei verwenden Sie die Vergleichsoperatoren (=, >, < und ihre Kombinationen) oder Funktionen, die in Abschnitt 5.2.1, »Vergleichsoperatoren«, und in Abschnitt 5.6, »Funktionen für SELECT-Befehle«, noch genauer vorgestellt werden. Sie können natürlich auch die Vergleichsoperatoren mit Funktionen kombinieren.

Weiterführendes Beispiel

Nach weiteren Überlegungen möchte man auch die Kunden in Hamburg erreichen. Die WHERE-Bedingung muss dafür angepasst werden. Um Kunden sowohl aus Hamburg als auch aus Bonn anzuzeigen, werden beide Werte mit OR verknüpft:

```
SELECT name, vorname, strasse, plz, ort
   FROM kunde
   WHERE ort = 'Hamburg' OR ort = 'Bonn';
```

SQL-Teacher

Vollziehen Sie das Beispiel in der beiliegenden Datenbank nach:

- Geben Sie den SELECT-Befehl ein, und führen Sie ihn aus.

  In der Ausgabe werden die gesuchten Daten aller Kunden, die in Hamburg oder Bonn wohnen, ausgegeben.

Da die Firma demnächst 25 Jahre besteht, will die Geschäftsleitung wissen, ob es Kunden gibt, die genauso wie der Firmengründer heißen, um ihnen werbewirksam einen Geschenkgutschein zu übersenden.

In diesem Fall werden die Bedingungen nach WHERE mit AND verknüpft, weil sie beide gleichzeitig zutreffen müssen:

```
SELECT name, vorname, strasse, plz, ort
   FROM kunde
   WHERE name = 'Kaufmann' AND vorname = 'Andreas';
```

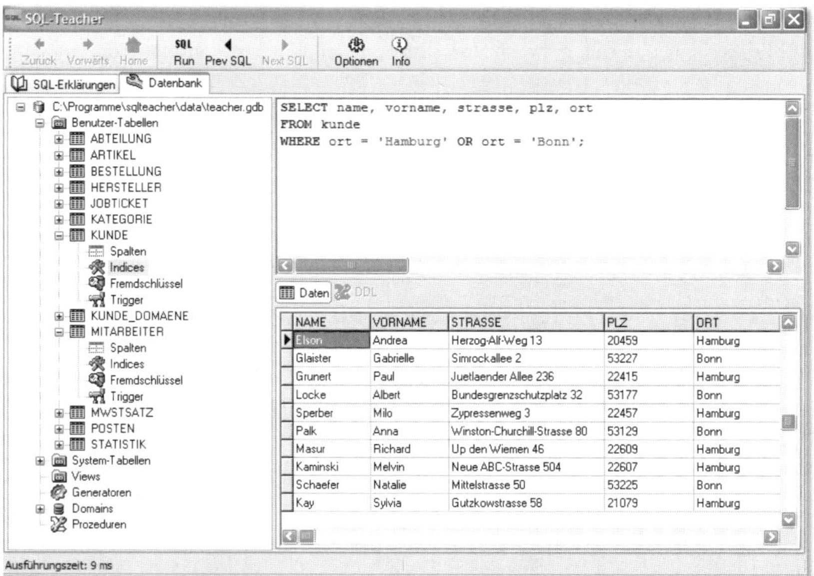

Abbildung 5.6 Die benötigten Kundendaten bei einer Ausdehnung der Werbeaktion von Bonn auf Hamburg

SQL-Teacher

Vollziehen Sie das Beispiel in der beiliegenden Datenbank nach:

- Geben Sie den `SELECT`-Befehl ein, und führen Sie ihn aus.

  Ihnen werden die Kunden aufgelistet, bei denen die Bedingung zutrifft. Sie heißen mit Vornamen »Andreas« und mit Nachnamen »Kaufmann«.

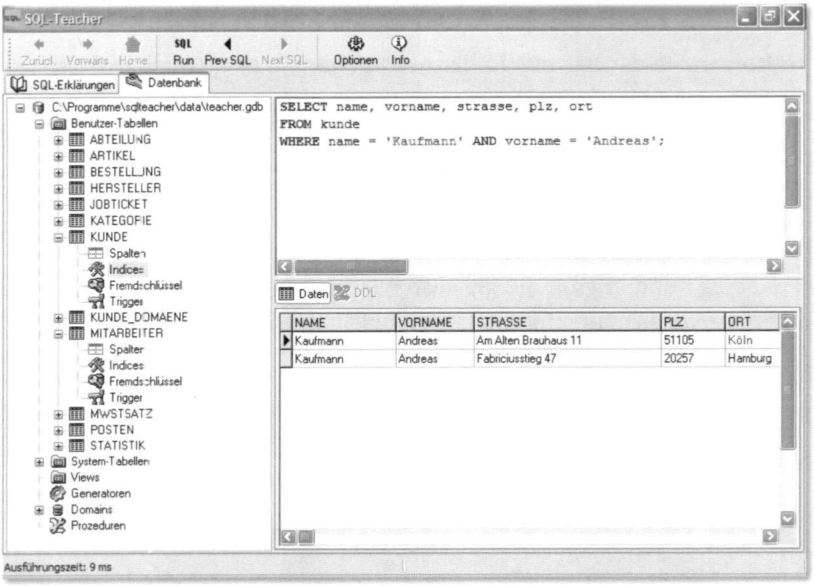

Abbildung 5.7 Kunden mit dem Vor- und Familiennamen des Firmengründers

Die Beispielfirma will eine Werbeaktion per E-Mail starten und dabei nur das regionale begrenzte Angebot eines Kölner Kaufhauses bewerben. Die Selektion der Kunden soll folgendermaßen erfolgen:

- Es sollen nur Kunden selektiert werden, die über eine gespeicherte E-Mail-Adresse verfügen.
- Es sollen alle Kunden selektiert werden, deren Postleitzahl mit 50 beginnt.

Um diese Selektion zu bewerkstelligen, muss überprüft werden, ob im Feld `email` ein Eintrag vorhanden ist. Hier könnte man im einfachsten Fall prüfen, ob das Feld einen Eintrag enthält, also `NOT NULL` ist. Die Selektion der Postleitzahlen erfolgt, indem man die ersten beiden Zeichen der Postleitzahl prüft. Der Befehl bei Firebird und damit bei unserer Übungsdatenbank lautet hierfür `STARTING WITH`. Man prüft also auf den Beginn der Zeichenkette.

Der SQL-Befehl lautet wie folgt:

```
SELECT name, vorname, email, strasse, plz, ort
   FROM kunde
   WHERE email IS NOT NULL
   AND plz STARTING WITH '50';
```

Vollziehen Sie das Beispiel in der beiliegenden Datenbank nach:

SQL-Teacher

- Geben Sie den Befehl ein, und führen Sie ihn aus.

  In der Ausgabe werden die abgefragten Daten aller Kunden mit E-Mail-Eintrag und einer Postleitzahl, die mit 50 beginnt, aufgeführt.

Übungen

[✎]

5.5 Listen Sie alle Artikel der Tabelle `artikel` auf, deren Nettopreis höher als 100 Euro liegt.

5.6 Listen Sie alle Mitarbeiter auf, die in der Abteilung 2 beschäftigt sind.

5.7 Listen Sie alle Artikel auf, die zur Kategorie »Grafikkarten« (Kategorienummer 3) gehören.

5.8 Verbinden Sie beide Werbeaktionen der Beispielfirma. Beachten Sie, dass Sie die jeweilige Auswahl in Klammern setzen müssen.

5.9 Geben Sie alle Kunden aus, deren Kundennummer größer als 50 ist und die nicht in Köln wohnen.

5.2.1 Vergleichsoperatoren

In der `CHECK`-Klausel beim Anlegen von Tabellen oder einer Domänendefinition konnten Sie schon Vergleiche durchführen. Vergleichsoperatoren werden Sie auch in Abfragen insbesondere in der `WHERE`-Bedingung relativ häufig benötigen.

Mathematische Operatoren wie »gleich« (=), »größer als« (>) und »kleiner als« (<), mit deren Kombinationen (>= und <=) sowie »ungleich« (<> oder !=), sind Ihnen wahrscheinlich geläufig. Diese Operatoren können in der `WHERE`-Bedingung verwendet werden. Wenn Sie z. B. alle Mitarbeiter selektieren wollen, die mehr als 3.000 Euro verdienen, lautet der Befehl:

```
SELECT * FROM mitarbeiter WHERE gehalt > 3000;
```

Des Weiteren können Sie Vergleiche mit `LIKE` (ähnlich), `IN` (in), `IS NULL` (beinhaltet eine Nullmarke) und `BETWEEN` (zwischen) durchführen, die mit `NOT` (nicht) verneint werden können.

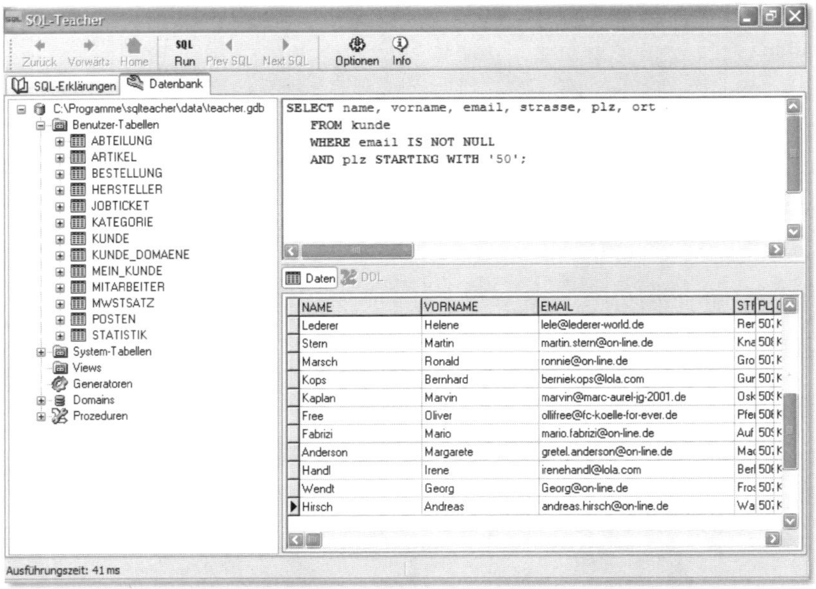

Abbildung 5.8 Die relevanten Daten der Kunden mit E-Mail-Eintrag und einer Postleitzahl, die mit 50 beginnt

Mit `LIKE` und `NOT LIKE` vergleichen Sie einen Wert mit einer Vorgabe, in der Sie für Zeichen Platzhalter verwenden. Sie können somit auch Daten selektieren, deren genauen Wert Sie nicht kennen. Die Datenbanksysteme benutzen unterschiedliche Platzhalter. Aus Windows kennen Sie sicher `*` als Platzhalter für eine beliebig lange Zeichenkette – wenn Sie etwa eine Datei suchen, aber nicht den ganzen Namen eingeben wollen. Hier gibt es außerdem `?` für genau ein Zeichen. Datenbanken benutzen meist das Prozentzeichen (%) und den Unterstrich (_), so auch die beiliegende Datenbank.

Wenn Sie nur Kunden haben wollen, die »Meier« in allen Variationen heißen, können Sie den betreffenden `SELECT`-Befehl mit `IN` ausschreiben, wie Sie es ja schon getan haben:

```
SELECT * FROM kunde
   WHERE name IN ('Maier', 'Mayer', 'Meier', 'Meyer');
```

Oder Sie machen es etwas kürzer:

```
SELECT * FROM kunde
   WHERE name LIKE 'M__er';
```

Allerdings würden jetzt auch Herr Maler und Frau Meter aufgenommen.

Wenn Sie eine Spalte mit `IS NULL` oder `IS NOT NULL` prüfen, können Sie sich die Datensätze ausgeben lassen, die in dieser Spalte keinen bzw. einen Wert enthalten:

```
SELECT * FROM kunde
   WHERE name IS NOT NULL;
```

Mit `BETWEEN` und `NOT BETWEEN` geben Sie zwei Werte an, zwischen denen der untersuchte Wert liegen soll. Wenn Sie alle Mitarbeiter selektieren wollen, die zwischen 2.000 und 3.000 Euro verdienen, lautet der Befehl:

```
SELECT * FROM mitarbeiter
   WHERE gehalt BETWEEN 2000 AND 3000;
```

Die Bedingung können Sie auch mit > und < aufstellen:

```
SELECT * FROM mitarbeiter
   WHERE gehalt >= 2000 AND <=3000;
```

`BETWEEN` können Sie auch auf Zeichenketten anwenden. Um alle Kunden zwischen C und M zu selektieren, würde der folgende Befehl funktionieren:

```
SELECT * FROM kunde
   WHERE name BETWEEN 'C' AND 'M'
   ORDER BY name;
```

Daneben gibt es die logischen Operatoren `AND` (und), `OR` (oder) und `NOT` (nicht). Bei mit `AND` verknüpften Bedingungen müssen beide erfüllt sein, damit die gesamte Bedingung erfüllt wird. Bei `OR` muss nur eine der verknüpften Bedingungen erfüllt sein. `NOT` kehrt den Wert um: Eine erfüllte Bedingung gilt als unerfüllt und umgekehrt.

Rangfolge logischer Operatoren

Logische Operatoren werden in der Reihenfolge NOT, AND, OR ausgewertet. Wenn Sie Bedingungen in Klammern setzen, werden die Klammern zuerst ausgewertet.

Die Bedingung

```
NOT name = 'Meier' AND nettopreis > 20
   OR produzent = 'Tolle Drucker GmbH'
```

wird also folgendermaßen ausgewertet. Zuerst wird `name = 'Meier'` verneint, dann mit der Bedingung `nettopreis > 20` über `AND` verknüpft. Diese Bedingung ist als Ganzes nur dann erfüllt, wenn der Name nicht »Meier« lautet und der Nettopreis über 20 Euro liegt. Diese Bedingung wird durch das `OR` mit `produzent = 'Tolle Drucker GmbH'` verbunden. Damit wird die gesamte Bedingung auch dann erfüllt, wenn der Name doch »Meier« lautet und der Nettopreis unter 20 Euro liegt, aber der Produzent die Tolle Drucker GmbH ist.

5.3 Ausgabe sortieren (ORDER BY)

Die Daten wurden bisher in der Reihenfolge ausgegeben, in der sie aus der Tabelle ausgelesen wurden. Durch eine Ergänzung des Befehls können Sie sich die Daten geordnet anzeigen lassen.

Die Ordnung entspricht dem Datentyp der betroffenen Zeile. Texte werden alphabetisch ausgegeben, Zahlen der Höhe ihrer Werte nach. In der Regel geht das von A bis Z bzw. vom niedrigsten zum höchsten Wert. Die Reihenfolge kann aber auch umgekehrt werden.

Einführungsbeispiel

Das folgende Einführungsbeispiel sortiert die Kundenliste alphabetisch nach Nachnamen:

```
SELECT name, vorname
   FROM kunde
   ORDER BY name;
```

SQL-Syntax

Um eine geordnete Ausgabe zu erreichen, wird an das Ende des `SELECT`-Befehls das Element `ORDER BY` gehängt:

```
SELECT Liste von spaltennamen
   FROM tabellenname
   ORDER BY Liste von spaltennamen [{ASC | DESC}]
```

Wie Sie sehen, können Sie die Ausgabe nach einer oder mehreren Spalten ordnen lassen. Die Reihenfolge wird dabei von der Position der Spalte nach `ORDER BY` bestimmt. Zuerst werden die Daten nach der ersten Spalte geordnet. Die so entstandene Ordnung wird durch die nächste Spalte verfeinert.

Als Standard werden die Daten von A bis Z bzw. vom niedrigsten Wert zum höchsten hin geordnet. Das erreichen Sie auch, wenn Sie hinter die betreffende Spalte ein `ASC` setzen – für »aufsteigend«.

Wollen Sie eine umgekehrte Ausgabe, also von Z nach A bzw. vom höchsten Wert hinunter zum niedrigsten, setzen Sie `DESC` – für »absteigend«.

Für ihre Werbeaktion will die Geschäftsleitung der Beispielfirma die Kundendaten nach Ort und Postleitzahl sortiert aufgelistet haben. Zuerst werden die Datensätze nach dem Ort geordnet, danach nach der Postleitzahl:

Weiterführendes Beispiel

```
SELECT * FROM kunde
   ORDER BY ort, plz;
```

Vollziehen Sie das Beispiel in der beiliegenden Datenbank nach:

SQL-Teacher

- Geben Sie den SELECT-Befehl ein, und führen Sie ihn aus.

  In der Ausgabe werden Ihnen die Daten so angezeigt, dass zuerst die Orte alphabetisch sortiert sind. Bei gleichen Orten sind die Datensätze auch noch einmal aufsteigend nach den Postleitzahlen sortiert.

Wie die Daten sortiert werden, können Sie am folgenden Beispiel noch deutlicher sehen. Zwei Nachnamen tauchen in der Beispieldatenbank doppelt auf, nämlich »Hecht« und »Martin«. Folgender Befehl selektiert diese Namen und sortiert nach name und vorname:

```
SELECT name, vorname
   FROM kunde
   WHERE name = 'Hecht' OR name = 'Martin'
   ORDER BY name, vorname;
```

Sie erhalten vier Datensätze bei der Ausgabe. Zuerst werden die beiden »Hecht« angezeigt, dann die beiden »Martin«, und das jeweils in der Reihenfolge der Vornamen.

Sehen Sie nun, wie es sich auswirkt, wenn Sie die Reihenfolge hinter ORDER BY verändern oder hinter eine Spalte DESC setzen, um die Sortierreihenfolge umzukehren:

SQL-Teacher

- Ändern Sie zuerst die Anordnung hinter ORDER BY im SELECT-Befehl:

  ```
  SELECT name, vorname
     FROM kunde
     WHERE name = 'Hecht' OR name = 'Martin'
     ORDER BY vorname, name;
  ```

- Führen Sie den Befehl aus.

  Die Datensätze werden immer noch in der Reihenfolge Name und Vorname angezeigt, aber sie werden nun alphabetisch nach den Vornamen sortiert. Damit steht nur ein »Martin« vor den beiden »Hecht«.

  Nehmen Sie nun den ursprünglichen SELECT-Befehl, und setzen Sie ein DESC hinter name:

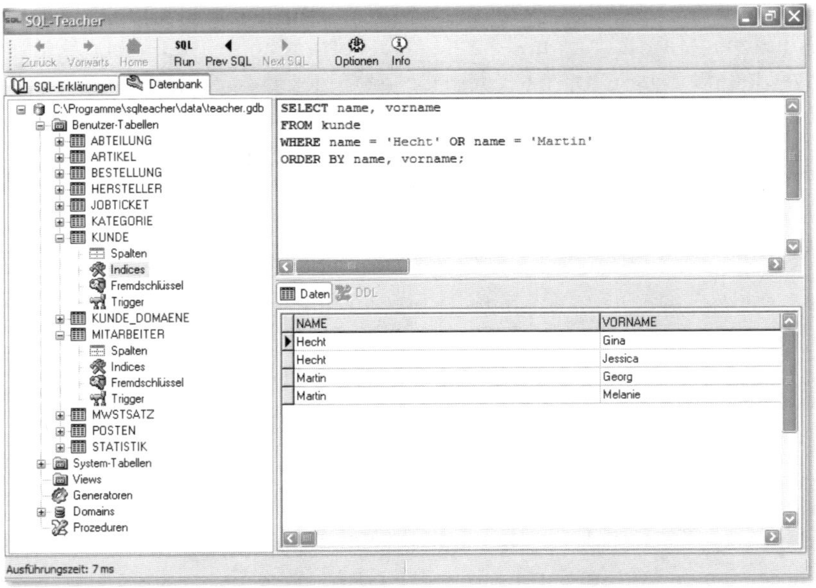

Abbildung 5.9 Die Bedeutung der Stellung nach dem ORDER BY

```
SELECT name, vorname
   FROM kunde
   WHERE name = 'Hecht' OR name = 'Martin'
   ORDER BY name DESC, vorname;
```

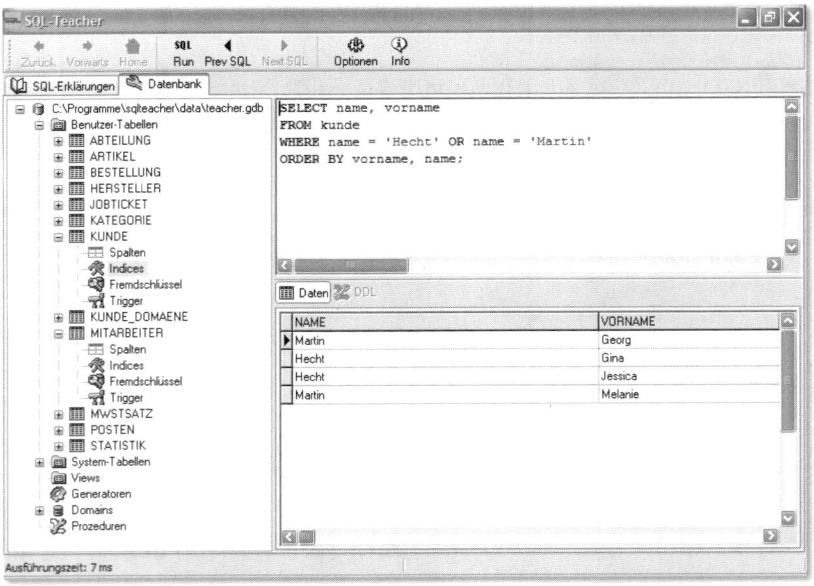

Abbildung 5.10 Sortierung nach Vornamen

- Führen Sie den Befehl aus.

  Nun werden die Kunden in alphabetisch ungekehrter Reihenfolge der Nachnamen angezeigt, während die Vornamen immer noch alphabetisch geordnet sind.

Weiterführendes Beispiel

In einem der letzten Beispiele wurden alle Kundendaten aus Bonn und Hamburg selektiert. Jetzt sollen die Kunden auch nach den Städten sortiert ausgegeben werden. Innerhalb dieser Sortierung sollen die Kunden wieder alphabetisch aufgeführt werden.

Dazu setzen Sie hinter das `ORDER BY` zuerst `ort`, die beiden anderen Spalten behalten Sie bei:

```
SELECT name, vorname, strasse, plz, ort
   FROM kunde
   WHERE ort = 'Hamburg' OR ort = 'Bonn'
   ORDER BY ort, name, vorname;
```

SQL-Teacher

Vollziehen Sie das Beispiel in der beiliegenden Datenbank nach:

- Geben Sie den `SELECT`-Befehl ein, und führen Sie ihn aus.

  In der Anzeige werden die Daten nun zuerst nach dem Wohnort geordnet, also stehen die Kunden aus Bonn vor den Kunden aus Hamburg. Dann sind die Kunden wieder alphabetisch nach Namen und Vornamen sortiert. Sobald alle Kunden aus Bonn aufgeführt sind, beginnt die Anzeige mit den Kunden aus Hamburg wieder vorn mit A.

- Die Geschäftsleitung hält die Kunden aus Hamburg für wichtiger. Die sollen zuerst angesprochen, also auch zuerst aufgelistet werden. Dazu müssen Sie hinter `ort` für die umgekehrte Sortierreihenfolge ein `DESC` angeben. Der Befehl sieht dann so aus:

  ```
  SELECT name, vorname, strasse, plz, ort
     FROM kunde
     WHERE ort = 'Hamburg' OR ort = 'Bonn'
     ORDER BY ort DESC, name, vorname;
  ```

  Geben Sie diesen Befehl ein, und führen Sie ihn aus.

- Nun werden die Kunden aus Hamburg vor den Kunden aus Bonn aufgeführt. Wieder sind sie alphabetisch nach Namen und Vornamen aufgelistet. Auch hier beginnt die Reihenfolge wieder vorn, sobald der letzte Kunde aus Hamburg angegeben wurde.

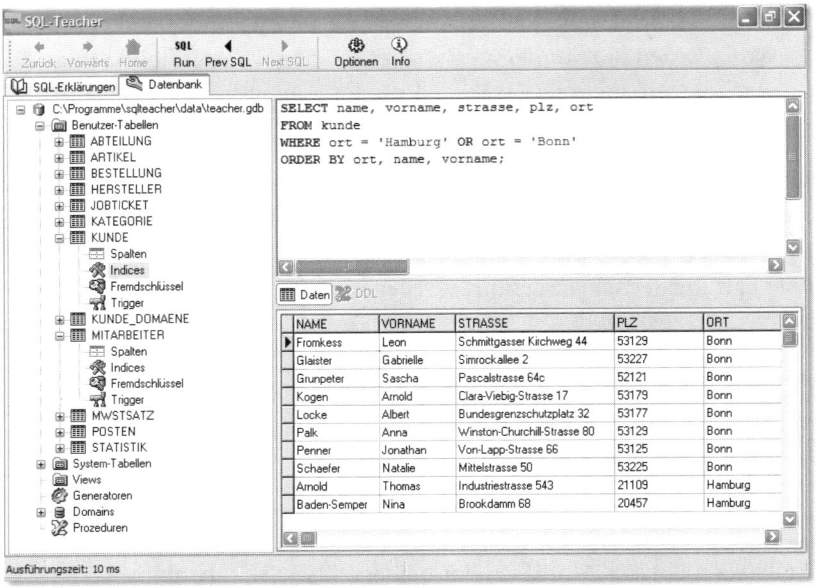

Abbildung 5.11 Der ORDER BY-Befehl

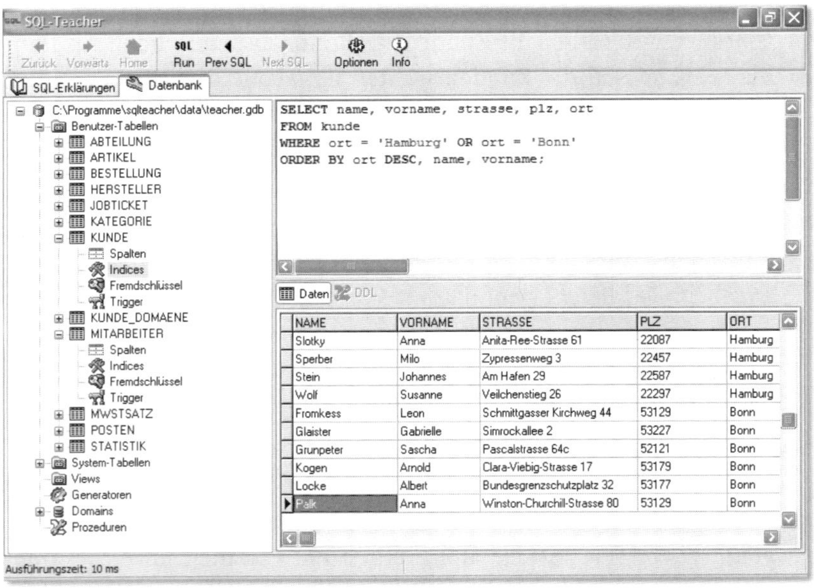

Abbildung 5.12 Alle benötigten Kundendaten, sortiert nach Stadt und Namen

Übungen

[✎]

5.10 Listen Sie alle Artikel in der Reihenfolge der Kategorie und dann alphabetisch auf.

5.11 Listen Sie alle Mitarbeiter nach ihrem Gehalt und dann nach der Abteilung auf. Das Gehalt soll absteigend sortiert werden.

5.12 Listen Sie alle Artikel der Kategorie 4 (Festplatten) absteigend nach dem Preis auf.

5.13 Listen Sie alle Kunden, die per Nachnahme (N) bezahlen, nach Postleitzahlenbezirken auf.

5.4 SELECT mit Gruppenbildung (GROUP BY)

Sie können in der Ausgabe Werte in Gruppen zusammenfassen. Dann können Sie auch Berechnungen, die sich auf die Gruppe beziehen, durchführen.

Einführungsbeispiel

Im Einführungsbeispiel soll die Anzahl der Kunden pro Ort ermittelt werden, um die regionale Kundenverteilung besser beurteilen zu können. Dazu lernen wir im ersten Schritt die Funktion `count()` kennen, mit der Datensätze durchgezählt werden können.

Sie verwenden `COUNT()` wie einen Spaltennamen:

```
SELECT COUNT(*)
   FROM kunde;
```

SQL-Teacher

Vollziehen Sie das Beispiel in der beiliegenden Datenbank nach:

- Geben Sie den Befehl ein, und führen Sie ihn aus:

  ```
  SELECT COUNT(*)
  FROM kunde;
  ```

  Durch `COUNT(*)` haben Sie schon die ganze Tabelle `kunde` als eine Gruppe zusammengefasst. Die Datenbank gibt Ihnen die Anzahl aller in `kunde` gespeicherten Datensätze zurück.

Um jetzt die Datensätze der Kundentabelle nach Orten zu gruppieren und die jeweilige Anzahl der Kunden zu ermitteln, benötigen wir `GROUP BY`:

```
SELECT count(*),ort
   FROM kunde
   GROUP BY ort;
```

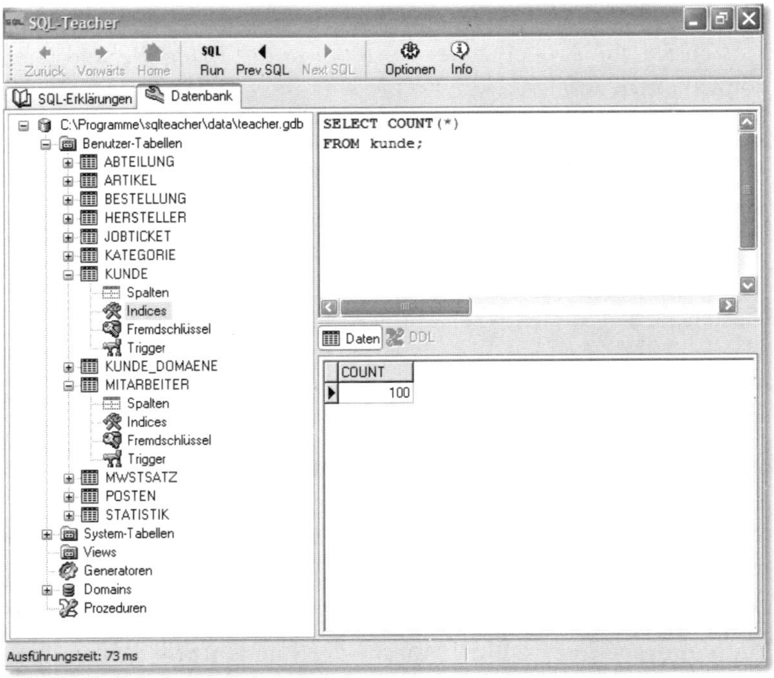

Abbildung 5.13 COUNT() über alle Datensätze

SQL-Syntax

Das Element GROUP BY sorgt für die Gruppierung. Es folgt immer nach WHERE, falls dies vorhanden ist, und kann selbst noch durch HAVING eingeschränkt werden. HAVING folgt immer dem GROUP BY und kann nicht als Ersatz für WHERE verwendet werden.

Der Befehl kann durch ein ORDER BY abgeschlossen werden, aber die Gruppenbildung ist dabei vorrangig:

```
SELECT spaltenliste
   FROM tabellenname
   [WHERE Bedingung]
   GROUP BY Liste von Feldnamen
   [HAVING Auswahlbedingungen]
   [ORDER BY spaltenliste];
```

Die Verwendung von COUNT() gilt auch als Gruppenbildung:

```
SELECT COUNT(*) FROM tabellenname;
```

HAVING ist gewissermaßen das WHERE des GROUP BY und bezieht sich auf die durch das GROUP BY entstandenen Ergebnisse. Sie sollten HAVING nur verwenden, wenn ohne diesen Befehl keine Einschränkung vorgenommen werden kann.

Die Geschäftsleitung der Beispielfirma will wissen, wie hoch der Aufwand für die Werbeaktion in Hamburg und Bonn überhaupt ist, d.h., wie viele Kunden in den Städten jeweils angesprochen werden sollen.

Weiterführendes Beispiel

Dazu werden die Datensätze nach dem Ort in Gruppen eingeteilt, die Gruppen »Hamburg« und »Bonn« werden zusammengefasst. Die Datensätze dieser neuen Gruppe werden gezählt, das Ergebnis wird ausgegeben. Die Einschränkung sollte vor der Zählung gemacht werden. Deshalb ist sie mit `WHERE` anzugeben:

```
SELECT ort, COUNT(*)
   FROM kunde
   WHERE ort = 'Hamburg' OR ort = 'Bonn'
   GROUP BY ort;
```

SQL-Teacher

Vollziehen Sie das Beispiel in der beiliegenden Datenbank nach:

- Geben Sie den `SELECT`-Befehl ein, und führen Sie ihn aus.

  Die Ausgabe zeigt die Anzahl der Kunden, die in Bonn und in Hamburg wohnen. Die Ausgabe ist nach der Reihenfolge des `GROUP BY` geordnet, deshalb steht Bonn vor Hamburg (siehe Abbildung 5.14).

Für spätere Aktionen will die Geschäftsleitung wissen, für welche Orte sich Werbeaktionen lohnen. Dabei wird festgelegt, dass in solchen Orten mindestens zehn Kunden wohnen sollen.

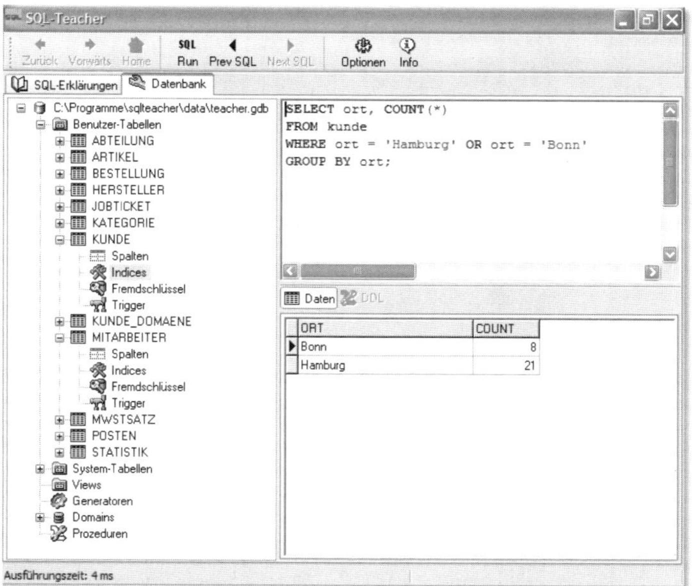

Abbildung 5.14 Die Anzahl der Kunden in Hamburg und in Bonn

Diesmal werden alle Orte gezählt, aber nur die ausgegeben, in denen zehn Kunden oder mehr leben. Das kann natürlich erst geschehen, wenn alle Orte gezählt sind. Also muss diese Einschränkung mit HAVING gemacht werden:

```
SELECT ort, COUNT(*)
   FROM kunde
   GROUP BY ort
   HAVING COUNT(*) >= 10;
```

SQL-Teacher Vollziehen Sie das Beispiel in der beiliegenden Datenbank nach:

- Geben Sie den SELECT-Befehl ein, und führen Sie ihn aus.

  Nun werden nur die Städte angegeben, bei denen zehn Kunden oder mehr gezählt wurden. Die Ausgabe richtet sich wieder nach dem GROUP BY und ist deshalb alphabetisch (siehe Abbildung 5.15).

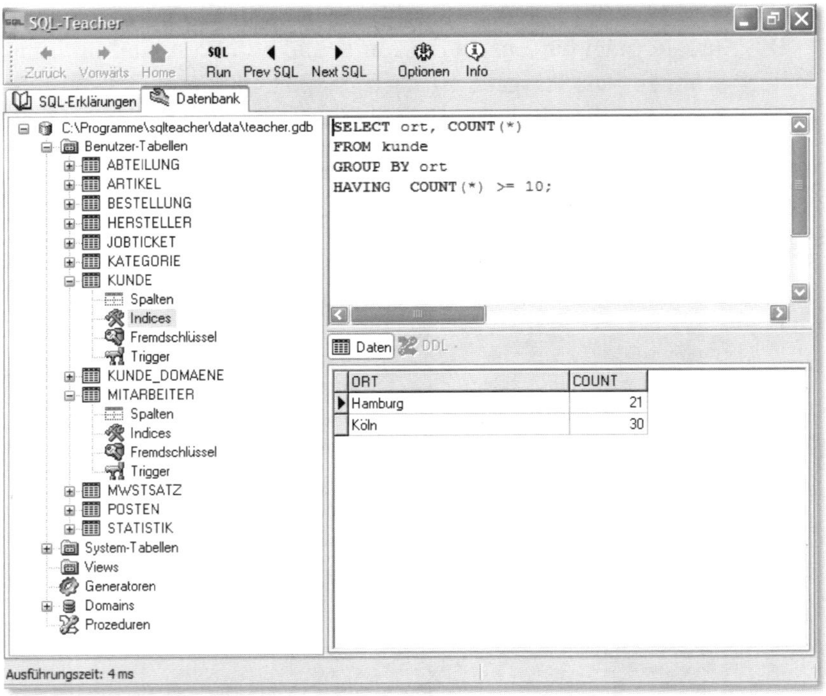

Abbildung 5.15 Die Orte und die Anzahl der dort lebenden Kunden, wenn sie »größer als 10« oder »gleich 10« ist

Übungen

[✎]

5.14 Sorgen Sie bei der letzten Abfrage der Beispielfirma für eine sortierte Ausgabe der Städte nach der Anzahl der dort lebenden Kunden. Die Stadt mit den meisten Kunden soll dabei zuerst ausgegeben werden.

5.15 Lassen Sie die Städte nach der Anzahl der dort lebenden Kunden ausgeben (wie in Übung 5.14). Bei gleicher Anzahl der Kunden soll die Ausgabe der Städte alphabetisch erfolgen.

5.16 Lassen Sie sich die Anzahl der Artikel pro Kategorie ausgeben, die teurer als 50 Euro sind.

5.17 Lassen Sie sich die Bestellnummern von allen Bestellungen aus der Tabelle `posten` ausgeben, bei denen fünf Artikel oder mehr bestellt wurden. Sortieren Sie bitte die Ausgabe nach Anzahl der bestellten Artikel.

5.5 Mengenoperationen (UNION, INTERSECT, EXCEPT/MINUS)

Aus der Mengenlehre sind Ihnen vielleicht noch die Begriffe Vereinigungs-, Durchschnitts- und Differenzmenge in Erinnerung. Da mit einem `SELECT`-Befehl jeweils Mengen von Datensätzen aus der Datenbank ausgewählt werden, lassen sich diese Mengenoperationen auch auf die Ausgabe von Datensätzen anwenden.

Auf Datensätze von Tabellen bezogen, sind folgende Mengenoperationen möglich:

UNION

Bei der **Vereinigungsmenge** enthält die Ergebnismenge alle Datensätze, die in Tabelle 1 oder in Tabelle 2 oder in beiden Tabellen enthalten sind. In SQL werden Vereinigungsmengen mit dem Schlüsselwort `UNION` erzeugt.

INTERSECT

Bei der **Durchschnittsmenge** enthält das Ergebnis nur diejenigen Datensätze, die sowohl in Tabelle 1 und in Tabelle 2 enthalten sind. In SQL verwendet man hierfür das Schlüsselwort `INTERSECT`.

EXCEPT/MINUS

Die **Differenzmenge** enthält alle Datensätze der Tabelle 1, die nicht in Tabelle 2 enthalten sind. Hierfür verwendet SQL das Schlüsselwort `EXCEPT` bzw. `MINUS`.

Als **Ergebnismenge** können Sie sich dabei das Ergebnis vorstellen, das bei einem SELECT-Befehl ausgegeben wird. Daraus ergibt sich auch die Einbindung in die SQL-Syntax. Mengenoperationen sind eine weitere Möglichkeit innerhalb von SELECT-Befehlen.

Mengenoperationen in SQL-Befehlen werden in der Praxis weniger oft benötigt, weil Mengenoperationen nur verschiedene Ergebnismengen produzieren. Interessant sind Mengenoperationen z. B. bei der Zusammenführung oder der Bereinigung von Datensätzen. Häufig können mit Mengenoperationen die Ergebnisse mehrerer Abfragen zusammengefasst werden.

Einführungsbeispiel

Nehmen wir als Einführungsbeispiel wieder unser Unternehmen, das Software herstellt und vertreibt. Die Außendienstmitarbeiter verwalten ihre Verkaufsabschlüsse auf ihren Notebooks in einer lokalen Datenbank und überspielen die Tabellen dann an die Zentrale. In den Verkaufsabschlüssen werden Kundenname und Kundenanschrift gespeichert. In der Praxis würden hier natürlich noch weitere Daten gespeichert.

Die Ausgangsdaten könnten wie folgt aussehen:

Tabellendefinition:

```
CREATE TABLE kunden_meier
(
   id INTEGER NOT NULL PRIMARY KEY,
   name VARCHAR(50),
   vorname VARCHAR(50),
   anrede VARCHAR(30),
   ort VARCHAR(60)
);

CREATE TABLE kunden_schmidt
(
   id INTEGER NOT NULL PRIMARY KEY,
   name VARCHAR(50),
   vorname VARCHAR(50),
   anrede VARCHAR(30),
   ort VARCHAR(60)
);
```

Und hier noch einige Datensätze, damit Sie die Beispiele nachvollziehen können:

```
INSERT INTO kunden_meier (id, name, vorname, anrede,ort)
   VALUES (1, 'Kohl', 'Walter','Herr','Hamburg');
```

```
INSERT INTO kunden_meier (id, name, vorname, anrede,ort)
   VALUES (2, 'Neuhaus', 'Andreas', 'Herr','Bonn');
INSERT INTO kunden_meier (id, name, vorname, anrede,ort)
   VALUES (3, 'Talheim', 'Christine', 'Frau','Frankfurt');
INSERT INTO kunden_schmidt (id, name, vorname, anrede,ort)
   VALUES (4, 'Kohl', 'Walter', 'Herr','Stuttgart');
INSERT INTO kunden_schmidt (id, name, vorname, anrede,ort)
   VALUES (5, 'Kramer', 'Helmut','Herr','Berlin');
INSERT INTO kunden_schmidt (id, name, vorname, anrede,ort)
   VALUES (6, 'Kunz', 'Michael','Herr','Dresden');
```

Eine praktische Aufgabenstellung wäre jetzt beispielsweise: Alle Namen derjenigen Kunden sollen aufgelistet werden, mit denen Außendienstmitarbeiter »Meier« und Außendienstmitarbeiter »Schmidt« Verkaufsabschlüsse getätigt haben. Da es sich hierbei um eine Vereinigungsmenge handelt, wird der UNION-Befehl benötigt. Die Syntax ist einfach zu merken: Man verbindet eigenständige SELECT-Befehle mithilfe des Mengenoperators:

```
SELECT name, vorname FROM kunden_meier
UNION
SELECT name, vorname FROM kunden_schmidt;
```

Die Ausgabe sieht dann beispielhaft wie folgt aus:

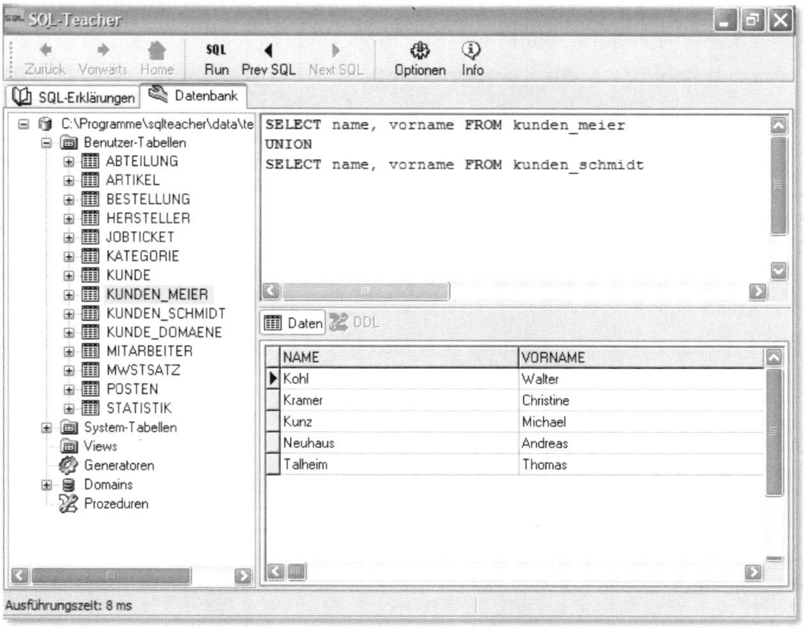

Abbildung 5.16 Mengenoperation mit UNION

SQL-Syntax

Die allgemeine SQL-Syntax für Mengenoperatoren ist wie folgt:

Vereinigungsmenge

```
SELECT spaltenliste FROM tabelle1
UNION
SELECT spaltenliste FROM tabelle2;
```

Da `UNION` die Vereinigungsmenge aus Tabellen bildet, werden Datensätze, die in beiden Tabellen oder mehrmals vorkommen, nur einmal ausgegeben. Sogenannte Dubletten werden also automatisch eliminiert. Wenn dies nicht gewünscht ist, kann der Befehl `UNION ALL` verwendet werden, der Dubletten mit ausgibt.

Durchschnittsmenge

Für Durchschnittsmengen lautet der SQL-Befehl analog:

```
SELECT spaltenliste FROM tabelle1
INTERSECT
SELECT spaltenliste FROM tabelle2;
```

Differenzmenge

Und für Differenzmengen lautet er folgendermaßen:

```
SELECT spaltenliste FROM tabelle1
EXCEPT
SELECT spaltenliste FROM tabelle2;
```

Mengenoperatoren können innerhalb eines SQL-Befehls beliebig häufig eingesetzt werden. Da die Mengenoperatoren eine Ausgabe erzeugen, ist es wichtig, dass alle `SELECT`-Abfragen die gleiche Anzahl an Spalten aufweisen. Selbstredend sollten die Felder auch den gleichen Inhalt und Datentyp haben, um eine sinnvolle Ausgabe zu erzeugen.

Falls Sie versuchen, eine unterschiedliche Anzahl an Feldern in den einzelnen Abfragen zu verwenden, lehnt in der Regel das Datenbanksystem die Ausführung des Befehls ab. Sie können aber mit einem einfachen Trick auch Tabellen mit einer unterschiedlichen Anzahl an Feldern ausgeben, indem Sie fehlende Felder mit NULL auffüllen. Das können Sie beispielsweise so erreichen:

```
SELECT name,vorname,ort FROM tabelle1
UNION
SELECT name,vorname,NULL FROM tabelle2;
```

Ausgabe sortieren

Wenn Sie eine Ausgabe, in der Sie Mengenoperatoren verwenden, sortieren wollen, ist zu beachten, dass Sie nur die Ausgabe sortieren können und nicht die einzelnen SELECT-Befehle.

Während UNION bei nahezu allen relationalen Datenbanksystemen implementiert ist, finden sich die Mengenoperatoren INTERSECT und EXCEPT aufgrund ihrer geringen praktischen Relevanz bei den wenigsten Datenbanken implementiert.

Weiterführende Beispiele

Im folgenden Beispiel sollen nun doppelte Datensätze ermittelt werden, die sowohl bei Außendienstmitarbeiter »Meier« als auch bei Außendienstmitarbeiter »Schmidt« vorkommen. So kann man z. B. verhindern, dass Kunden von zwei verschiedenen Außendienstmitarbeitern betreut werden. Diese Aufgabe lässt sich mit der Durchschnittsmenge (INTERSECT) lösen:

```
SELECT name,vorname FROM kunden_meier
INTERSECT
SELECT name,vorname FROM kunden_schmidt;
```

Die Durchschnittsmenge wird hierbei auf Basis der Ergebnisse der einzelnen Abfragen erzeugt. Ein Ergebnis wird als gleich behandelt, wenn der komplette Datensatz identisch ist. Kleine Unterschiede in der Schreibweise können dazu führen, dass die Datensätze als verschieden gehandhabt werden.

Da Mengenoperatoren bei SELECT-Befehlen eingesetzt werden, können Sie natürlich den SELECT-Befehl mit beliebigen Bedingungen versehen. Wenn Sie beispielsweise nur alle weiblichen Kunden des Außendienstmitarbeiters »Meier« verwenden wollen, können Sie diese Tabelle über eine entsprechende Bedingung filtern:

```
SELECT name, vorname FROM kunden_meier WHERE anrede = 'FRAU'
UNION
SELECT name, vorname FROM kunden_meier;
```

Übungen

[✎]

5.18 Bilden Sie eine Vereinigungsmenge aus der Tabelle kunden_meier mit der Tabelle kunden_schmidt. Aus der Tabelle kunden_meier sollen nur alle weiblichen Kunden (anrede='Frau'), aus der Tabelle kunden_schmidt nur alle Kunden aus Berlin selektiert werden.

5.19 Bilden Sie eine Vereinigungsmenge aus der Tabelle kunden_meier mit der Tabelle kunden_schmidt. Die Ausgabe soll auch Datensätze, die mehrfach in den Tabellen vorkommen, mehrfach enthalten.

5.6 Funktionen für SELECT-Befehle

Mit dem SELECT-Befehl können Sie mehr, als nur Datensätze zu selektieren. Sie haben schon in SELECT-Befehlen Berechnungen durchgeführt und mit COUNT()die erste Funktion verwendet.

Funktionen sind Berechnungen, die auf Felder angewendet werden. Die Funktionen können wie folgt gegliedert werden:

- *Aggregatfunktionen* sind Funktionen, die Werte zusammenfassen. Eine Aggregatfunktion ist z. B. die Summenbildung oder das Ihnen bereits bekannte COUNT().
- *Mathematische Funktionen* bezeichnen Funktionen, bei denen Berechnungen durchgeführt werden. Wenn Sie z. B. einen Nettopreis mit 1,19 multiplizieren, ist dies eine mathematische Funktion.
- *Datumsfunktionen* sind Funktionen, die Operationen auf Datumswerte durchführen oder Datumswerte zurückgeben. Wenn Sie z. B. die aktuelle Zeit ausgeben, ist dies eine Datumsfunktion.
- *Zeichenkettenfunktionen* werden bei Spalten, die Zeichenketten enthalten, angewendet. Ein Beispiel für eine Zeichenkettenfunktion ist die Verkettung von zwei Spalten wie z. B. Vor- und Nachname.

Mit Funktionen können auch neue Spalten für die Ausgabe erzeugt werden.

Welche Funktionen Sie in einer Abfrage verwenden können, ist zum Teil von Ihrem Datenbanksystem abhängig.

5.6.1 Aggregatfunktionen

Erinnern Sie sich an die Werbeaktion der Beispielfirma aus Abschnitt 5.4? Die Geschäftsleitung wollte weitere Aktionen davon abhängig machen, dass in dem jeweiligen Ort mindestens zehn Kunden wohnen. Die Abfrage lautete hierfür:

```
SELECT ort, COUNT(*)
   FROM kunde
   GROUP BY ort
   HAVING COUNT(*) >= 10;
```

Neben COUNT() gibt es noch die Aggregatfunktionen SUM(), AVG(), MAX() und MIN(), die für Summenbildung, Durchschnittsberechnung, Maximal- und Minimalwerte stehen.

Einführungsbeispiel

Die Beispielfirma kann so feststellen, wie viele Monitore noch auf Lager sind:

```
SELECT SUM (bestand)
   FROM artikel
   WHERE kategorie = 1;
```

In Abschnitt 5.1.2, »SELECT mit Bedingung (WHERE)«, wurde die Möglichkeit vorgestellt, Spalten bei der Ausgabe umzubenennen. Bei Aggregatfunktionen ist eine Umbenennung der Ausgabespalte nötig, um sinnvolle Spaltennamen zu erreichen. Mit `AS` können Sie der Spalte bei der Ausgabe einen brauchbaren Namen geben. Anderenfalls wird das Datenbanksystem die Aggregatfunktionen nämlich einfach nur mit der Funktion benennen oder als Ausdruck durchzählen:

```
SELECT SUM (bestand) AS vorhandene_Monitore
   FROM artikel
   WHERE kategorie = 1;
```

In diesem Fall wurde eine neue Spalte erzeugt, die die Bestandssumme aller Artikel der Kategorie »Monitore« ausgibt.

Das Ergebnis wird unter der Spaltenüberschrift `vorhandene_Monitore` ausgegeben.

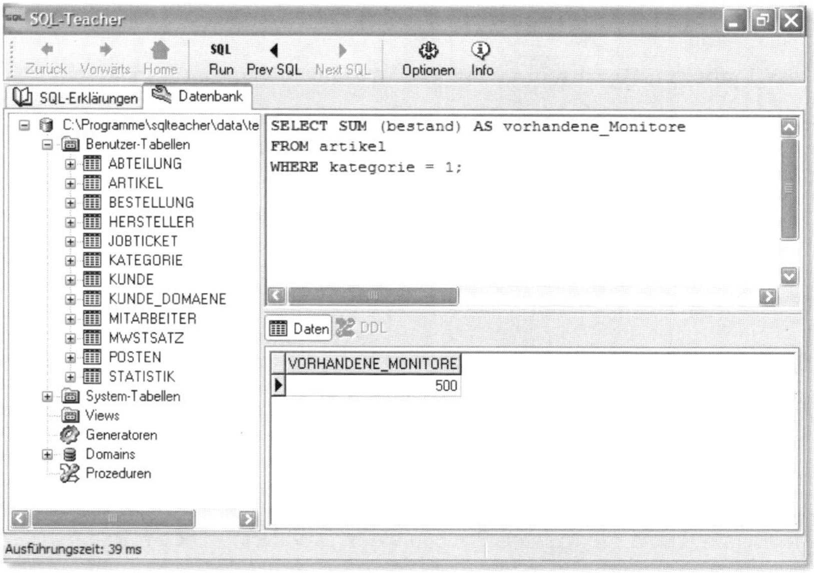

Abbildung 5.17 Die Funktion SUM()

SQL-Syntax Die Funktion folgt dem `SELECT` und führt in Klammern die Spalte, mit der die Berechnung durchgeführt werden soll:

```
SELECT aggregatfunktion(spaltenname)
   AS alias
```

SQL kennt folgende Aggregatfunktionen:

COUNT() `COUNT()` berechnet die Anzahl von Datensätzen oder bestimmten Werten in einer Tabelle. Die Notation `count(*)` zählt alle Datensätze. Wenn Sie bei dem Befehl einen Spaltennamen angeben (z. B. `COUNT(name)`), werden Datensätze gezählt, bei denen die Spalte nicht `NULL` ist.

So lassen sich alle Kategorien mit der Anzahl der dazugehörigen Artikel ausgeben:

```
SELECT kategorie, COUNT(*)
   FROM artikel
   GROUP BY kategorie;
```

SUM() Mit `SUM()` erhalten Sie die Summe von Werten einer bestimmten Spalte. So listen Sie alle Bestellnummern und die dazugehörige gesamte Liefermenge auf:

```
SELECT bestellnr, SUM(liefermenge)
   FROM posten
   GROUP BY bestellnr;
```

AVG() `AVG()` gibt den Durchschnitt der Werte einer bestimmten Spalte aus.

Sie erhalten den Durchschnittspreis aller von der Beispielfirma angebotenen Waren mit:

```
SELECT AVG(nettopreis) AS durchschnittlicher_Preis
   FROM artikel;
```

MAX() `MAX()`sucht den höchsten Wert einer bestimmten Spalte.

So erhalten Sie das höchste Gehalt aus der Tabelle `mitarbeiter`:

```
SELECT MAX(gehalt) AS hoechstes_Gehalt
FROM mitarbeiter;
```

MIN() Mit `MIN()` erhalten Sie den niedrigsten Wert einer bestimmten Spalte.

Sie erhalten den niedrigsten Preis aus der Tabelle `artikel` mit:

```
SELECT MIN(nettopreis)
   FROM artikel;
```

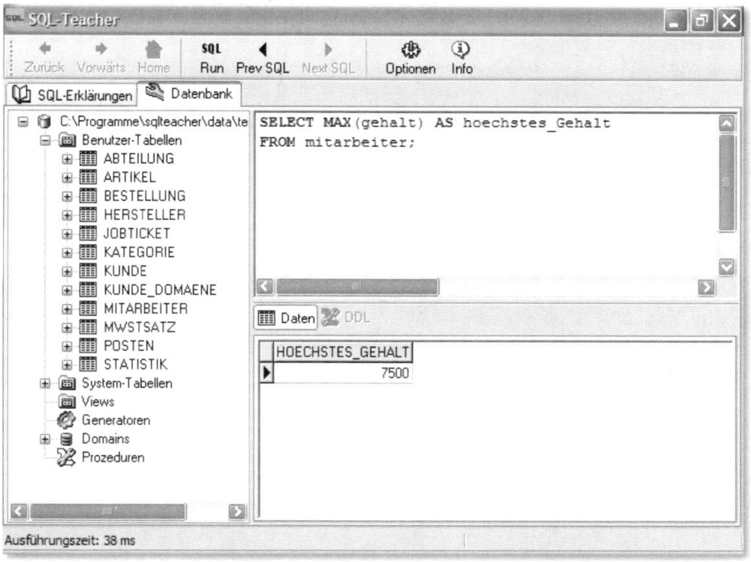

Abbildung 5.18 Die Funktion MAX()

`MIN()` und `MAX()` können auf Zahlen, Zeichenketten oder Datumswerte angewendet werden. So könnten Sie z. B. auch die älteste Bestellung in Ihrer Beispieldatenbank ermitteln:

```
SELECT min(bestelldatum)
   FROM bestellung;
```

Grundsätzlich erhalten Sie immer nur einen Wert, wenn Sie eine Aggregatfunktion verwenden. Wenn Sie diese Funktionen mit Gruppierungen kombinieren, können Sie mehrere Werte erhalten, die dieser Gruppierung entsprechen.

Weiterführendes Beispiel

Um die Anzahl aller Artikel, die Summe des Bestands, den Durchschnittspreis sowie den höchsten und den niedrigsten Preis zu ermitteln, verwenden Sie alle fünf Aggregatfunktionen in der Tabelle `artikel`:

```
SELECT
COUNT(*),
SUM(bestand),
AVG(nettopreis),
MAX(nettopreis),
MIN(nettopreis)
FROM artikel;
```

Sie können sich auch die jeweiligen Werte für die einzelnen Kategorien ausgeben lassen. Gruppieren Sie die Ausgabe einfach nach der Kategorie:

```
SELECT kategorie,
COUNT(*),
SUM(bestand),
AVG(nettopreis),
MAX(nettopreis),
MIN(nettopreis)
FROM artikel
GROUP BY kategorie;
```

Zur besseren Verwendung benennen Sie auch hier die sich ergebenden Spalten um:

```
SELECT kategorie AS Kategorie,
COUNT(*) AS Anzahl,
SUM(nettopreis) AS Preissumme,
AVG(nettopreis) AS Durchschnittspreis,
MAX(nettopreis) AS Hoechstpreis,
MIN(nettopreis) AS Niedrigstpreis
FROM artikel
GROUP BY kategorie;
```

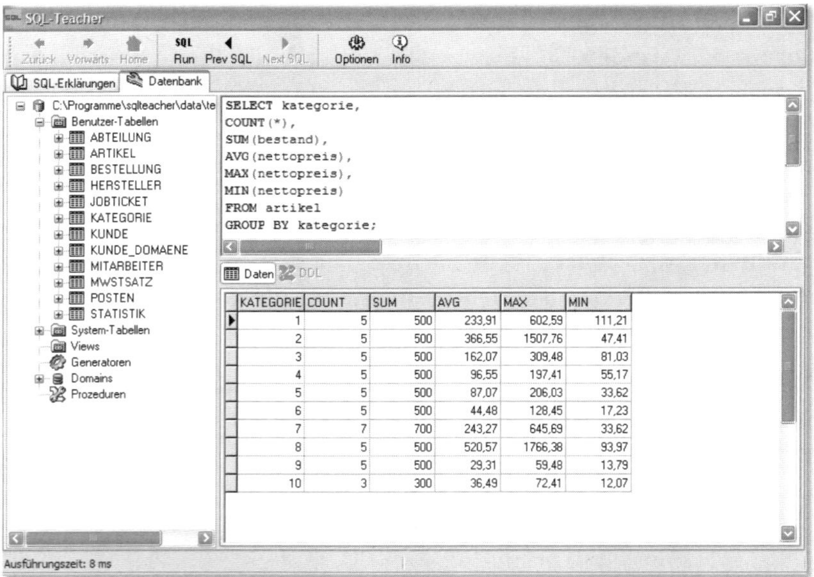

KATEGORIE	COUNT	SUM	AVG	MAX	MIN
1	5	500	233,91	602,59	111,21
2	5	500	366,55	1507,76	47,41
3	5	500	162,07	309,48	81,03
4	5	500	96,55	197,41	55,17
5	5	500	87,07	206,03	33,62
6	5	500	44,48	128,45	17,23
7	7	700	243,27	645,69	33,62
8	5	500	520,57	1766,38	93,97
9	5	500	29,31	59,48	13,79
10	3	300	36,49	72,41	12,07

Abbildung 5.19 Alle Aggregatfunktionen

Sie sollten Ihre Aliasse möglichst kurz halten und am besten nur ein Wort verwenden. Mehrere Wörter müssen Sie unter Umständen je nach Datenbanksystem speziell formatieren (z. B. in »MS Access« mit eckigen

Klammern). Sie können das umgehen, indem Sie einfach anstatt Leerzeichen Unterstriche verwenden:

```
SELECT kategorie AS Kategorie,
COUNT(*) AS Anzahl_der_Artikel,
SUM(nettopreis) AS Summe_aller_Preise,
AVG(nettopreis) AS Durchschnittspreis,
MAX(nettopreis) AS hoechster_Preis,
MIN(nettopreis) AS niedrigster_Preis
FROM artikel
GROUP BY kategorie;
```

Übungen

5.20 Wie hoch ist der Durchschnittsverdienst der Angestellten der Beispielfirma insgesamt und nach Abteilungen gruppiert?

5.21 Ermitteln Sie das Eintrittsdatum des Mitarbeiters, der zuletzt in die Firma eintrat.

5.22 Wie groß ist die höchste Bestellmenge in der Tabelle `posten`?

5.23 Wie viel wird im Durchschnitt pro Artikel bestellt?

5.24 Welcher Kunde steht alphabetisch am Anfang der Liste?

5.25 Wie viele Produkte von den einzelnen Herstellern sind im Angebot?

5.6.2 Mathematische Funktionen

Sie können bereits in einer Abfrage Berechnungen durchführen. Wenn Sie den Endpreis der Artikel der Beispielfirma ausgeben wollen, können Sie den Nettopreis mit 1,19 multiplizieren lassen. Wir gehen für dieses Beispiel einfach davon aus, dass alle Waren mit 19 % versteuert werden müssen:

```
SELECT bezeichnung, nettopreis * 1.19 AS Endpreis
   FROM artikel;
```

Nachkommastellen des Multiplikators müssen hierbei durch einen Punkt getrennt werden, damit eine Unterscheidung zum Komma, das als Spaltentrennzeichen definiert ist, existiert. Das Ergebnis dieser Abfrage zeigt Abbildung 5.20.

Natürlich können Sie in diese Rechnungen auch die Aggregatfunktionen und die hier vorgestellten Funktionen mit einbeziehen.

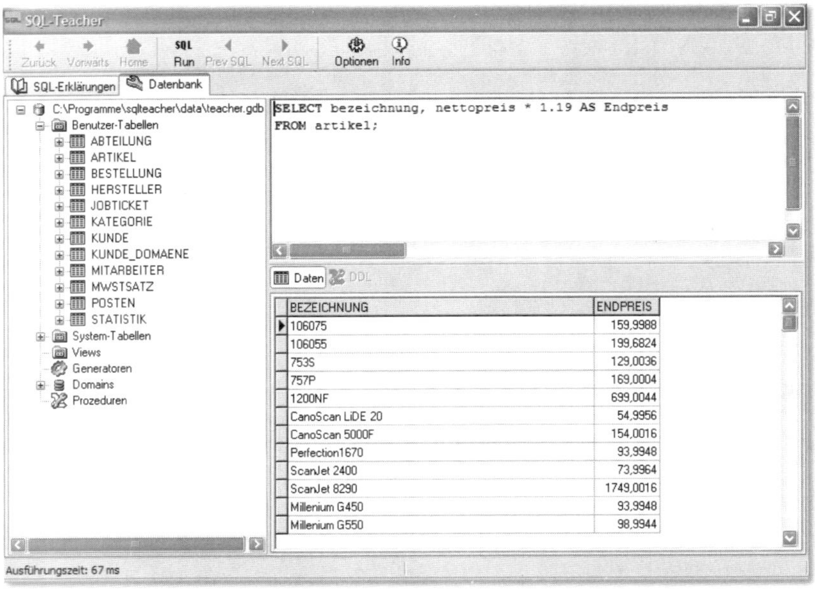

Abbildung 5.20 Mathematische Operation

Einführungsbeispiel

Die Beispielfirma möchte an ihre Kunden Prospekte verteilen lassen und braucht dafür Austrägerlisten, die nach Straßenseiten geordnet sind. Um die Sache etwas zu vereinfachen, soll hier einfach nur ausgegeben werden, ob es sich bei einer Hausnummer um eine gerade oder ungerade Zahl handelt. Wir überprüfen hierfür das letzte Zeichen der Straße über `SUBSTR(strasse FROM STRLEN(strasse)-1,STRLEN (strasse)),2)`.

```
SELECT strasse,
  MOD(SUBSTR(
  strasse,STRLEN(strasse)-1,STRLEN(strasse)),2)
  AS Seite
  FROM kunde;
```

Diese Abfrage gibt den Namen der Straße an, in der das jeweilige Haus steht, und eine 0 oder eine 1, die aussagt, ob die Hausnummer gerade (0) oder ungerade (1) ist. Dazu verwenden Sie die **Modulofunktion**, die den Rest angibt, wenn Sie eine ganze Zahl durch eine andere ganze Zahl teilen.

Nehmen Sie zwei Kunden, die in Köln wohnen. Der eine wohnt in der Jan-Wellem-Straße 34, die Straße, in der der andere wohnt, lautet Kleiner Griechenmarkt 19. In der Abfrage nehmen Sie nun die Hausnummer, teilen sie durch 2 und sehen sich den Rest an. In diesem Fall kann der Rest nur 0 sein, wenn die Hausnummer gerade ist, oder eben 1, wenn die

Hausnummer ungerade ist. 34 geteilt durch 2 ergibt genau 17, aber 19 durch 2 ergibt 9,5. Im ersten Fall wird also eine 0, im zweiten eine 1 ausgegeben.

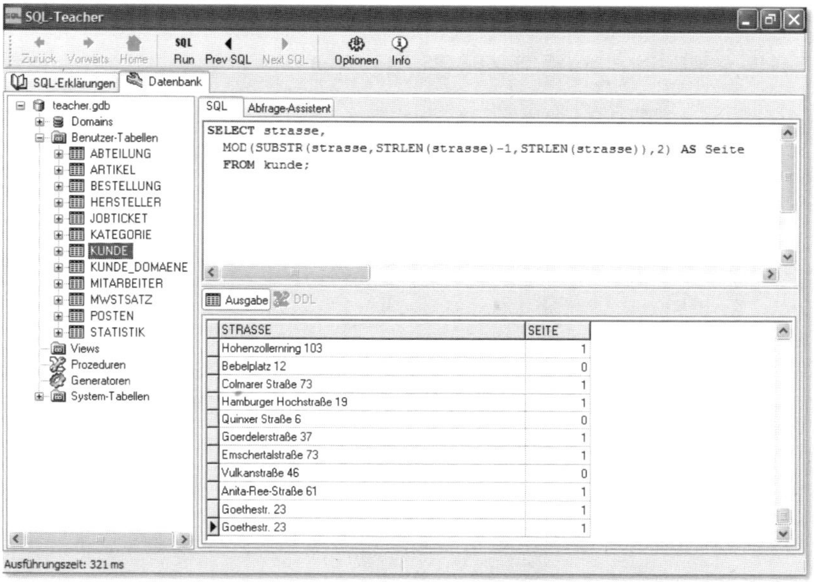

Abbildung 5.21 Die Funktion MOD()

Zu den Funktionen dieser Art zählen alle, deren Rückgabewert eine Zahl ist. Es gibt fünf solcher Funktionen:

`ABS(Ausdruck)` gibt den absoluten Wert eines Wertes der angegebenen Spalte an. **ABS()**

Der absolute Wert einer Zahl ist ganz einfach der positive Wert. –10 und 10 haben beide den absoluten Wert 10.

In der Beispieldatenbank gibt es keine negativen Zahlen, aber die Funktion kann auch so verwendet werden:

```
SELECT ABS(-10)
  FROM posten;
```

Mit `CHAR_LENGTH (spaltenname)` oder `CHARACTER_LENGTH (spaltenname)` wird in der Regel die Länge einer Zeichenkette angegeben. Je nach Datenbank kann diese Funktion allerdings auch einen anderen Namen haben. In unserer Übungsdatenbank können Sie die Funktion `STRLEN()` verwenden. **CHAR_ LENGTH()**

So erfahren Sie, wie lang die Namen der Mitarbeiter sind:

```
SELECT name, CHAR_LENGTH(name)
  FROM mitarbeiter;
```

EXTRACT() `EXTRACT ({DAY | MONTH | YEAR} FROM datum)` gibt den Tag oder den Monat oder das Jahr eines Datums als Zahl aus.

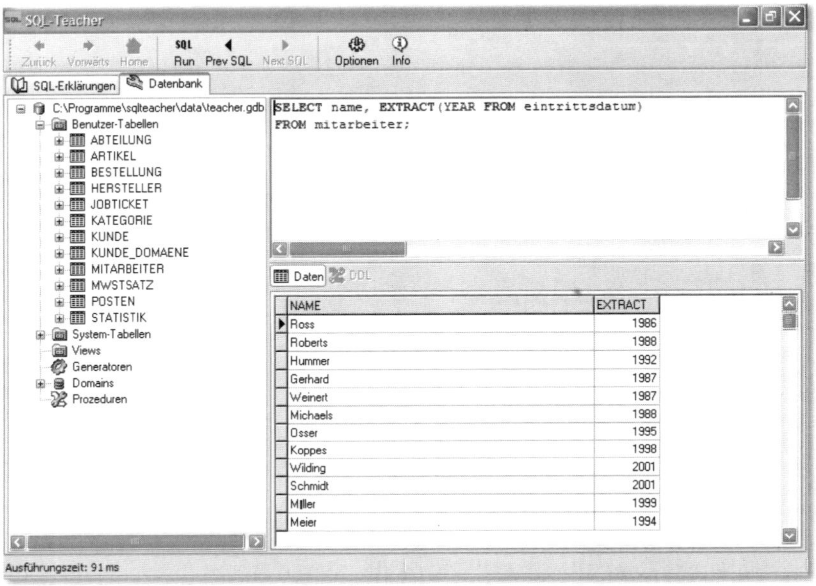

Abbildung 5.22 Die Funktion EXTRACT ()

So erfahren Sie, in welchem Jahr die Mitarbeiter in die Beispielfirma eingetreten sind:

```
SELECT name, EXTRACT(YEAR FROM eintrittsdatum)
   FROM mitarbeiter;
```

MOD() `MOD(spaltenname, n)` gibt den Rest einer Division des Wertes in der Spalte durch `n` an.

Erinnern Sie sich noch einmal an die Beispielfirma, die ihre Austrägerlisten nach Straßenseiten organisieren will.

POSITION() `POSITION (zeichen IN spaltenname)` gibt den Beginn bestimmter Zeichen in einem Text einer Spalte an.

So erfahren Sie, an welcher Stelle zuerst ein »a« in den Namen der Mitarbeiter vorkommt:

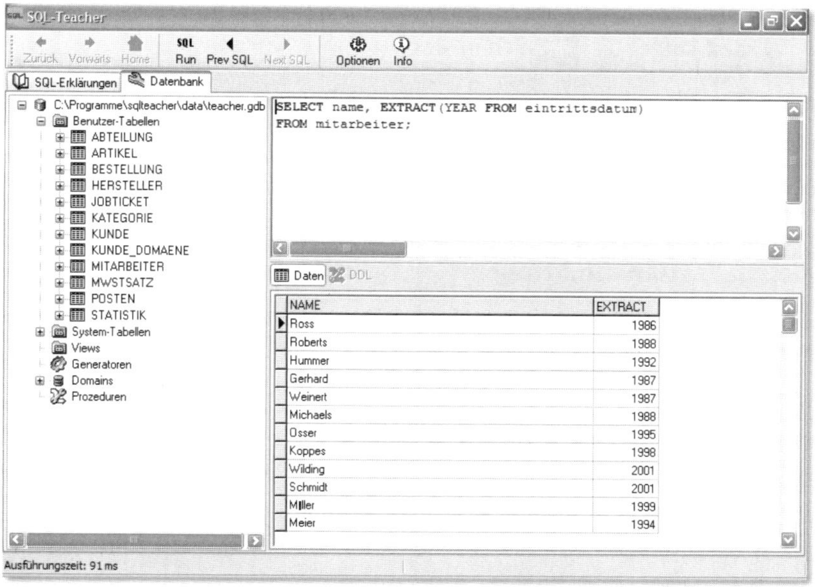

Abbildung 5.23 Die Funktion EXTRACT ()

```
SELECT name, POSITION( 'a' IN name)
   FROM mitarbeiter;
```

Die Funktion POSITION() eignet sich, um beispielsweise den Inhalt von Spalten zu überprüfen. So wäre eine E-Mail-Adresse ungültig, die kein @ enthält. Mit dem folgenden Befehl können Sie Datensätze aus der Kundentabelle selektieren, die kein @ enthalten:

```
SELECT * FROM kunde
   WHERE POSITION ('@' IN email) < 1
   AND EMAIL IS NOT NULL;
```

Weiterführendes Beispiel

Die Geschäftsleitung der Beispielfirma möchte wissen, wie viele Bestellungen im Januar 2010 eingegangen sind:

```
SELECT COUNT(*)
   FROM bestellung
   WHERE EXTRACT(MONTH FROM bestelldatum) = 1
   AND EXTRACT(YEAR FROM bestelldatum) = 2010;
```

Übungen

5.26 Einer der Geschäftsführer der Beispielfirma hat gehört, dass Artikel, deren Bezeichnung mehr als 17 Buchstaben lang ist, von Kunden ungern gekauft werden. Er möchte daher wissen, welche Artikelnamen länger als 17 Zeichen sind.

5.27 Wie können Sie feststellen, wie viele Bestellungen bisher insgesamt an den einzelnen Tagen des Monats eingegangen sind?

5.28 Welche Kunden haben E-Mail-Adressen von on-line.de?

5.6.3 Datumsfunktionen

Der Rückgabewert von Datumsfunktionen ist ein Datum oder eine Zeit. Die Funktionen geben das aktuelle Datum bzw. die aktuelle Zeit aus.

Einführungsbeispiel

In der Beispielfirma sollen eingegangene Bestellungen spätestens nach 14 Tagen erledigt sein. Um zu kontrollieren, ob diese Vorgabe erfüllt wird, müssen alle Datensätze der Tabelle `bestellung` daraufhin überprüft werden, ob das Bestelldatum 14 Tage oder länger zurückliegt und ob noch kein Lieferdatum eingetragen ist:

```
SELECT bestellnr
   FROM bestellung
   WHERE (CURRENT_DATE - bestelldatum) >= 14
   AND lieferdatum IS NULL;
```

Nun werden die Nummern aller Bestellungen aufgelistet, die vor 14 Tagen oder davor aufgegeben wurden und noch nicht abgearbeitet sind.

Es gibt folgende Zeitfunktionen:

CURRENT_DATE()

`CURRENT_DATE()` gibt das aktuelle Datum zurück.

Das aktuelle Datum Ihres Rechners erfahren Sie mit

```
SELECT CURRENT_DATE()
   FROM kunde;
```

Tabellenangabe

Hier wie in den folgenden Beispielen ist die Angabe einer Tabelle notwendig. Sie erhalten zu jeder Zeile das aktuelle Datum. Bei anderen Tabellen ist das auch der Fall.

CURRENT_TIME(n)

`CURRENT_TIME (n)` gibt die aktuelle Zeit mit n Nachkommastellen der Sekunde zurück.

Die aktuelle Zeit Ihres Computers erfahren Sie mit

```
SELECT CURRENT_TIME
  FROM kunde;
```

CURRENT_TIMESTAMP(n) gibt das aktuelle Datum und die aktuelle Zeit mit n Nachkommastellen der Sekunde zurück.

CURRENT_TIMESTAMP(n)

Sie erfahren das aktuelle Datum und die aktuelle Zeit Ihres Computers mit

```
SELECT CURRENT_TIMESTAMP
   FROM kunde;
```

Weiterführendes Beispiel

Die Geschäftsleitung der Beispielfirma möchte wissen, wie viele Bestellungen jeweils im aktuellen Monat eingegangen sind. Damit Sie nicht zwölf Befehle schreiben und dann immer auch noch auf den Kalender sehen müssen, um den richtigen Monat auszusuchen, verwenden Sie eine Zeitfunktion:

```
SELECT COUNT(*)
   FROM bestellung
   WHERE EXTRACT (MONTH FROM bestelldatum)
      = EXTRACT(MONTH FROM CURRENT_DATE());
```

Übung

[✎]

5.29 Die Geschäftsleitung der Beispielfirma möchte gerne die Umsätze nach Monaten aufgestellt sehen. Es soll eine Liste erstellt werden, die für jeden Monat die Bestellsumme ausgibt.

5.6.4 Typumwandlung

Zur Typumwandlung existiert die Funktion CAST(), die für eine formatierte Ausgabe genutzt werden kann.

CAST()

CAST (wert AS datentyp) wandelt also den Datentyp um.

Der Wert kann ein konkreter Wert sein oder erst durch eine Berechnung entstehen, mit dem Ergebnis kann dann weitergerechnet werden.

So können Sie auch den Bruttopreis formatiert ausgeben:

```
SELECT bezeichnung,
   nettopreis,
   CAST(nettopreis * 1.19 AS DECIMAL(10,2))
   FROM artikel;
```

CAST() benötigt man relativ selten. Nützlich kann der CAST()-Befehl z. B. sein, wenn man Funktionen auf Datentypen anwenden möchte, die eigentlich dafür nicht gedacht sind. Das folgende Beispiel zeigt dies. Der LIKE-Operator ist für Zeichenkettenfelder vorgesehen. Sie könnten also in der Regel kein Datumsfeld mit `LIKE` abfragen. Durch eine Typumwandlung mit `CAST()` ist dies trotzdem möglich:

```
select * from mitarbeiter
   WHERE CAST(Eintrittsdatum AS VARCHAR(20))
   LIKE '%1998%';
```

5.6.5 Zeichenkettenfunktionen

Die folgenden Funktionen geben immer eine Zeichenkette zurück. Damit können Sie die ausgegebenen Daten Ihren Vorstellungen anpassen.

Einführungsbeispiel Für ihre Werbeaktion möchte die Beispielfirma Vornamen und Namen in einer Spalte zusammen ausgeben lassen. Dazu werden die Werte der beiden Spalten verbunden. Zwischen Vorname und Name wird noch ein Leerzeichen gesetzt:

```
SELECT vorname || ' ' || name, strasse, plz, ort
   FROM kunde;
```

Zeichenverkettung Die Zeichenverkettung geschieht über `||`, zwei gerade Striche, die Sie mit der Tastenkombination [Alt Gr] + [<] erzeugen können:

```
spaltennamen1 || spaltennamen2
```

Die Werte der verketteten Spalten werden direkt aneinandergesetzt. Der Datentyp der Spalten spielt dabei keine Rolle. Zur Trennung können Sie auf die gleiche Weise z. B. ein Leerzeichen dazwischensetzen:

```
spaltennamen1 || ' ' || spaltennamen2
```

So geben Sie den Namen der Mitarbeiter mit ihrem Gehalt in einer Spalte aus:

```
SELECT name || ' ' || gehalt
   FROM mitarbeiter;
```

OVERLAY() Sie können einen bestimmten Teil des Textes von einem vorgegebenen Zeichen an in einer festgelegten Länge mit den angegebenen Zeichen ersetzen:

```
OVERLAY (spaltenname PLACING zeichen
   FROM beginn FOR länge)
```

So können Sie persönliche Daten anonymisieren:

```
SELECT OVERLAY(name PLACING '*' FROM 2 FOR 4), vorname
   FROM kunde;
```

Dadurch wird statt »Meier« »M****« ausgegeben.

Sie können einen bestimmten Teil des Textes von einem vorgegebenen Zeichen an in einer festgelegten Länge ausgeben mit: **SUBSTRING()**

```
SUBSTRING (spaltenname FROM beginn FOR länge)
```

So können Sie bei einer Liste nur den ersten Buchstaben des Vornamens ausgeben lassen:

```
SELECT SUBSTRING(vorname FROM 1 FOR 1), name, telefonnummer
   FROM mitarbeiter;
```

Sie entfernen vorangehende oder nachfolgende oder beiderlei Leerzeichen aus einem Text mit: **TRIM()**

```
TRIM ({TRAILING | LEADING | BOTH} FROM spaltenname)
```

Wenn jemand bei der Eingabe von Namen ein Leerzeichen vor oder nach den Namen gesetzt hat, können Sie das mit `TRIM()` in der Ausgabe entfernen:

```
SELECT TRIM(BOTH FROM name)
   FROM kunde
```

Sie geben den Text einer Spalte in Großbuchstaben aus mit: **UPPER()**

```
UPPER (spaltenname)
```

So werden die Orte aus der Tabelle `kunde` in Großbuchstaben ausgegeben:

```
SELECT UPPER(ort)
   FROM kunde;
```

Die Beispielfirma ist immer noch mit ihrer Werbeaktion beschäftigt. Die Geschäftsleitung möchte, dass die Nachnamen der Kunden in Großbuchstaben ausgegeben werden: **Weiterführendes Beispiel**

```
SELECT UPPER (name), vorname, strasse, plz, ort
   FROM kunde
   WHERE ort = 'Bonn' OR ort = 'Hamburg'
   ORDER BY ort, name, vorname;
```

Mit `UPPER()` lassen sich häufig auch Abfragen effektiver formulieren. Wenn Sie ein Datenbanksystem einsetzen, das zwischen Groß- und Kleinschreibung unterscheidet, geben Vergleiche nur das genaue Vergleichsergebnis aus, was z. B. bei der Selektion von Zeichenketten wie Namen nicht immer erwünscht ist.

SQL-Teacher

Am einfachsten lässt sich dies an einem Beispiel erläutern. Wir fügen einen Datensatz in unsere Übungsdatenbank ein, bei dem der Name in Großbuchstaben geschrieben ist, und sehen uns dann das Ergebnis eines SELECT-Befehls und den Einsatz von UPPER() an:

- Fügen Sie einen neuen Datensatz in die Kundentabelle ein:

  ```
  INSERT INTO kunde VALUES
     (1000, 'LOEWE', 'Arthur', 'Sebastianstrasse 134',
     '50737', 'Köln', '0', '19467383',  '0', 'B');
  ```

- Selektieren Sie jetzt alle Datensätze mit dem Namen »Loewe«:

  ```
  SELECT * FROM kunde WHERE name = 'Loewe';
  ```

  Da der Selektionsbefehl einen identischen Vergleich durchführt, wird nicht der soeben eingefügte Datensatz ausgegeben, weil der Name in Großbuchstaben geschrieben ist.

- Wenn Sie jetzt ein

  ```
  SELECT * FROM kunde WHERE UPPER(name) = 'LOEWE';
  ```

  eingeben, wird nicht nach Groß- und Kleinbuchstaben unterschieden.

[✎]

Übung

5.30 Die Geschäftsleitung der Beispielfirma erlaubt einer Gruppe BWL-Studenten, für eine Untersuchung auf ihre Datenbank zuzugreifen. Um den Datenschutz der Kunden zu gewährleisten, soll nur der erste Buchstabe des Familiennamens ausgegeben werden.

5.7 NULL-Werte in Abfragen

Vielfach treffen Sie bei der Arbeit mit SQL auf sogenannte NULL-Marken. Häufig wird hierfür auch der Begriff **NULL-Wert** oder **NULL-Values** verwendet. NULL bedeutet, dass ein Attribut (Wert) für das Feld fehlt, d.h., dass der Wert leer oder unbekannt ist. NULL kann demnach bedeuten:

- Das Attribut hat einen Wert, dieser ist aber nicht bekannt.
- Das Attribut hat in der Realität keinen Wert.

NULL ist also nicht 0, weil dies ein konkreter bekannter Wert ist. NULL ist auch nicht eine leere Zeichenkette wie ''.

Beispiel

Anhand eines Beispiels lässt sich das am einfachsten erklären. Wenn Sie in unserer Beispieldatenbank die Tabelle kunde mit der Spalte email betrachten, können folgende Fälle auftreten:

- Ihnen ist eine gültige E-Mail-Adresse bekannt. Sie tragen diese Adresse in die Datenbank ein.
- Ihnen ist bekannt, dass die Person keine E-Mail-Adresse besitzt. Sie tragen hierfür einen Leerstring (`''`) in die Datenbank ein.
- Ihnen ist nicht bekannt, ob die Person eine E-Mail-Adresse besitzt. Sie tragen nichts in das Feld ein.

Der zuletzt genannte Fall ist eine solche NULL-Marke. Entsprechend sehen in diesem Fall dann auch die Abfragen aus:

- Sie wollen wissen, welche Person keine E-Mail-Adresse besitzt:

  ```
  SELECT * FROM kunde WHERE email = '';
  ```

- Sie wollen wissen, bei welchen Personen nicht bekannt ist, ob eine E-Mail-Adresse existiert:

  ```
  SELECT * FROM kunde WHERE email IS NULL;
  ```

NULL-Werte können interpretierungsbedürftige Ergebnisse bei Abfragen liefern. So würden bei einem `GROUP BY` alle NULL-Werte eines Feldes gruppiert, was aber nicht unbedingt eine gewünschte Gruppierung darstellen muss. Sie können dies verhindern, indem Sie bei Gruppierungen über die `WHERE`-Bedingung explizit NULL-Werte ausschließen (`WHERE spaltenname IS NOT NULL`).

NOT NULL

Sie hatten bereits bei der Definition von Tabellen gelernt, dass Felder optional als `NOT NULL` definiert werden können. Diese Spalten können dann keine NULL-Werte enthalten, weil zwingend ein Wert eingetragen werden muss, um den Datensatz zu speichern. Dies ist immer dann angebracht, wenn NULL-Werte in dem Feld nicht erwünscht sind.

Ein Beispiel hierfür: Wenn Sie bei der Ausgabe von Anschriften für eine bessere Formatierung eine Zeichenkettenverknüpfung durchführen, werden alle Datensätze, bei denen mindestens eines der verketteten Felder einen NULL-Wert besitzt, ebenfalls NULL.

5.8 INSERT mit SELECT

In der Praxis kann es häufiger vorkommen, dass Sie eine Tabelle mit Werten aus einer anderen Tabelle füllen wollen. Ein Beispiel hierfür wäre die Sicherung einer Tabelle in Form einer Kopie. Zu diesem Zweck existiert die Möglichkeit, in SQL einen `INSERT`-Befehl mit einem `SELECT`-Befehl zu kombinieren.

Die allgemeine Syntax lautet:

```
INSERT INTO tabellename (spaltenliste)
 SELECT spaltenliste2 FROM tabellenname2
   [WHERE Bedingung]
```

Dieser Befehl fügt in die Zieltabelle alle selektierten Datensätze aus der angegebenen Quelltabelle ein. Die WHERE-Bedingung filtert dabei die zu kopierenden Datensätze aus. Zu beachten ist dabei, dass die Spalten in Anzahl und Datentyp in beiden Tabellen zusammenpassen. Zum einen muss die Anzahl der Spalten identisch sein, zum anderen sollte der jeweilige Datentyp kompatibel sein.

Beispiel Das folgende Beispiel dupliziert in unserer Beispieldatenbank einen Kundendatensatz mit einem neuen Vornamen (z. B. ein Familienmitglied):

```
INSERT INTO kunde (kundennr, Name,Vorname,Strasse, plz, ort,
telefon_privat)
 SELECT 300, Name,'Gaby',Strasse, plz, ort, telefon_
privat FROM kunde
   where kundennr = 1
```

Der Vorname wurde hierbei nicht übernommen, sondern durch einen individuellen Namen ersetzt.

Sie wissen ja bereits, dass in Datenbanken zusammenhängende Daten auf verschiedene Tabellen verteilt werden, die miteinander in Beziehung stehen. In Kapitel 2, »Datenbankentwurf«, haben Sie erfahren, welche Bedeutung dabei Primär- und Fremdschlüsseln zukommt. Im folgenden Kapitel lernen Sie, wie Daten aus mehreren Tabellen über Schlüsselfelder selektiert werden können.

6 Daten aus mehreren Tabellen abfragen (JOIN)

Erinnern Sie sich doch noch einmal an den Aufbau von abhängigen Tabellen und Vatertabellen, wie in Kapitel 2, »Datenbankentwurf«, erläutert. Beide waren über Felder miteinander verknüpft, die die gleichen Daten beinhalteten. In der Vatertabelle war dies die Spalte des Primärschlüssels, in der abhängigen Tabelle die des Fremdschlüssels. Sie erinnern sich, dass Sie in eine Fremdschlüsselspalte nur Werte schreiben können, die in der Primärschlüsselspalte schon vorhanden sind. Die Möglichkeit, zwei oder mehrere Tabellen zu verknüpfen, muss also bereits im Datenmodell berücksichtigt sein.

Zur Erinnerung, hier noch einmal das Prinzip der Verknüpfung von zwei Tabellen über definierte Felder anhand der Tabellen `Kunde` und `Bestellung`. Die Tabellen können über das Feld `kundennr` verknüpft werden.

Sie haben zwei Möglichkeiten, diese Verknüpfungen in SQL-Abfragen anzusprechen:

- In SQL-89 geschah das über eine `WHERE`-Bedingung.
- Mit SQL-92 wurde dafür der Befehl `JOIN` eingeführt, der erweiterte Optionen für die Verknüpfung bereitstellte. Sie geben die miteinander verbundenen Tabellen an und setzen die Spalten, die Primär- bzw. Fremdschlüssel beinhalten, gleich.

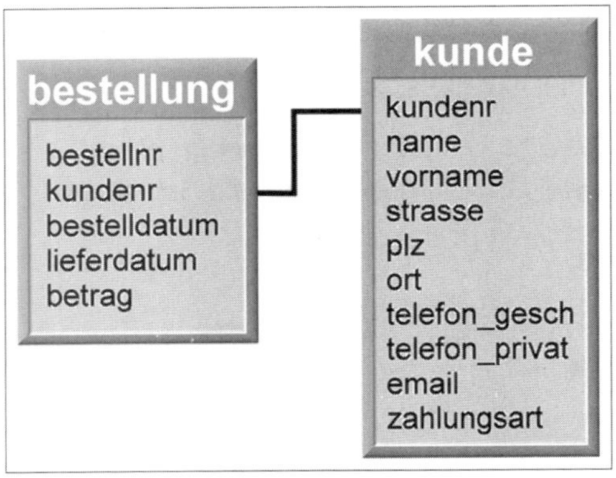

Abbildung 6.1 Verknüpfung über Schlüsselfelder

Einführungsbeispiel

Wenn die Beispielfirma einem Kunden die Rechnung für gelieferte Ware schicken will, muss sie dafür auf mehrere Tabellen ihrer Datenbank zurückgreifen, in diesem Fall auf die Tabellen `kunde`, `bestellung`, `artikel` und `posten`.

Um Ihnen die Joins zu demonstrieren, betrachten wir vorerst die Verknüpfung der Kundentabelle mit der Bestellungstabelle über die Kundennummer.

Verknüpfung mit WHERE

Das ist einmal über `WHERE` möglich – was auch als **Old Style Join** bezeichnet wird. Sie setzen beide Tabellen hinter das `FROM` und verknüpfen sie über eine `WHERE`-Bedingung. Dabei werden Primär- und Fremdschlüssel miteinander verbunden. Da hier Spaltennamen aus zwei verschiedenen Tabellen angezeigt werden, müssen Sie im `SELECT` der gesuchten Spalte den Namen der Tabelle, aus der sie stammt, mit einem Punkt getrennt voransetzen:

```
SELECT kunde.name, bestellung.rechnungsbetrag
   FROM kunde, bestellung
   WHERE kunde.kundennr = bestellung.kundennr;
```

Als Ergebnis dieses Befehls werden alle Kunden mit ihren Rechnungswerten ausgegeben (siehe Abbildung 6.2).

Wenn Sie nach Bestellungen eines bestimmten Kunden, etwa mit der Kundennummer 23, suchen, ist diese Suchbedingung in die `WHERE`-Bedingung einzubinden:

```
SELECT kunde.name, bestellung.rechnungsbetrag
   FROM kunde, bestellung
   WHERE kunde.kundennr = bestellung.kundennr
   AND kunde.kundennr = 23;
```

Um eine korrekte Ansprache der Spalten zu bewerkstelligen, muss bei Verknüpfungen mehrerer Tabellen zwingend der Tabellenname vor dem Spaltennamen mit Punkt getrennt angegeben werden. Zur Vereinfachung der Notation kann man Tabellen, wie bereits in Abschnitt 5.1.2, »Spalten auswählen«, gezeigt wurde, innerhalb der Abfrage durch die Verwendung von Aliassen einen anderen, in der Regel kürzeren Namen geben. Die Umbenennung erfolgt durch Angabe des Aliasnamens hinter dem Feldnamen. Hier reicht schon ein Buchstabe. Es sei noch einmal daran erinnert, dass bei vielen Datenbanken ein `AS` davorzuschreiben ist, anders als bei InterBase/Firebird, die wir innerhalb unserer Übungssoftware SQL-Teacher verwenden.

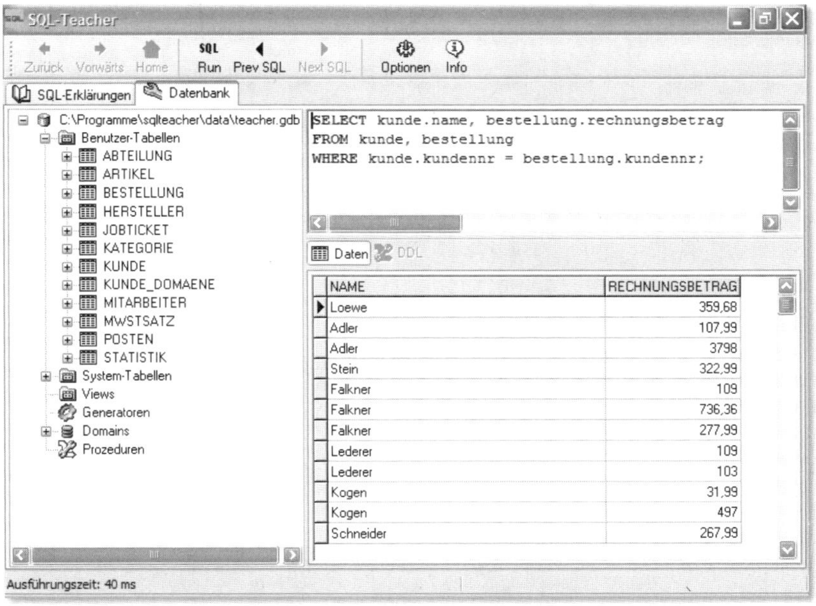

Abbildung 6.2 Verknüpfung von Tabellen über eine WHERE-Bedingung

Bezogen auf das vorige Einführungsbeispiel, kann man die Befehle mit der Verwendung von Aliasnamen auch wie folgt schreiben:

```
SELECT k.name, b.rechnungsbetrag
   FROM kunde k, bestellung  b
   WHERE k.kundennr = b.kundennr AND k.kundennr = 23
```

Verknüpfung mit JOIN

Mit `JOIN`, der zweiten Möglichkeit, um die Tabellenverknüpfung zu definieren, sieht diese Abfrage etwas anders aus. Auch hier können Sie die Aliasse verwenden. Die Verknüpfung wird aus dem `WHERE` herausgenommen und in eine `JOIN`-Anweisung eingebunden:

```
SELECT k.name, b.rechnungsbetrag
   FROM kunde k JOIN bestellung b
   ON k.kundennr = b.kundennr
   WHERE k.kundennr = 23;
```

SQL-Teacher

Vollziehen Sie das Beispiel in der beiliegenden Datenbank nach.

- Geben Sie den SELECT-Befehl mit der WHERE-Verknüpfung ein, und führen Sie ihn aus.
- Geben Sie nun den SELECT-Befehl mit der JOIN-Verknüpfung ein, und führen Sie ihn aus.

  Beide Befehle führen zum gleichen Ergebnis.

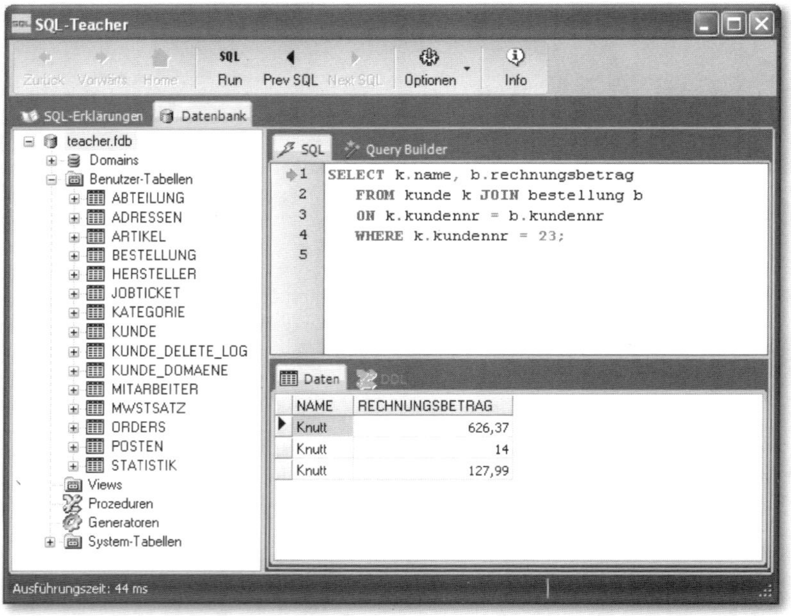

Abbildung 6.3 Das Ergebnis der Verknüpfung

6.1 Relationenalgebra

Die Verknüpfung von Tabellen unterliegt grundsätzlich der Relationenalgebra. Dahinter verbirgt sich nichts anderes als die Erzeugung von neuen Relationen auf der Basis vorhandener Relationen. Joins sind dabei die Verbundmenge aus zwei oder mehr Relationen. Je nach Formulierung der Verknüpfung wird Ihnen das Ergebnis ausgegeben.

Nach der Verknüpfungsart werden verschiedene Joins unterschieden:

Der **Inner Join** gibt nur die Datensätze zurück, bei denen die Verknüpfungsbedingung übereinstimmt. Das Einführungsbeispiel ist ein solcher Inner Join. Zu jedem Kunden wurden die Artikel ausgewählt, die von diesem Kunden bestellt wurden. Es wurden keine Datensätze von Kunden ausgegeben, die keine Bestellungen aufgegeben haben. Beim Inner Join handelt es sich um die typische Form, die Sie bei der Verknüpfung von Tabellen benötigen.

Inner Join

Der **Outer Join** gibt die gleichen Datensätze wie ein Inner Join zurück, allerdings werden alle Datensätze einer Tabelle ausgegeben, auch wenn keine korrespondierenden Datensätze in der anderen Tabelle vorhanden sind. In diesem Fall wird ein leerer Datensatz verknüpft.

Outer Join

Hieraus resultieren die Begriffe **Left Join** und **Right Join**, je nachdem, von welcher der beiden Tabellen alle Datensätze ausgegeben werden.

Um Tabellen miteinander verknüpfen zu können, müssen die Felder, über die die Tabellen verknüpft werden, über einen kompatiblen Datentyp verfügen. Im Einführungsbeispiel wurden die Tabellen über die ID verknüpft, die jeweils als `INTEGER` definiert sind. Falls die Datentypen nicht kompatibel sind, können diese aber auch bei der Befehlsausführung durch den `CAST()`-Befehl kompatibel gemacht werden.

6.2 Der innere Verbund (INNER JOIN)

Der innere Verbund gibt nur Datensätze aus, die in beiden Tabellen vorhanden sind. Wenn Sie also wie eingangs beschrieben alle Kunden mit ihren Bestellungen auflisten wollen, werden hier auch wirklich nur die Kunden aufgeführt, die schon etwas bestellt haben. Mit dem inneren Verbund erhalten Sie also grundsätzlich dasselbe Ergebnis wie mit der `WHERE`-Bedingung.

Ganz allgemein sieht die Verknüpfung über `WHERE` so aus:

SQL-Syntax

```
SELECT spaltenliste
   FROM tabellenliste
   WHERE primärschlüsselspalte = fremdschlüsselspalte;
```

Der Aufbau des `INNER JOIN` entspricht dem allgemeinen Befehl:

SQL-Syntax

```
SELECT spaltenliste
   FROM tabellenname1
```

```
[INNER] JOIN tabellenname2 ON
   tabellenname1.spaltennameA =
      tabellenname2.spaltennameA
[INNER] JOIN tabellenname3 ON
  tabellenname2.spaltennameB =
     tabellenname3.spaltennameB ...];
```

INNER

Das INNER sollten Sie der Theorie nach eigentlich auch weglassen können, aber die Datenbanksysteme wollen es in der Regel doch so ausführlich haben.

Weiterführendes Beispiel

Die Geschäftsführung der Beispielfirma möchte wissen, wann welcher Kunde etwas bestellt hat. Die dazu benötigten Tabellen `kunde` und `bestellung` sind über die Kundennummer miteinander verknüpft. Dabei ist die Tabelle `kunde` die Vatertabelle und `bestellung` die abhängige Tabelle:

```
SELECT kunde.name, kunde.vorname, bestellung.bestelldatum
   FROM kunde
   INNER JOIN bestellung ON
      kunde.kundennr = bestellung.kundennr;
```

Sie gehen ebenso vor, um zu erfahren, zu welcher Abteilung die Mitarbeiter gehören. Die Abteilungen erfahren Sie über die Tabelle `abteilung`. Diese ist über die `abteilungsnr` als Primärschlüssel mit der Tabelle `mitarbeiter` verbunden:

```
SELECT m.name, m.vorname, a.bezeichnung
   FROM mitarbeiter m
   INNER JOIN abteilung a ON m.abteilung =
   a.abteilungsnr;
```

Um zu erfahren, welcher Mehrwertsteuersatz für einen Artikel gültig ist, fragen Sie die Tabellen `artikel` und `mwstsatz` ab. In `mwstsatz` ist `mwstnr` der Primärschlüssel, auf ihn bezieht sich die Spalte `mwst` der Tabelle `artikel`. Also ist hier `artikel` die abhängige Tabelle:

```
SELECT artikel.bezeichnung, mwstsatz.prozent
   FROM artikel
   INNER JOIN mwstsatz ON artikel.mwst = mwstsatz.mwstnr;
```

Weiterführende Beispiele

Es wurde bereits erläutert, dass der `SELECT`-Befehl mit `JOIN` grundsätzlich so aufgebaut ist wie der `SELECT`-Befehl über eine Tabelle, also können Sie auch hier Gruppierungen verwenden. Zum Beispiel um zu sehen, aus welchen Kategorien wie viele Artikel schon bestellt und ausgeliefert wurden.

Dazu brauchen Sie die Tabellen `artikel`, `posten` und `kategorie`. Die Tabelle `kategorie` ist dabei die Vatertabelle für `artikel`, die selbst wiederum die Vatertabelle für `posten` ist. `kategorie` und `artikel` sind miteinander über `kategorienr` als Primärschlüssel verbunden; in `artikel` heißt die Fremdschlüsselspalte einfach `kategorie`. Mit `artikel` ist die Tabelle `posten` über die `artikelnr` verbunden, die in beiden Tabellen gleich benannt ist.

Aus `kategorie` brauchen Sie die Spalte `bezeichnung`, nach der Sie die Rechnungen in den Spalten `bestellmenge` und `liefermenge` der Tabelle `posten` gruppieren. Zur Berechnung nehmen Sie die Funktion `SUM()`:

```
SELECT kategorie.bezeichnung,
   sum(posten.bestellmenge) AS bestellt,
   sum(posten.liefermenge) AS geliefert
   FROM kategorie
   INNER JOIN artikel ON kategorie.kategorienr =
   artikel.kategorie
   INNER JOIN posten ON artikel.artikelnr =
   posten.artikelnr
   GROUP BY kategorie.bezeichnung;
```

An dieser Stelle sei noch einmal erwähnt, dass bei Firebird und damit in der Übungssoftware SQL-Teacher »Spaltenaliasse« mit `AS` und »Tabellenaliasse« ohne `AS` definiert werden.

Die Beispielfirma möchte wissen, welcher Kunde welche Produkte bestellt hat. Da in der Tabelle `bestellung` die einzelnen Produkte nicht aufgeführt sind, müssen Sie auch auf die Tabellen `posten` und `artikel` zugreifen. Die Kunden sind durch ihre Kundennummer mit den Bestellungen verknüpft, die Bestellungen wiederum über die Bestellnummer mit den Positionen, die ihrerseits über die Artikelnummer mit den Artikeln verbunden sind.

Wenn Sie nun nach den Kunden und den von ihnen bestellten Waren fragen, verwenden Sie diese Abfrage:

```
SELECT kunde.name, kunde.vorname, artikel.bezeichnung
   FROM kunde
   INNER JOIN bestellung
      ON kunde.kundennr = bestellung.kundennr
   INNER JOIN posten
      ON bestellung.bestellnr = posten.bestellnr
```

```
   INNER JOIN artikel
      ON posten.artikelnr = artikel.artikelnr
   ORDER BY kunde.name, kunde.vorname;
```

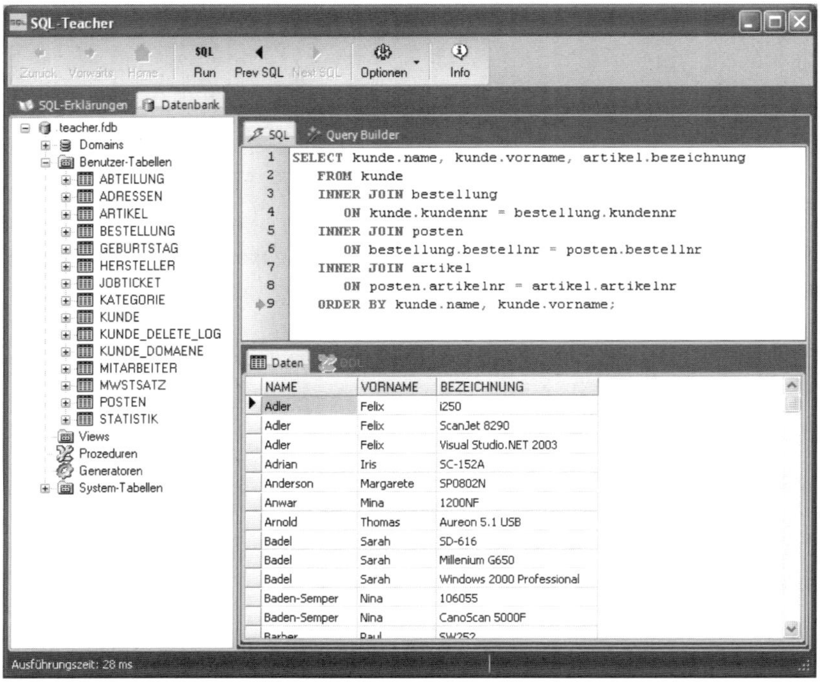

Abbildung 6.4 Weiterführendes Beispiel für INNER JOIN

Sie sehen hier, dass Sie sich die Arbeit mit Aliassen vereinfachen können:

```
SELECT k.name, k.vorname, a.bezeichnung
   FROM kunde k
   INNER JOIN bestellung b ON k.kundennr = b.kundennr
   INNER JOIN posten p ON b.bestellnr = p.bestellnr
   INNER JOIN artikel a ON p.artikelnr = a.artikelnr
   ORDER BY k.name, k.vorname;
```

Klammersetzung

Denken Sie daran, dass Sie eventuell bei Ihrem Datenbanksystem Klammern setzen müssen, um eine korrekte Syntax zu erhalten.

Diese Art Join wird auch **Condition Join** genannt, weil die Verknüpfung über eine Bedingung erfolgt. Daneben gibt es noch den **Cross Join**,

Column Name Join und den **Natural Join**. Eine weitere Besonderheit ist der **Self Join**. Im Folgenden werden diese Varianten beschrieben.

6.2.1 Varianten des INNER JOIN

Column Name Join

Der **Column Name Join** vereinfacht die Verknüpfung zwischen Tabellen, wenn die Spalten in beiden Tabellen gleich benannt sind. Die Verknüpfung kann hier über das Schlüsselwort `USING` erfolgen. Dieser Spalte muss dann auch kein Tabellenname mehr vorangestellt werden:

SQL-Syntax

```
SELECT spaltenliste
   FROM tabellenname1
   JOIN tabellenname2 USING (spaltenname);
```

Beispiel

Und wie sieht dann dieses Beispiel mit dem Column Name Join aus? Es stellt sich wie folgt dar:

```
SELECT k.name, k.vorname, b.bestelldatum
   FROM kunde k JOIN bestellung b USING(kundennr)
   ORDER BY k.name, k.vorname, b.bestelldatum;
```

Natural Join

Die Syntax des Column Name Join wird allerdings nicht von jeder Datenbank unterstützt.

Auf gleiche Weise arbeitet der **Natural Join**, bei dem der Tabellenname aber wieder der betreffenden Spalte vorangestellt werden muss:

```
SELECT spaltenliste
   FROM tabellenname1 NATURAL JOIN tabellenname2
```

Der Natural Join verknüpft über den gleichen Spaltennamen. Es ist also wichtig, gleiche Spaltenbezeichnungen zu verwenden. Der Natural Join prüft natürlich nicht, ob seine Verknüpfung über den gleichen Spaltennamen auch brauchbare Ergebnisse liefert.

Beispiel

Sehen wir uns auch hier das Beispiel an:

```
SELECT k.name, k.vorname, b.bestelldatum
   FROM kunde k  NATURAL JOIN bestellung b
   ORDER BY k.name, k.vorname, b.bestelldatum;
```

Self Join

Verbindungen müssen nicht nur zwischen verschiedenen Tabellen bestehen, Tabellen können auch als **Self Join** mit sich selbst verbunden werden. Ein Beispiel ist ein Stammbaum, der Personen und deren Väter enthält. Um z. B. herauszufinden, welche Personen Geschwister sind, kann ein Self Join verwendet werden.

Dabei müssen Sie die Tabelle über einen Alias jeweils umbenennen. Meistens werden die Aliasse einfach durchnummeriert:

```
SELECT spaltenliste
   FROM tabellenname alias1
   INNER JOIN tabellenname alias2;
```

Der Self Join bietet sich an, wenn Sie gemeinsame Datensätze ermitteln wollen, die über den gemeinsamen Inhalt einer Spalte derselben Tabelle in Beziehung stehen.

Beispiel Das folgende Beispiel illustriert einen Self Join. Da mit den Beispieldaten der Übungssoftware keine sinnvollen Fragestellungen für Self Joins formuliert werden können, folgt jetzt ein eigenständiges Beispiel. Wir benötigen hierzu eine Stammbaum-Tabelle, die wie folgt aufgebaut ist:

```
CREATE TABLE stammbaum
(
   name varchar(50),
   Vater varchar(50)
);
```

Um das Beispiel ausprobieren zu können, benötigen wir einige Beispieldatensätze, die nacheinander eingegeben werden müssen:

```
INSERT INTO stammbaum
   VALUES ('Werner Meier','Wilhelm Meier');
INSERT INTO stammbaum
   VALUES ('Andreas Meier','Wilhelm Meier');
INSERT INTO stammbaum
   VALUES ('Christine Schmidt','Walter Schmidt');
INSERT INTO stammbaum
   VALUES ('Wilhelm Meier','Gustav Meier');
INSERT INTO stammbaum
   VALUES ('Herrmann Schmidt','Walter Schmidt');
INSERT INTO stammbaum
   VALUES ('Gudrun Meier','Wilhelm Meier');
```

Die SQL-Abfrage zur Ermittlung der Geschwister lautet wie folgt:

```
SELECT s1.name,s2.name AS Geschwister, s1.Vater
   FROM stammbaum [AS] s1 INNER JOIN stammbaum
   [AS] s2 USING(Vater) WHERE s1.name <> s2.name;
```

Im Ergebnis werden dann zu jeder Person die Geschwister ermittelt und wie folgt ausgegeben:

```
+-------------------+-------------------+----------------+
| name              | Geschwister       | Vater          |
+-------------------+-------------------+----------------+
| Andreas Meier     | Werner Meier      | Wilhelm Meier  |
| Gudrun Meier      | Werner Meier      | Wilhelm Meier  |
| Werner Meier      | Andreas Meier     | Wilhelm Meier  |
| Gudrun Meier      | Andreas Meier     | Wilhelm Meier  |
| Herrmann Schmidt  | Christine Schmidt | Walter Schmidt |
| Christine Schmidt | Herrmann Schmidt  | Walter Schmidt |
| Werner Meier      | Gudrun Meier      | Wilhelm Meier  |
| Andreas Meier     | Gudrun Meier      | Wilhelm Meier  |
+-------------------+-------------------+----------------+
```

Der **Cross Join** verbindet alle Zeilen der einen Tabelle mit allen Zeilen der anderen Tabelle:

Cross Join

```
SELECT spaltenliste
   FROM tabellenname1 CROSS JOIN tabellenname2;
```

Der Cross Join wird im Allgemeinen nicht benötigt, weil die Ergebnisse, die er liefert, in der Praxis nicht benötigt werden.

Übungen

[✎]

6.1 Geben Sie zu jedem Mitarbeiter die Bezeichnung seiner Abteilung an. Die Tabellen `mitarbeiter` und `abteilung` sind über die Abteilungsnummer miteinander verknüpft.

6.2 Geben Sie eine Tabelle aus, die folgende Spalten enthält: Artikelbezeichnung, Artikelnettopreis, Herstellername. Sortieren Sie die Liste nach Hersteller- und nach Artikelnamen.

6.3 Geben Sie eine Tabelle aus, die die Artikelbezeichnung, die Bestellmenge, die Kundennummer und den Namen des Kunden enthält. Sortieren Sie die Ausgabe nach dem Kundennamen. Hinweis: Der Join muss über die vier Tabellen `artikel`, `posten`, `bestellung` und `kunde` erfolgen.

6.3 Der äußere Verbund (LEFT JOIN/RIGHT JOIN)

Sie erinnern sich an die Frage, wie die Beispielfirma alle Kunden und ihre Bestellungen auflisten kann, selbst wenn die Kunden nichts bestellt haben – vielleicht weil sie gerade erst einen Katalog angefordert haben.

Das war weder mit `WHERE` noch mit `INNER JOIN` möglich. Dafür wird ein äußerer Verbund hergestellt, der `OUTER JOIN`. Hier können Sie angeben, welche der Tabellen alle Spalten anzeigen soll.

SQL-Syntax Der Aufbau wird einfach so angepasst, wie es erforderlich ist:

```
SELECT spaltenliste
   FROM tabellennamel richtung
   {LEFT | RIGHT}[OUTER] JOIN tabellenname2 ON ...
```

OUTER

Das OUTER kann weggelassen werden, wovon die meisten Systeme auch Gebrauch machen.

Wenn Sie alle betreffenden Spalten der links vom `JOIN` angegebenen Tabelle ausgeben wollen, setzen Sie für die Richtung ein `LEFT`, links. Sollen alle Spalten der rechts vom `JOIN` angegebenen Tabelle ausgegeben werden, setzen Sie folgerichtig ein `RIGHT`, rechts. Es gibt auch die Möglichkeit, mit `FULL OUTER JOIN` alle Spalten beider Tabellen auszugeben, aber das wird nicht von allen Systemen unterstützt.

Beispiel Kommen wir auf das Problem zurück, alle Kunden auszugeben, unabhängig davon, ob sie schon etwas bestellt haben. Sie müssen nur sehen, ob die Kundentabelle vor oder nach dem `JOIN` steht, und die entsprechende Richtung angeben. Hier kam die Tabelle `kunde` immer vor dem `JOIN`, also verwenden Sie einen `LEFT JOIN`:

```
SELECT k.name, k.vorname, b.rechnungsbetrag
   FROM kunde k
   LEFT JOIN bestellung b ON k.kundennr = b.kundennr;
```

Ein `INNER JOIN` kann mit einem `OUTER JOIN` innerhalb einer Abfrage auch kombiniert werden (siehe Abbildung 6.5).

[✎] Übungen

6.4 Um festzustellen, ob die Beispielfirma irgendwelche Ladenhüter in ihrem Lager beherbergt, listen Sie für alle Artikel auf, ob sie schon einmal bestellt wurden.

6.5 Verfeinern Sie die Ausgabe, indem Sie die jeweiligen Bestellmengen aufaddieren.

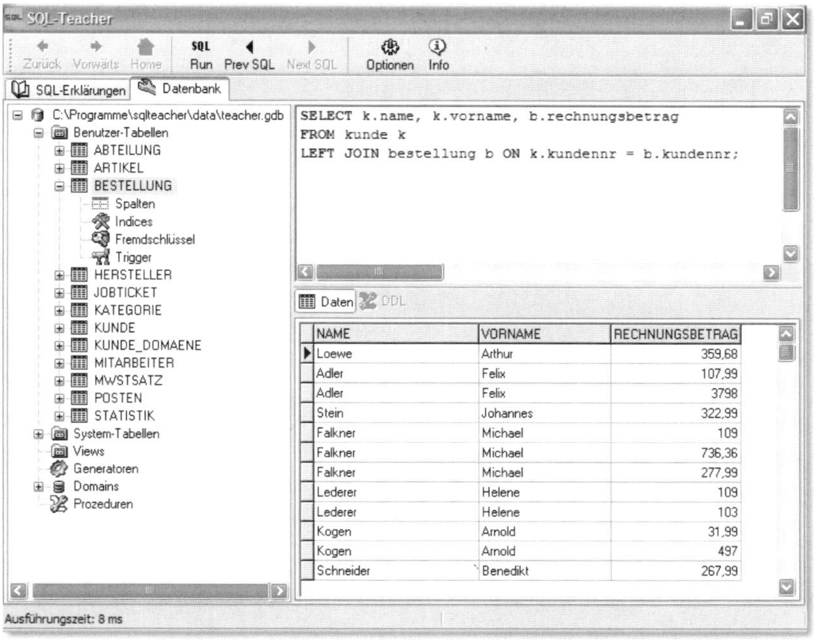

Abbildung 6.5 LEFT JOIN

Hinweise zum Praxiseinsatz

Die Beherrschung von Joins gehört zum notwendigen Handwerkszeug. Bei der Definition eines Joins muss immer das zugrunde liegende Datenmodell bekannt sein, um die Verknüpfung der Tabellen sachgerecht durchführen zu können. Bei der Verknüpfung von Tabellen können immer wieder Fehler gemacht werden, die dann zu unsinnigen Ergebnissen in der Abfrage führen. Das Ergebnis einer Tabellenverknüpfung sollten Sie deshalb immer auf inhaltliche Richtigkeit überprüfen.

Unterabfragen bieten die Möglichkeit, in einer Abfrage direkt die Ergebnisse einer anderen Abfrage zu verwenden. Welche Arten von Unterabfragen es gibt und wie sie eingesetzt werden können, zeigt dieses Kapitel.

7 Unterabfragen (Subselects)

Unter Unterabfragen, häufig auch als **Subselects** oder **Subquerys** bezeichnet, versteht man die Möglichkeit, innerhalb eines Befehls das Ergebnis einer Abfrage unmittelbar in einer anderen Anweisung zu verwenden. Unterabfragen kommen also immer dann zur Anwendung, wenn eine Abfrage auf das Ergebnis einer anderen Abfrage zurückgreift.

Einführungsbeispiel

Das folgende Beispiel zeigt das Grundprinzip von Unterabfragen. Wenn Sie z. B. auf der Basis der Tabelle mit den Bestellinformationen wissen möchten, welcher Kunde die Bestellung mit dem höchsten Wert aufweist, können Sie folgenden Befehl verwenden:

```
SELECT kundennr, bestelldatum, rechnungsbetrag
   FROM bestellung
   WHERE rechnungsbetrag =
   (
   SELECT max(rechnungsbetrag) FROM bestellung
   );
```

Sie sehen anhand dieses Beispiels, dass die Unterabfrage einen Wert für den Vergleichsoperator innerhalb der `WHERE`-Bedingung liefert. Dazu wird wiederum eine `SELECT`-Abfrage formuliert, die den bekannten Regeln folgt. Wenn Sie das Beispiel in der Übungssoftware ausführen, erfahren Sie, dass der Kunde mit der Nummer 63 am 25. Januar 2010 mit 4.235,97 Euro die Bestellung mit dem höchsten Wert getätigt hat (siehe Abbildung 7.1).

In unserem Einführungsbeispiel wurde eine Unterabfrage formuliert, die genau einen Wert zurückgibt. Sie erhalten als Ergebnis den Datensatz mit dem höchsten Rechnungsbetrag aus der Tabelle `bestellungen`. Es ist nicht möglich, dieses Ergebnis über eine einfache Abfrage zu erhalten, weil die Aggregatfunktion `max(rechnungsbetrag)` die Angabe weiterer

Felder nur dann zulässt, wenn eine entsprechende Gruppierung für diese Spalten vorhanden ist. Deshalb wird der SQL-Befehl

```
SELECT max(rechnungsbetrag), kundennr, bestelldatum,
   rechnungsbetrag
   FROM bestellung;
```

als ungültiger Befehl abgelehnt. Die Ergänzung um eine GROUP BY-Klausel macht daraus einen gültigen Befehl, allerdings werden jetzt aufgrund der Gruppierung alle Datensätze ausgegeben, was natürlich nicht das gewünschte Ergebnis darstellt:

```
SELECT max(rechnungsbetrag), kundennr, bestelldatum,
   rechnungsbetrag
   FROM bestellung
   GROUP BY kundennr, bestelldatum, rechnungsbetrag;
```

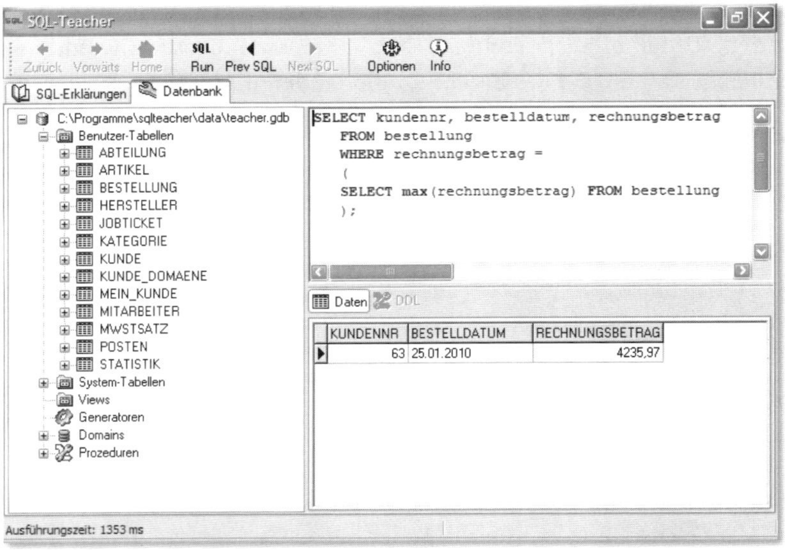

Abbildung 7.1 Ausführung einer Unterabfrage

Die Einschränkung der Datensätze durch die WHERE-Bedingung erfolgt auf der Basis einer SELECT-Abfrage, die den entsprechenden Wert bzw. entsprechende Werte für die Einschränkung liefert. Da der Wert für ein bestimmtes Feld geliefert wird, muss natürlich der Rückgabewert logisch zum Selektionskriterium passen. In diesem Fall wird der maximale Rechnungsbetrag zurückgegeben. Eine Unterabfrage ist im Übrigen relativ schnell zu erkennen, weil die gesamte Unterabfrage mit einer Klammer versehen wird und sich damit z. B. von einem Join schon rein optisch unterscheidet.

Der grundsätzliche Aufbau von Unterabfragen kann wie folgt definiert werden:

SQL-Syntax

```
SELECT spaltenliste
   FROM tabellenname
   WHERE spaltenname Vergleichsoperator
   (
   SELECT abfrage
   );
```

Oft kann man Unterabfragen auch als Joins formulieren. Wird zusätzlich eine Programmiersprache verwendet, mit der Ergebnisse von SQL-Befehlen gespeichert werden können, ist es natürlich auch möglich, das Ergebnis einer Abfrage zwischenzuspeichern und in der nächsten Abfrage zu verwenden.

Da die Unterabfrage Werte für die Hauptabfrage liefert, können grundsätzlich folgende Varianten unterschieden werden:

- Unterabfragen, die einen Wert (Zeile) zurückgeben
- Unterabfragen, die mehrere Werte (Zeilen) zurückgeben

Je nach Formulierung der Unterabfrage kann dann noch unterschieden werden, ob die Unterabfrage eigenständig ausgeführt werden kann oder nicht. Unter korrelierten Unterabfragen werden dabei Unterabfragen verstanden, die nicht unabhängig von der Hauptabfrage ausgeführt werden können.

Unterabfragen einsetzen

Unterabfragen lassen sich nicht nur in SELECT-Abfragen verwenden, sondern genauso gut in DELETE-, UPDATE- und INSERT-Anweisungen. Im weiteren Verlauf des Buches finden Sie hierzu entsprechende Beispiele.

7.1 Unterabfragen, die eine Zeile zurückgeben

Das eingangs gezeigte Einführungsbeispiel gehört zu dieser Gruppe der Unterabfragen, die nur einen Wert zurückgeben. Ein anderes Beispiel ist die Selektion eines bestimmten Datensatzes über den Primärschlüssel: »Zeige mir den Kunden mit der Kundennummer 56«. Dabei gelten folgende Bedingungen:

- Das Ergebnis der Unterabfrage gibt genau einen Wert zurück.
- Die Unterabfrage gibt genau eine Spalte (ein Feld) zurück.

Diese Art der Unterabfrage erzeugt also nichts anderes als einen Selektionswert für die Hauptabfrage. Aus diesem Grund arbeitet man bei dieser Art der Unterabfragen auch mit den bekannten Vergleichsoperatoren wie =, >, >=, < oder <=.

Weiterführende Beispiele

Das folgende Beispiel gibt einen Kunden zurück, der einer definierten Rechnungsnummer zugeordnet wird:

```
SELECT name FROM kunde WHERE kundennr =
   (
   SELECT kundennr FROM bestellung
   WHERE bestellnr = 10
   );
```

Das Ergebnis dieser Abfrage sieht dann wie in Abbildung 7.2 aus:

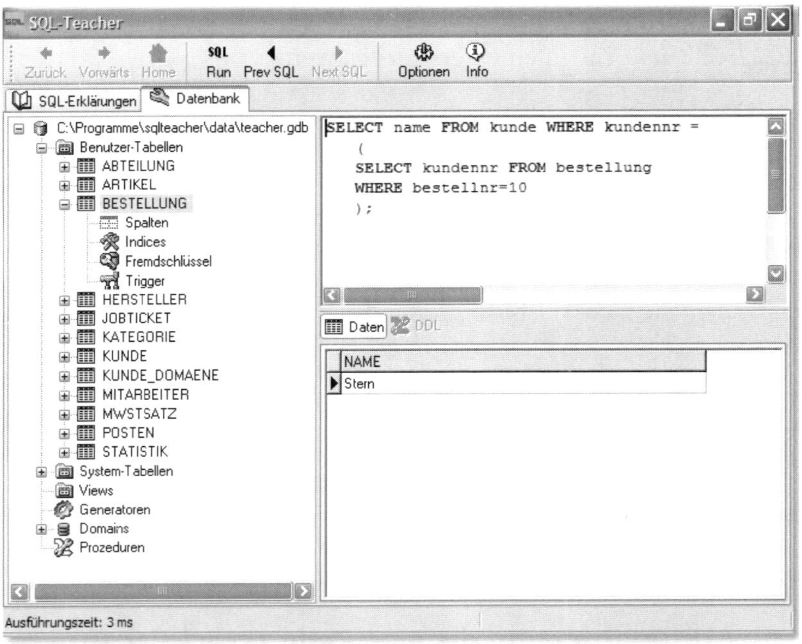

Abbildung 7.2 Unterabfrage, die eine Zeile zurückgibt

Unterabfragen, die eine Zeile zurückgeben, können, wie bereits erwähnt, häufig auch über normale Joins formuliert werden. In diesem Beispiel kann diese Abfrage auch wie folgt definiert werden:

```
SELECT name FROM kunde
   INNER JOIN bestellung
```

```
    ON kunde.kundennr = bestellung.kundennr
  WHERE bestellung.bestellnr = 10;
```

Ob Sie besser eine Unterabfrage oder einen Join verwenden, kann schwerlich mit einer Empfehlung versehen werden. Im Zweifel sollte der Befehl verwendet werden, der die bessere Ausführungsgeschwindigkeit aufweist, zu beantworten ist dies unter Umständen nur mit den Analysetools des jeweiligen Datenbanksystems.

Unterabfragen, die einen Wert liefern, sind insbesondere bei Fragestellungen, die berechnete Aggregatfunktionen (`MAX`, `AVG`) benötigen, interessant. Hierzu möchten wir Ihnen nun einige Beispiele nennen.

Beispiele

Im Folgenden werden alle Bestellungen aufgelistet, die einen überdurchschnittlichen Rechnungsbetrag haben:

```
SELECT bestellnr
FROM bestellung
WHERE rechnungsbetrag >
(
SELECT AVG(rechnungsbetrag) FROM bestellung
);
```

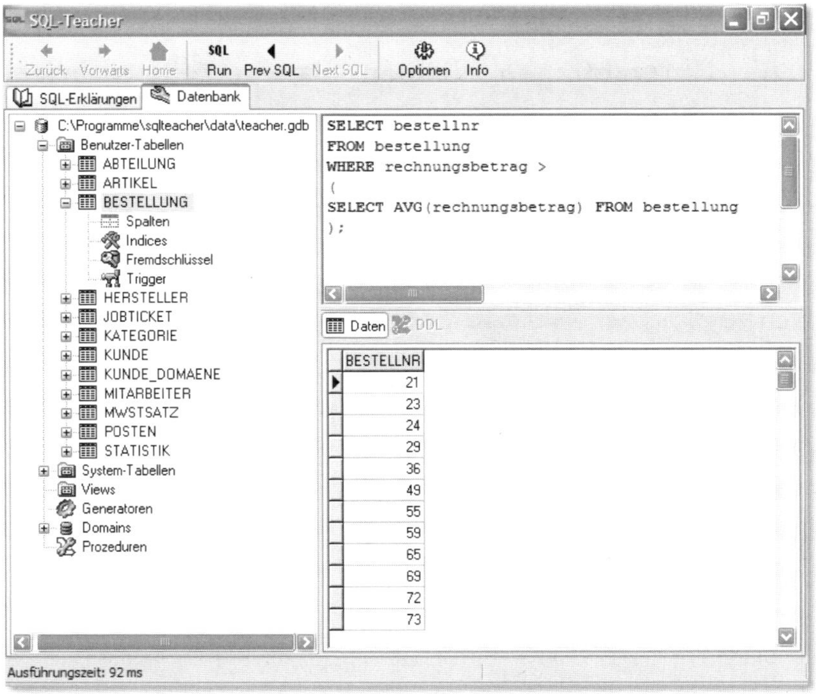

Abbildung 7.3 Ausgabe auf der Basis des Vergleichs mit einem Mittelwert

Falls Sie den durchschnittlichen Rechnungsbetrag ermitteln wollen, können Sie dies mit der alleinigen Ausführung der Unterabfrage tun:

```
SELECT AVG(rechnungsbetrag) FROM bestellung;
```

Ein anderes Beispiel ist die Suche nach dem neuesten Mitarbeiter. Hier suchen wir über den größten Datumswert:

```
SELECT name,vorname FROM mitarbeiter
   WHERE eintrittsdatum =
   (
   SELECT MAX(eintrittsdatum) FROM mitarbeiter
   );
```

So kann auch der Mitarbeiter gesucht werden, der zuerst angelegt wurde. Hier wird dann statt der Funktion `max()` die Funktion `min()` auf das Anlegedatum verwendet:

```
SELECT name,vorname FROM mitarbeiter
   WHERE eintrittsdatum =
   (
   SELECT MIN(eintrittsdatum) FROM mitarbeiter
   );
```

7.2 Unterabfragen, die mehr als eine Zeile zurückgeben

Eine Unterabfrage kann aber auch mehr als eine Zeile zurückgeben. Ein Beispiel hierfür ist die Selektion aller Bestellungen eines bestimmten Kunden. Wenn eine Unterabfrage mehrere Zeilen zurückgibt, ist der Einsatz von Mengenoperatoren notwendig, weil hier nicht mehr mit einem Wert verglichen wird, sondern mit allen Werten, die durch die Unterabfrage zurückgegeben werden.

Weiterführendes Beispiel

Sie haben eine Gehaltstabelle von Mitarbeitern und wollen wissen, ob jemand weniger verdient als der Mitarbeiter mit dem geringsten Gehalt der Abteilung »Vertrieb« (Abteilung = 5). Der Befehl hierfür lautet dann:

```
SELECT name, gehalt, abteilung
   FROM mitarbeiter
   WHERE gehalt < ALL
   (
   SELECT gehalt FROM mitarbeiter WHERE abteilung = 5
   );
```

Die Unterabfrage gibt alle Gehälter der Mitarbeiter der Abteilung »Vertrieb« aus. Der Mengenoperator `ALL` vergleicht dann, ob die Bedingung auf alle Zeilen der Unterabfrage zutrifft. In diesem Fall wird geprüft, ob ein Datensatz, der nicht die Abteilung 5 als Attribut trägt, kleiner als alle Datensätze der Unterabfrage ist.

Als Ergebnis erhalten Sie in der Übungssoftware fünf Mitarbeiter (siehe Abbildung 7.4).

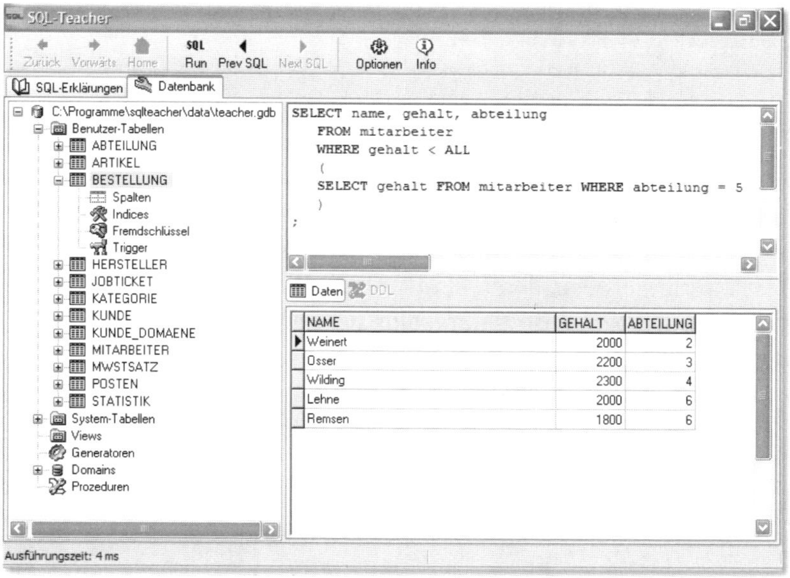

Abbildung 7.4 Unterabfrage mit dem Vergleichsoperator < ALL

Folgende Mengenoperatoren sind für Unterabfragen, die mehr als einen Datensatz zurückgeben, gültig:

Mengenoperatoren

Mengenoperator	Beschreibung
`vo ALL`	Prüft, ob die angegebene Bedingung auf alle Datensätze der Unterabfrage zutrifft. ALL wird immer mit einem Vergleichsoperator `vo` wie >, < >= oder <= verwendet.
`vo ANY`	Prüft, ob die angegebene Bedingung auf irgendeinen Datensatz der Unterabfrage zutrifft. ANY wird immer mit einem Vergleichsoperator `vo` wie >, < >= oder <= verwendet.
`IN`	Prüft, ob ein Wert in dem Ergebnis der Unterabfrage enthalten ist.
`EXISTS`	Prüft, ob die Bedingung auf mindestens einen Datensatz der Unterabfrage zutrifft, also mindestens ein Datensatz selektiert wird. Rückgabe ist TRUE oder FALSE (wahr oder falsch).

Anhand von Beispielen werden im Folgenden die verschiedenen Mengenoperatoren besprochen.

ALL

Der ALL-Operator wird verwendet, wenn eine Bedingung auf alle Zeilen der Unterabfrage passen soll. Sie suchen z. B. alle Mitarbeiter, die länger dem Unternehmen angehören als der dienstälteste Mitarbeiter der Abteilung »Vertrieb« (Abteilung = 5). Der Befehl hierfür lautet:

```
SELECT name, eintrittsdatum, abteilung
   FROM mitarbeiter
   WHERE eintrittsdatum < ALL
   (
   SELECT eintrittsdatum FROM mitarbeiter
   WHERE abteilung = 5
   );
```

Die Unterabfrage liefert hier eine Ergebnisliste mit allen Eintrittsdaten der Mitarbeiter der Vertriebsabteilung. In der Hauptabfrage werden alle Datensätze ausgegeben, deren Eintrittsdatum kleiner als alle (ALL) Datensätze der Unterabfrage ist. Im Ergebnis sieht diese Abfrage wie in Abbildung 7.5 aus:

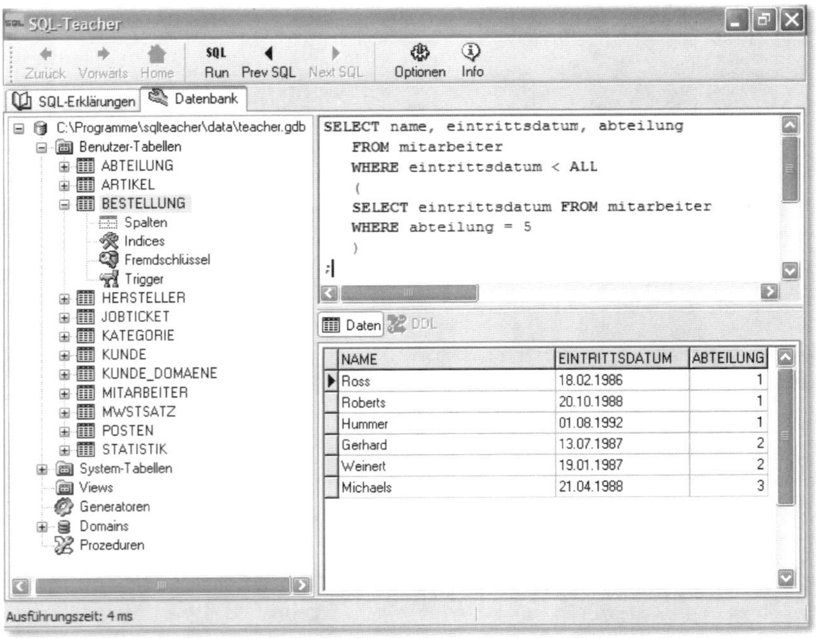

Abbildung 7.5 Der ALL-Operator in Unterabfragen

Natürlich kann es vorkommen, dass die Unterabfrage keinen Wert liefert, also leer ist. In diesem Fall kann die Hauptabfrage nicht erfüllt werden, liefert also falsch zurück.

Während der Operator ALL bewirkt hat, dass mit allen selektierten Datensätzen der Unterabfrage verglichen wurde, muss bei ANY nur irgendein Datensatz der Unterabfrage mit der Bedingung für die Hauptabfrage übereinstimmen. Während bei ALL der Vergleich mit dem größten Wert vorgenommen wurde, lautet bei ANY die Fragestellung, welcher Wert der Hauptabfrage größer als ein beliebiger Wert der Unterabfrage ist. ANY

Auf das zuvor gezeigte Gehaltsbeispiel bezogen, würde ANY bewirken, dass alle Personen gesucht werden, die weniger verdienen als der höchste Wert der Unterabfrage:

```
SELECT name, gehalt, abteilung
   FROM mitarbeiter WHERE gehalt < ANY
   (
   SELECT gehalt FROM mitarbeiter WHERE abteilung=5
   );
```

Während bei ANY und ALL mit Vergleichsoperatoren gearbeitet wurde, also mit Werten, die größer und kleiner als Vergleichswerte aus der Unterabfrage waren, prüft IN auf Übereinstimmungen mit dem Ergebnis der Unterabfrage. IN

In der Übungsdatenbank existiert zu der Mitarbeitertabelle noch eine Tabelle, in der gespeichert wird, ob der Mitarbeiter ein »Jobticket« besitzt. Sie wollen nun sicher wissen, welcher der Mitarbeiter ein gültiges Jobticket besitzt. Die Abfrage hierfür lautet dann wie folgt:

```
SELECT name FROM mitarbeiter WHERE mitarbeiternr
   IN
   (
   SELECT mitarbeiternr FROM jobticket
   WHERE gueltig_bis > CURRENT_DATE
   );
```

Natürlich kann auch mit NOT geprüft werden, ob keine Übereinstimmung mit der Unterabfrage besteht. Wenn Sie also wissen wollen, wer noch kein Jobticket hat, lautet die Abfrage:

```
SELECT name FROM mitarbeiter WHERE mitarbeiternr
   NOT IN
   (
```

```
    SELECT mitarbeiternr FROM jobticket
    WHERE gueltig_bis > CURRENT_DATE
    );
```

Auch an diesem Beispiel lässt sich zeigen, dass man Unterabfragen auch als Joins definieren kann. Die Frage, wer noch kein Jobticket besitzt, könnte auch über folgende Abfrage beantwortet werden:

```
SELECT m.name FROM mitarbeiter m
    INNER JOIN jobticket j
    ON m.mitarbeiternr = j.mitarbeiternr
    WHERE j.gueltig_bis > CURRENT_DATE;
```

An dieser Stelle sei noch einmal angemerkt, dass Firebird/InterBase im Gegensatz zu den meisten anderen Datenbanken kein AS für die Benennung von Aliassen verlangt.

EXISTS Während IN geprüft hat, ob ein identischer Vergleichswert für die Hauptabfrage in der Unterabfrage vorhanden ist, und dann auf dieser Basis Datensätze auswählt, prüft EXISTS generell nur, ob ein gültiger Wert in der Unterabfrage für die formulierte Abfrage existiert.

Bei EXISTS stellt deshalb keine Vergleichsspalte die Verbindung zwischen Haupt- und Unterabfrage her.

Das folgende Beispiel beantwortet die Frage, welche Mitarbeiter aus der Tabelle mitarbeiter auch in der Tabelle jobticket vorhanden sind:

```
SELECT name, abteilung FROM mitarbeiter
    WHERE EXISTS
    (SELECT * FROM jobticket
    WHERE mitarbeiter.mitarbeiternr
    = jobticket.mitarbeiternr
    );
```

Datensätze einschränken

Da EXISTS nur prüft, ob ein gültiger Vergleichswert in der Unterabfrage vorhanden ist, ist es zwingend notwendig, über mitarbeiter.mitarbeiternr = jobticket.mitarbeiternr die Ausgabe auf korrespondierende Datensätze einzuschränken. Anderenfalls würden alle Datensätze ausgegeben werden, weil bereits ein Eintrag in der Tabelle jobticket die Unterabfrage auf »gültig« setzt und damit dann alle Datensätze der Hauptabfrage ausgibt.

Sie können auch hier den Operator NOT verwenden. Wenn Sie also wissen möchten, welche Mitarbeiter kein Jobticket besitzen, lautet die Abfrage:

```
SELECT name, abteilung
FROM mitarbeiter
   WHERE NOT EXISTS
   (
   SELECT * FROM jobticket
   WHERE mitarbeiter.mitarbeiternr
   = jobticket.mitarbeiternr
   );
```

Sie können grundsätzlich auch mehr als eine Unterabfrage in einer Abfrage verwenden. Das weiter zurückliegende Beispiel der Selektion von Rechnungsbeträgen, die höher als der Durchschnitt sind, könnte so auch z. B. um die Selektion aller Kunden erweitert werden, die in Hamburg wohnen:

```
SELECT bestellnr FROM bestellung
   WHERE rechnungsbetrag >
   (
   SELECT AVG(rechnungsbetrag) FROM bestellung
   )
   AND kundennr IN
   (
   SELECT kundennr FROM kunde WHERE ort = 'Hamburg'
   );
```

Übungen [✎]

7.1 Geben Sie Bestelldatum und Kundennummer für die Bestellung mit dem höchsten Rechnungsbetrag aus, der jemals gestellt wurde.

7.2 Aus der Übungsdatenbank sollen alle Bestellungen der Kunden aus Hamburg ausgegeben werden. Formulieren Sie einen `SELECT`-Befehl mit einer Unterabfrage.

7.3 Ermitteln Sie alle Mitarbeiter, denen ein überdurchschnittliches Gehalt im Vergleich zum Unternehmensdurchschnitt gezahlt wird.

7.3 Regeln für die Verwendung von Unterabfragen

Zusammenfassend werden hier noch einmal die Regeln für die Verwendung von Unterabfragen aufgeführt:

- Eine Unterabfrage wird als rechtsseitiger Ausdruck, als Vergleich oder `EXISTS`-Bedingung eingesetzt.

- Die Unterabfrage ist in Klammern zu setzen.
- Wenn die Unterabfrage einen Datensatz als Ergebnis liefert, kann sie mit den Vergleichsoperatoren >, <, =, <= und >= eingeleitet werden. Ob nur ein Datensatz aus der Unterabfrage hervorgeht, ist unter Umständen durch die Formulierung des Befehls festzulegen.
- Liefert die Unterabfrage mehr als einen Datensatz, können keine Vergleichsoperatoren mehr eingesetzt werden. Hierfür stehen dann die Mengenoperatoren `ALL`, `ANY`, `IN` und `EXISTS` zur Verfügung.
- `ORDER BY` ist innerhalb einer Unterabfrage nicht zulässig.
- Innerhalb der Unterabfrage ist `UNION` nicht zulässig.

Hinweise zum Praxiseinsatz

Unterabfragen kommen häufig dann zum Einsatz, wenn eine Datenmenge in der Abfrage benötigt wird, die nicht durch einen Join zu ermitteln ist. Unterabfragen gehören zu den fortgeschrittenen SQL-Befehlen. Das Verständnis, wie die Unterabfrage aufzubauen ist, um das gewünschte Ergebnis zu erhalten, bedarf durchaus eingehender Übung. In vielen Fällen kann eine Unterabfrage auch durch einen Join ausgedrückt werden.

Datensätze müssen unter Umständen aktualisiert werden. Das geschieht in SQL mit dem UPDATE-Befehl.

8 Datensätze ändern (UPDATE)

Sie haben Datensätze eingefügt (mit `INSERT`) und auch abgefragt (mit `SELECT`). Natürlich unterliegen die Daten, die Sie in der Datenbank gespeichert haben, auch Veränderungen. Ein Kunde ist umgezogen, die Anschrift stimmt nicht mehr, ein anderer hat eine andere Telefonnummer, der dritte gibt endlich eine E-Mail-Adresse an. Ein Produkt ist teurer geworden, ein anderes billiger. Ein Mitarbeiter verdient mehr, ein anderer wechselt die Abteilung.

Um bestehende Daten zu ändern, stellt SQL den Befehl `UPDATE` zur Verfügung. Wenn Sie sich jetzt eine Tabelle mit Kunden vorstellen, besteht diese Tabelle aus einzelnen Datensätzen, die jeweils einen Kunden repräsentieren, und Spalten, die jeweils ein Attribut des Kunden darstellen.

Beim Ändern von Daten müssen Sie also grundsätzlich zwei Dinge beachten. Erstens müssen Sie den oder die richtigen Datensätze bestimmen, für die eine Änderung vorgenommen werden soll. SQL lässt die Änderung von mehreren Datensätzen gleichzeitig zu. Die zweite Aufgabe beim Ändern von Datensätzen besteht darin, die richtige Spalte zu aktualisieren.

Wenn Sie z. B. die Adresse eines Kunden ändern wollen, ändern Sie in der Regel die Postleitzahl, den Ort, die Straße und die Telefonnummer. Der Name bzw. das Geburtsdatum sollen dabei aber natürlich unverändert bleiben.

Einführungsbeispiel

Nehmen wir einmal an, dass der Kunde Johannes Stein umgezogen ist. Nun soll der Datensatz geändert werden.

Die Adresse lautete bisher:

Johannes Stein
Engeldamm 34
12487 Berlin

Nach dem Umzug lautet sie:

Johannes Stein
Elisabethenstr. 23
53111 Bonn

Der SQL-Befehl lautet dann wie folgt:

```
UPDATE kunde SET
   plz = '53111',
   strasse = 'Elisabethenstr. 23',
   ort = 'Bonn'
WHERE
   name = 'Stein' AND vorname = 'Johannes';
```

Anhand des Befehls können Sie hier schon die Funktionsweise nachvollziehen. Mit `UPDATE kunde` wird bestimmt, dass die Tabelle `kunde` aktualisiert werden soll, `SET` bestimmt die Felder, die aktualisiert werden sollen, und weist diesen einen Wert zu.

Sie sehen anhand des Beispiels, dass mehrere Spalten gleichzeitig geändert werden können, verschiedene Felder werden dabei einfach mit einem Komma getrennt. Sie sehen aber auch, dass bei einem `UPDATE`-Befehl nicht alle Felder aufgelistet werden, sondern nur die, die geändert werden sollen. Alle nicht aufgeführten Felder im `UPDATE`-Befehl bleiben unverändert. Die Auswahl des gewünschten Datensatzes erfolgt über die `WHERE`-Klausel.

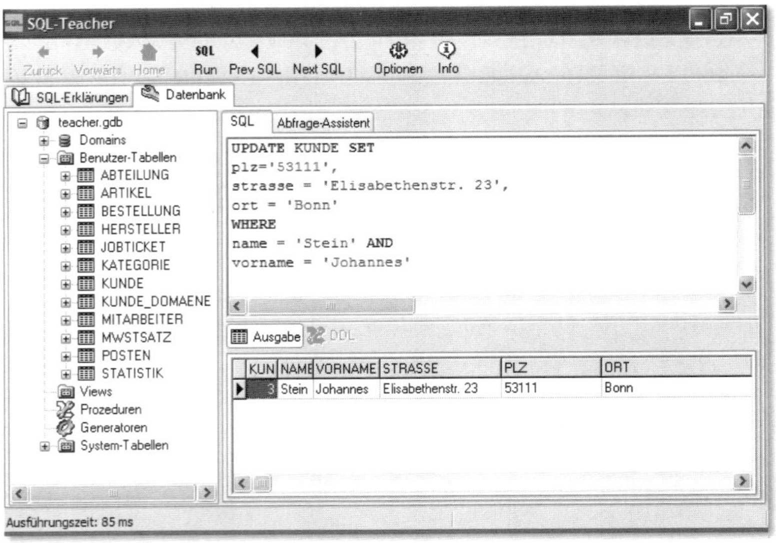

Abbildung 8.1 UPDATE

Da der UPDATE-Befehl bestehende Daten ändert, ist Vorsicht geboten. Falls Sie z. B. die WHERE-Klausel entfernen (oder vielleicht einfach vergessen), werden alle Datensätze aktualisiert, was meistens nicht gewünscht ist. Sie sollten also Ihre WHERE-Bedingung sorgfältig planen. Eindeutig können Sie einen Datensatz immer dann bestimmen, wenn Sie die Auswahlbedingung über den Primärschlüssel durchführen.

SQL-Syntax

Die allgemeine Syntax für UPDATE lautet:

```
UPDATE tabellenname
   SET spaltenname = Wert
WHERE Auswahlbedingung;
```

Mehrere Spalten können gleichzeitig aktualisiert werden, indem mehrere Felder durch Kommata getrennt angegeben werden:

```
UPDATE tabellenname
     SET spaltenname = Wert,
     spaltenname1 = Wert,
     spaltenname2 = Wert,
     [...]
WHERE Auswahlbedingung;
```

Der neue Wert, der einem Spalteninhalt zugewiesen werden soll, kann auch ein berechneter Wert sein und mit einer Funktion erzeugt werden.

Weiterführende Beispiele

Bei unserem Beispiel haben die Mitarbeiter Karin Koppes und Alexander Wilding die Abteilung gewechselt und arbeiten jetzt nicht mehr in der Abteilung »Einkauf«, sondern in der Abteilung »Support«. Die entsprechende Zuordnung soll deshalb in der Mitarbeitertabelle aktualisiert werden. Karin Koppes hat die Personalnummer 8, Alexander Wilding hat die Personalnummer 9. Die Abteilung »Support« hat die Nummer 2. Der SQL-Befehl lautet dann wie folgt:

```
UPDATE mitarbeiter
   SET abteilung = 2
WHERE
   mitarbeiternr = 9 OR mitarbeiternr = 8;
```

Es werden also aus allen Mitarbeiterdaten die beiden Personalnummern selektiert und mit der neuen Abteilungsnummer versehen. Alle anderen Datensätze und Felder bleiben inhaltlich unverändert.

Wie bereits erwähnt, kann der Wert, der einem Feld zugewiesen wird, auch berechnet werden. Angenommen, die Geschäftsleitung hat beschlossen, alle Gehälter der Mitarbeiter um 2 % zu erhöhen. Diese Aufgabe kann mit einem SQL-Befehl gelöst werden:

```
UPDATE mitarbeiter
   SET gehalt = gehalt*1.02;
```

Sie können also den aktuellen Feldinhalt nehmen und in diesem Fall mit einem Multiplikator aktualisieren. Genauso wäre es natürlich auch möglich, andere Rechenoperationen durchzuführen.

In der Praxis würden Sie wahrscheinlich den Betrag noch auf einen glatten Wert runden. Die Syntax der Rundungsfunktion ist allerdings vom Datenbanksystem abhängig. In vielen Datenbanksystemen erfolgt dies über `ROUND(gehalt*1.02,0)`.

[✎] **Übungen**

8.1 Welcher der folgenden Befehle aktualisiert das Feld `plz` für den Kunden mit der Kundennummer 53 auf den Wert 53229?

A) `UPDATE kunde SET plz=53229 WHERE kundennr=53;`

B) `UPDATE kunde SET plz=53111 WHERE kundennr=53;`

C) `UPDATE kunde SET plz=53229;`

8.2 Luise Lehne (Personalnummer 14) hat geheiratet und heißt jetzt Luise Klammer. Geben Sie den Befehl an, mit dem Sie in der Tabelle `mitarbeiter` den Datensatz aktualisieren.

8.3 Der Mindestbestand bei Festplatten soll generell auf den Wert 15 aktualisiert werden.

8.4 Aus der Artikelkategorie (Tabelle `kategorie`) soll die Kategorie mit der Bezeichnung »Drucker« umbenannt werden in »Drucker- und Druckerzubehör«.

8.1 Unterabfragen in UPDATE-Befehlen

Unterabfragen können auch in `UPDATE`-Befehlen verwendet werden.

Sie wollen das Gehalt aller Mitarbeiter, die kein Jobticket besitzen, um 30 Euro erhöhen, um den Vorteil, den Mitarbeiter mit Jobticket haben, auszugleichen. Sie können hierbei über eine Unterabfrage alle Mitarbeiter, die im Augenblick kein Jobticket besitzen, auswählen und deren Datensätze anschließend aktualisieren. Der Befehl hierfür lautet:

```
UPDATE mitarbeiter SET gehalt = gehalt + 30
  WHERE mitarbeiternr
```

```
NOT IN
(
SELECT mitarbeiternr FROM jobticket
WHERE gueltig_bis > CURRENT_DATE
);
```

Nach Ausführung des Befehls ist das Gehalt aller Mitarbeiter, die kein Jobticket haben, um 30 Euro erhöht worden.

Hinweise zum Praxiseinsatz

Der `UPDATE`-Befehl besitzt eine einfache Syntax. Ein falsch formulierter `UPDATE`-Befehl kann aber den Datenbestand ungewollt und unumkehrbar verändern. Deshalb sollte jeder `UPDATE`-Befehl mit der nötigen Umsicht eingesetzt werden. Eine UNDO-Funktion kennt SQL nicht. Oft ist es hilfreich, die Selektionsbedingung für den `UPDATE`-Befehl zuerst mithilfe eines `SELECT`-Befehls zu überprüfen.

Datensätze werden angelegt, geändert und irgendwann vielleicht auch einmal gelöscht. Wie Datensätze anlegt und geändert werden, war Inhalt der letzten Kapitel. Hier erfahren Sie, wie Sie nicht mehr gebrauchte Daten löschen können – und ob Sie das auch wieder rückgängig machen können.

9 Datensätze löschen (DELETE FROM)

Zum Löschen von Datensätzen steht unter SQL der Befehl `DELETE` zur Verfügung. Dass Sie nicht mehr benötigte Daten löschen sollten, muss ja nicht weiter begründet werden. Sie können dann den Computer und die Datenbank selbst besser warten, und das auch unabhängig von der Festplattengröße neuerer Geräte. So können Sie dann auch die Zugriffe einfacher und schneller handhaben.

Allerdings birgt es auch gewisse Risiken, etwas zu löschen. Hier gilt erst einmal die Regel, dass gelöschte Datensätze nicht wiederherstellbar sind. Theoretisch gibt es die Möglichkeit, mit `ROLLBACK` eine Löschung wieder zurückzunehmen – mehr dazu finden Sie in Kapitel 11, »Transaktionen« –, aber das hängt mal wieder vom Datenbanksystem ab, das Sie benutzen. Vergewissern Sie sich also lieber, dass Sie genau die Daten löschen, die Sie auch löschen wollen.

Denken Sie dabei auch an eventuell angelegte Fremdschlüssel: Denen konnten Sie ja eine Anweisung mitgeben, wie eine abhängige Tabelle auf Löschungen in der Vatertabelle reagieren soll. Standardmäßig kann bei Definition eines Fremdschlüssels und dem Vorhandensein von abhängigen Datensätzen der entsprechende Datensatz nicht gelöscht werden. Schlagen Sie dazu bitte in Abschnitt 3.4.2, »Fremdschlüssel (FOREIGN KEY)«, nach.

Wenn Sie die Datensätze einer Tabelle löschen, kann sich das also auch auf andere Tabellen auswirken – oder eventuell auch gar nicht durchgeführt werden: Die Anweisung `ON DELETE NO ACTION` verhindert, dass Sie in der Vatertabelle Datensätze löschen, auf die sich Datensätze der abhängigen Tabelle beziehen.

Einführungsbeispiel Nehmen wir an, der Kunde Rainer Zwilling wurde zweimal in die Tabelle aufgenommen. Sie wollen nun einen der Einträge löschen. Nachdem Sie sich für den Datensatz mit der Kundennummer 10 entschieden haben, gehen Sie so vor:

```
DELETE FROM kunde
   WHERE kundennr = 10;
```

SQL-Syntax Grundsätzlich sieht der `DELETE`-Befehl wie folgt aus:

```
DELETE FROM tabellenname
   [WHERE auswahlbedingung];
```

Sie geben die Tabelle an, aus der Sie etwas löschen wollen, und schränken in der Bedingung die Datensätze ein, die Sie entfernen wollen. Ohne `WHERE` und Auswahlbedingung wird der ganze Inhalt der Tabelle gelöscht. Das ist aber nur in den seltensten Fällen nötig. Die Tabellendefinition bleibt bestehen, auch wenn Sie den kompletten Inhalt der Tabelle löschen.

Die Auswahlbedingung selbst können Sie als einfachen Vergleich ausgestalten oder mit einer Unterabfrage kombinieren. Inzwischen bereitet Ihnen der Umgang mit `WHERE` ganz sicher keine Schwierigkeiten mehr.

Beim Löschen von Datensätzen werden natürlich auch die Integritätsregeln der Datenbank berücksichtigt. Wenn ein Fremdschlüssel für eine Tabelle existiert und noch Datensätze in der zugehörigen Tochtertabelle existieren, wird das Datenbanksystem das Löschen der oder des entsprechenden Datensatzes ablehnen. In unserer Übungsdatenbank läge dieser Fall vor, wenn in der Tabelle `bestellung` mindestens ein Datensatz existiert, der einem Kundendatensatz über den Fremdschlüssel in der Tabelle `kunde` zugeordnet ist. Sie können einen solchen Kundendatensatz dann nicht löschen, wenn nicht der Fremdschlüssel in der Tabellendefinition mit `ON DELETE CASCADE` definiert wurde.

SQL-Teacher Sie können die Wirkung von Fremdschlüsseln in der Übungsdatenbank nachvollziehen. Der folgende Befehl soll den Datensatz des Kunden mit der Kundennummer 1 löschen:

```
DELETE FROM kunde
 WHERE kundennr = 1;
```

Da noch mindestens ein Datensatz in der Tabelle `bestellung` existiert, lässt die Datenbank das Löschen des Datensatzes nicht zu und quittiert dies mit einer Verletzung der Fremdschlüsselbedingung (siehe Abbildung 9.1).

Mit dem `DELETE`-Befehl können Sie nur jeweils in einer Tabelle Datensätze gleichzeitig löschen. Wenn Sie Datensätze aus mehreren Tabellen löschen, müssen Sie das hintereinander mit mehreren `DELETE`-Befehlen bewerkstelligen. Hierbei sind dann die Integritätsregeln zu beachten. Sie löschen zuerst die Datensätze aus der abhängigen Tochtertabelle und dann die gewünschten Datensätze aus der Vaterrelation.

Weiterführendes Beispiel

Die Geschäftsleitung der Beispielfirma stellt überrascht fest, dass 3,5-Zoll-Disketten überhaupt nicht mehr laufen. Da auch mehrere Aktionen mit niedrigen Preisen keine Veränderung gebracht haben, werden die Restbestände an das Deutsche Museum in München geschickt und die Kategorie »3,5-Zoll-Disketten« und alle entsprechenden Angebote gelöscht.

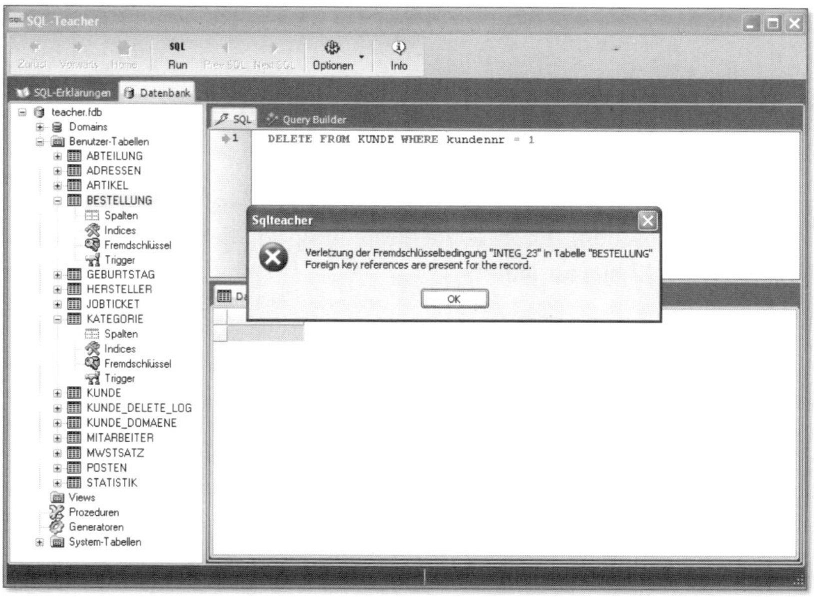

Abbildung 9.1 Integritätsregeln (hier Fremdschlüssel) werden von der Datenbank beim Löschen berücksichtigt.

Wenn alle abhängigen Tabellen mit `ON DELETE CASCADE` verknüpft sind, müssen Sie nur die Kategorie löschen:

```
DELETE FROM kategorie
   WHERE bezeichnung = '3,5-Zoll-Disketten';
```

Ansonsten müssen Sie noch die einzelnen Angebote löschen:

```
DELETE FROM artikel
   WHERE kategorie = Nummer;
```

`Nummer` stellt hier die ID der Kategorie für die 3,5-Zoll-Disketten dar (in der Beispieldatenbank die ID 11).

[✎] **Übungen**

9.1 Der Kunde Paul Steuer storniert seine Bestellung mit der Nummer 60. Beachten Sie, dass eine Bestellung aus verschiedenen Posten bestehen kann.

9.2 Die Firma Canon nimmt das Modell i250 aus dem Programm, es kann deshalb nicht mehr nachbestellt werden. Der Mindestbestand muss auf `0` gesetzt werden. Sobald der letzte Drucker verkauft ist, soll das Angebot aus der Tabelle `artikel` gelöscht werden.

9.1 Unterabfragen in DELETE-Befehlen

Ebenso wie in `UPDATE`-Befehlen können Unterabfragen grundsätzlich auch in `DELETE`-Befehlen verwendet werden. Sie wollen beispielsweise alle Kunden löschen, deren letzte Bestellung vor dem 1. Januar 2004 liegt. Der Befehl hierfür lautet:

```
DELETE FROM kunde WHERE kundennr
   IN
   (
   SELECT kundennr FROM bestellung GROUP BY kundennr
   HAVING MAX(bestelldatum) < '2004-01-01'
   );
```

In der Unterabfrage werden alle Kundennummern selektiert, deren letzte Bestellung vor dem 1. Januar 2004 liegt. Dies wird in der Form durchgeführt, dass die Rechnungen über die Kunden gruppiert werden und innerhalb des jeweiligen Kunden geprüft wird, ob das letzte Rechnungsdatum (`MAX(bestelldatum)`) vor dem gewählten Datum liegt. Alle Kunden-IDs, die von der Unterabfrage zurückgegeben werden, werden dann über den `DELETE`-Befehl gelöscht.

Nun müssen Sie auch beim Einführungsbeispiel die Kundennummer von Rainer Zwilling gar nicht mehr heraussuchen, sondern lösen dieses Problem mit einer Unterabfrage:

```
DELETE FROM kunde
WHERE kundennr =
(
   SELECT MAX(kundennr)
   FROM kunde
   WHERE name = 'Zwilling' AND vorname = 'Rainer'
);
```

Hinweise zum Praxiseinsatz

Löschbefehle beinhalten immer das Risiko, dass aufgrund einer fehlerhaft formulierten Abfrage Daten unabsichtlich gelöscht werden. Wer auf Nummer sicher gehen will, führt den Befehl zuerst mit einem `SELECT` aus und prüft, ob die gewünschten Datensätze selektiert werden.

Übung

[✎]

9.3 Löschen Sie alle Hersteller aus der Herstellertabelle, von denen Sie keine Produkte führen.

Um die Arbeit mit der Datenbank transparenter und sicherer zu machen, kann man mit einem View ein definiertes Ausschnittfenster über die Datenbank legen.

10 Datensichten

10.1 Datensicht erstellen (CREATE VIEW)

Wie bereits beschrieben, können mit dem `SELECT`-Befehl Tabellen abgefragt werden. Bei Abfragen über mehrere Tabellen werden die Tabellen über die Joins miteinander verknüpft. Um Abfragen zu speichern, kennen Datenbanken das Konzept der **Views** oder Sichten. Views enthalten keine Daten, sondern verweisen nur auf die entsprechenden Spalten der jeweiligen Basistabellen. Views werden deshalb häufig auch als **virtuelle** oder **imaginäre Tabellen** bezeichnet. Abbildung 10.1 zeigt das Konzept der Views: Da Views sich wie normale Tabellen verhalten, ist es sinnvoll, den View-Namen ein Präfix zu geben, um sofort zu erkennen, dass es sich hierbei um einen View handelt (z. B. `CREATE VIEW v_umsatz, ...`).

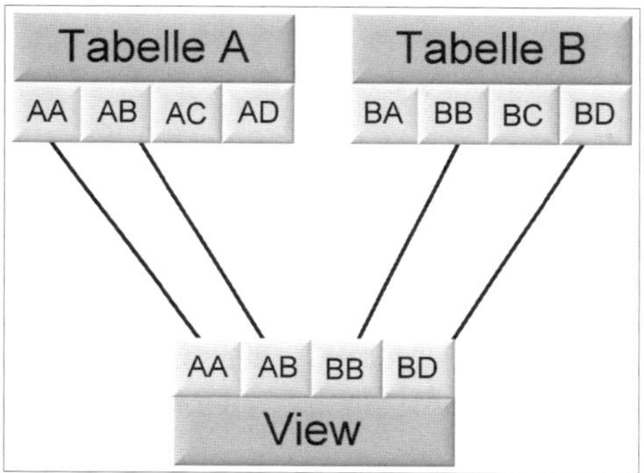

Abbildung 10.1 Prinzip von Views

Einführungsbeispiel

Im folgenden Einführungsbeispiel soll eine Telefonliste erstellt werden, die einen Auszug aus der Mitarbeitertabelle darstellt. Da alle Mitarbeiter darauf zugreifen sollen, soll sie als View in der Datenbank gespeichert werden. In einer einfachen Form wird ein View beispielsweise folgendermaßen erstellt:

```
CREATE VIEW v_telefonliste
   AS
   SELECT Name, Vorname, Telefonnummer, mitarbeiternr
   FROM Mitarbeiter;
```

Views, die nur aus einer Basistabelle stammen und keine Funktionen oder arithmetischen Funktionen (virtuelle Spalten) enthalten, können grundsätzlich genauso behandelt werden wie alle Tabellen. So sind die SQL-Befehle `SELECT`, `INSERT`, `UPDATE` und `DELETE` auch auf Views anwendbar. Sie können also die Daten dieses Views mit einem

```
SELECT * FROM v_telefonliste;
```

wie bei einer normalen Tabelle abfragen.

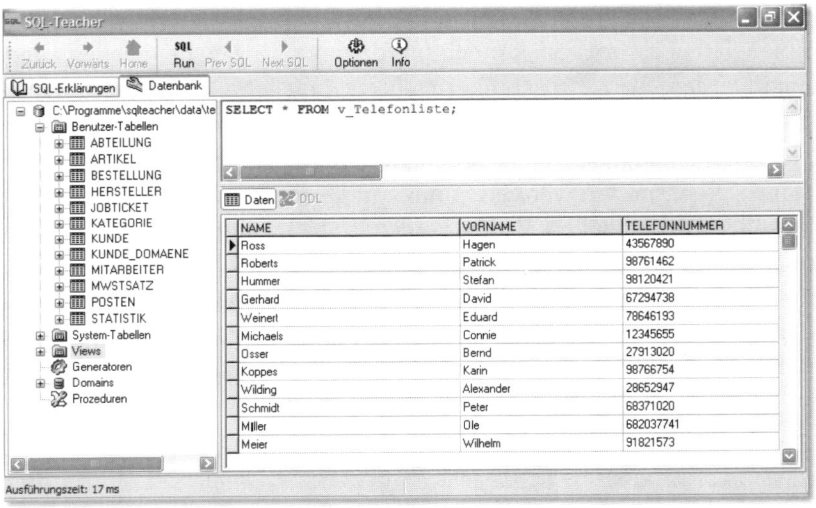

Abbildung 10.2 Views können wie Tabellen abgefragt werden.

Bei Views, die auf mehrere Tabellen verweisen, sind diese Operationen eingeschränkt. Wichtig ist hier, dass die logische Bedingung erfüllt ist, also die Änderungen im View eindeutig auch eine Änderung der Basistabellen erlauben. Im weiteren Verlauf dieses Kapitels wird dieses Verhalten noch näher erläutert.

Vorteile

Die Vorteile von Views bestehen in folgenden Punkten:

- Views bieten die Möglichkeit, einen eingeschränkten Zugriff auf Informationen der Datenbank einzurichten.

- Vereinfachung komplexer Datenbanklogik. Ein Update auf einen View, der aus mehreren Tabellen besteht, ist einfacher als ein Update aller Basistabellen.
- Resultate von Berechnungen müssen nicht in die Basistabellen mit aufgenommen werden.

Nachteile

Allerdings stehen diesen Vorteilen auch einige Nachteile entgegen:

- Längere Laufzeit der Abfrage. Dieses schlechtere Zeitverhalten ist darauf zurückzuführen, dass erst die Analyse des Views und dann der entsprechenden Basistabellen erfolgt.
- Views benötigen temporären Speicherplatz.

SQL-Syntax

Die allgemeine Syntax für die Erstellung von Views lautet:

```
CREATE VIEW viewname [(spaltenliste)]
   AS
   auswahlbedingung;
```

Die Auswahlbedingung ist dabei immer ein `SELECT`-Befehl, der beliebig komplex sein kann. Sie können hier also auch Joins oder Unterabfragen verwenden. Falls Sie den Inhalt des Views vor der Erstellung erst einmal überprüfen wollen, können Sie den `SELECT`-Befehl zunächst getrennt ausführen. Hinzuweisen ist noch darauf, dass der Name des Views (`viewname`) für jede Datenbank nur einmal vergeben werden kann. Da ein View über eine Auswahlbedingung definiert wird, können auch berechnete Spalten oder Joins vorkommen. In diesem Fall muss die Spaltenliste definiert werden, ansonsten ist diese optional. Wenn keine Spaltenliste angegeben wird, werden die Spaltennamen der unterlegten Tabelle(n) verwendet. Die Spaltennamen dürfen nicht doppelt vorkommen.

Weiterführende Beispiele

Das folgende Beispiel berechnet für eine Rechnungstabelle einen Bruttopreis aus der Multiplikation eines Nettopreises mit dem Mehrwertsteuersatz 19 %:

```
CREATE VIEW v_rechnung (netto, brutto)
   AS
   SELECT rechnungsbetrag, rechnungsbetrag * 1.19
   FROM bestellung;
```

Natürlich kann die Auswahlbedingung auch verwendet werden, um Datensätze zu gruppieren. Wenn Sie z. B. die Gesamtumsatzsumme pro Kunde aus Ihrer Auftragsliste erstellen wollen, würde ein View hier wie folgt aussehen:

```
CREATE VIEW v_umsatz (kundennr, umsatz)
   AS
   SELECT kundennr,sum(rechnungsbetrag)
   FROM bestellung
   GROUP BY kundennr;
```

Views werden häufig eingesetzt, um Abfragen mit Joins zu vereinfachen. Man würde hier den komplexen Join durch einen View definieren und müsste danach immer nur eine einfache Abfrage auf den View erstellen. Das folgende Beispiel zeigt die Vereinfachung der Abfrage von Rechnungspositionen. Um alle Bestellungen eines Kunden mit den bestellten Artikeln abzufragen, muss eine Abfrage über die Tabellen `kunde`, `bestellung`, `posten` und `artikel` erstellt werden:

```
CREATE VIEW v_bestellungen
   AS
   SELECT k.kundennr, k.name, k.vorname, b.bestelldatum,
      b.bestellnr, a.bezeichnung
   FROM kunde k
   INNER JOIN bestellung b ON k.kundennr = b.kundennr
   INNER JOIN posten p ON b.bestellnr = p.bestellnr
   INNER JOIN artikel a ON p.artikelnr = a.artikelnr;
```

Sie haben diesen `SELECT`-Befehl bereits bei der Besprechung der Joins kennengelernt. Ist dieser View einmal definiert, können Abfragen mit dem einfacheren Befehl

```
SELECT * FROM v_bestellungen ORDER BY kundennr;
```

erstellt werden.

[✎] **Übungen**

10.1 Erstellen Sie einen View mit dem Namen `v_hamburger_kunden`, der die Spalten `name`, `vorname`, `strasse`, `plz` und `ort` aus der Tabelle `kunde` und nur Kunden aus Hamburg enthält.

10.2 Erstellen Sie einen View mit dem Namen `v_artikelliste`, der die Artikelbezeichnung, den Nettopreis und den Namen des Herstellers enthält.

10.2 Verhalten von Datensichten beim Aktualisieren

Datensichten verhalten sich grundsätzlich wie normale Tabellen. Es können also Datensätze aktualisiert (`UPDATE`) oder neue Datensätze (`INSERT`) gespeichert werden. Das Verhalten von Views können Sie am besten studieren, wenn Sie einfach einmal Datensätze in einen View einfügen. So können Sie in den erstellten Telefonlisten-View aus dem Einführungsbeispiel einen Datensatz einfügen:

```
INSERT INTO v_telefonliste
   (name, vorname, telefonnummer, mitarbeiternr)
   VALUES ('Meier','Hermann', '0221/8493202222', '999');
```

Da der View eine virtuelle Tabelle ist, wird der Datensatz in der Ausgangstabelle `mitarbeiter` gespeichert. Sie können dies mit einem

```
SELECT name, vorname, telefonnummer
   FROM mitarbeiter
   WHERE mitarbeiternr = '999';
```

kontrollieren. Analog würde ein `UPDATE` auf den View funktionieren.

»Je nach Aufbau der Selektionsbedingungen« heißt hier allerdings grundsätzlich, dass in der Mehrzahl der Fälle eine Datensicht aufgrund der inneren Logik nicht aktualisiert werden kann. Wenn Sie z. B. in den View `v_umsatz` des letzten der bereits genannten weiterführenden Beispiele einen Datensatz einfügen wollten, würde das nicht gelingen. Sie können einmal versuchen, den folgenden Befehl auszuführen:

```
INSERT INTO v_umsatz (kundennr, umsatz) VALUES (10, 300);
```

Das Datenbanksystem wird die Speicherung eines Datensatzes ablehnen.

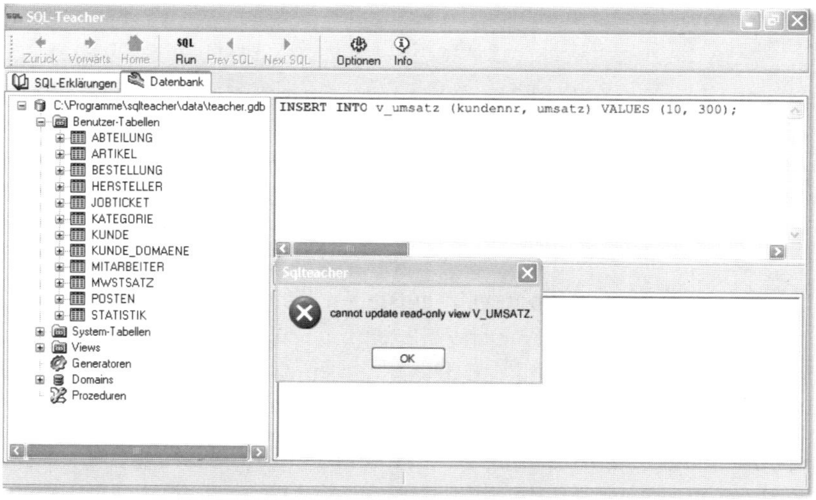

Abbildung 10.3 Nicht schreibbare Views

Wenn Sie sich den Aufbau des Views noch einmal vergegenwärtigen, ist diese Verhaltensweise des Datenbanksystems aber auch leicht nachvollziehbar. So wurde der Umsatz aus der Summe aller Rechnungsbeträge eines Kunden ermittelt. Dieser Wert setzt sich also aus verschiedenen Datensätzen der Ausgangstabelle zusammen und ist nicht in der Ausgangstabelle vorhanden.

Read-only-View

Alle Views, die nicht aktualisiert werden können, bezeichnet man als **Read-only-Views**. Ob ein View aktualisiert werden kann oder ob es sich um einen Read-only-View handelt, kann man häufig aus dem Befehl, mit dem der View erzeugt wurde, herauslesen. So sind alle Views »read-only«, die folgende Merkmale haben:

- Die Spalten werden aus mehr als einer Tabelle erzeugt.
- `GROUP BY`-Klauseln werden verwendet.
- Verwendung von Funktionen und arithmetischen Ausdrücken (z. B. `SUM`)
- Die Auswahlbedingung wird durch eine Unterabfrage erzeugt.

Im Folgenden noch ein Beispiel eines Views, der mithilfe eines Joins aus mehreren Tabellen erzeugt wird. Die Ausgangstabellen befinden sich nicht in unserer Übungsdatenbank:

```
CREATE VIEW v_kurse AS
   SELECT kt.Vorname, kt.Name, k.bezeichnung
   FROM kursbelegung kb
   INNER JOIN kurse k ON k.ID=kb.Kurse_ID
   INNER JOIN kursteilnehmer kt ON kt.ID=kb.teilnehmer_ID
```

So würde der folgende Befehl zum Einfügen eines Datensatzes fehlschlagen:

```
INSERT INTO v_kurse
   (vorname,name,bezeichnung)
   VALUES ('Hans', 'Meier', 'Deutsch')
```

Schreibbare Views

Genauso, wie man Grundregeln aufstellen kann, wann ein Read-only-View vorliegt, kann man auch Fälle definieren, wann ein View in der Regel aktualisiert werden kann. Die Daten eines Views können geändert werden, wenn folgende Bedingungen zutreffen:

- In der Auswahlbedingung wird nur eine Tabelle verwendet.
- In der Auswahlbedingung ist kein `DISTINCT` enthalten.

- Die Spalten der Views enthalten keine Konstanten, Ausdrücke oder Aggregatfunktionen.
- Die Auswahlbedingung enthält keine Unterabfrage.
- Die Auswahlbedingung enthält keine `GROUP BY`- oder `HAVING`-Klauseln.

10.3 Aktualisieren mit Prüfoption

Views können, wie im letzten Kapitel beschrieben, grundsätzlich über `INSERT` oder `UPDATE` aktualisiert werden.

Da Views häufig benutzt werden, wenn nur eine definierte Datenauswahl angezeigt werden soll, ist es nicht sinnvoll, dass Datenaktualisierungen vorgenommen werden können, die dann nicht in dieser definierten Sicht erscheinen. Denken Sie z. B. an eine Datensicht, die einem Supportmitarbeiter unserer Beispielfirma nur Kunden anzeigt, die auch registrierte Softwarekunden sind. Nicht angezeigt werden beispielsweise Kunden aus dem Bereich »Hardware«. Es ist dabei nicht sinnvoll, dass der Supportmitarbeiter eine Aktualisierung von Kunden vornimmt, die nicht in seinen Bereich fallen. Zum einen ist dies vielleicht aus Organisationsgründen nicht gewünscht, zum anderen aber würde er auch nach einer Änderung die entsprechenden Datensätze nicht angezeigt bekommen, weil die Datensicht gar nicht diese Daten ausgibt. Um dies zu vermeiden, kennt der `CREATE VIEW`-Befehl noch die Option `WITH CHECK OPTION`.

Einführungsbeispiel

Nehmen wir an, dass in einem View, der nur männliche Namenseinträge enthält, die durch eine Spalte `Geschlecht` (`m`) gekennzeichnet sind, Updates, die kein `m` in der Spalte `Geschlecht` haben, abgelehnt werden sollen. (Diese Tabelle befindet sich nicht in der Übungsdatenbank.)

Die Definition des Views würde in diesem Beispiel wie folgt aussehen:

```
CREATE VIEW v_maenner
   AS SELECT Name, Geschlecht
   FROM namen WHERE Geschlecht='m'
   WITH CHECK OPTION;
```

Wenn Sie jetzt versuchen, mit

```
INSERT INTO v_maenner VALUES ('Andrea', 'w');
```

einen Datensatz einzufügen, würde dies mit einer Fehlermeldung quittiert werden. Analog würde auch ein Update eines Datensatzes abgelehnt werden.

SQL-Syntax

Die Prüfoption ist eine zusätzliche Option zur bereits in Abschnitt 10.1, »Datensicht erstellen (CREATE VIEW)«, beschriebenen SQL-Syntax:

```
CREATE VIEW viewname [spaltenliste]
   AS auswahlbedingung [WITH CHECK OPTION]
```

Diese Option bewirkt, dass eine Aktualisierung der beteiligten Tabellen (`UPDATE`, `INSERT`) bei einem Widerspruch zur Selektion für die Datensicht nicht durchgeführt wird.

WITH CHECK OPTION

Die Prüfoption `WITH CHECK OPTION` wird nicht von allen Datenbanksystemen unterstützt.

[✎] **Übung**

10.3 Erstellen Sie einen View mit dem Namen `v_abt_support`, der alle Mitarbeiter der Abteilung »Support« ausgibt. Legen Sie den View mit der Option `WITH CHECK OPTION` an.

10.4 Views ändern und löschen (DROP VIEW)

Natürlich kann es vorkommen, dass Sie bereits definierte Views ändern wollen. Ein Befehl zum Ändern bestehender Views existiert nicht. Stattdessen müssen Sie einen View löschen und anschließend mit einer veränderten Definition neu anlegen. Der Befehl zum Löschen eines Views lautet:

```
DROP VIEW viewname
```

Wenn Sie also den bereits angelegten View `v_telefonliste` wieder löschen wollen, lautet der Befehl:

```
DROP VIEW v_telefonliste
```

Das Löschen eines Views kann aber fehlschlagen, wenn Abhängigkeiten zu diesem View bestehen. Ein Beispiel hierfür wäre die Verwendung des Views innerhalb eines anderen Views. SQL kennt deshalb für das Löschen von Views noch die Optionen `RESTRICT` und `CASCADE` in der Form

```
DROP VIEW viewname {RESTRICT | CASCADE}
```

Bei RESTRICT kann der View nur gelöscht werden, wenn keine Abhängigkeiten bestehen. CASCADE dagegen löscht diese Abhängigkeiten beim Löschen des Views gleich mit.

Eingeschränkte Unterstützung

RESTRICT und CASCADE werden nicht von allen SQL-Datenbanken unterstützt.

Hinweise zum Praxiseinsatz

Views sind ein geeignetes Mittel, um komplexe Strukturen des Datenmodells zu vereinfachen. Der Einsatz von Views ist dann ratsam, wenn Strukturen vereinfacht werden sollen. Der Einsatz von Views sollte aber immer kritisch unter dem Aspekt der Übersichtlichkeit überdacht werden. Da Views sich nach außen wie normale Tabellen verhalten, bedeutet jeder View auch ein zusätzliches Datenbankobjekt, das verwaltet werden muss.

Übung

10.4 Erstellen Sie einen View mit dem Namen v_kunde_bonn, der alle Kunden aus Bonn beinhaltet. Löschen Sie anschließend diesen View wieder.

Die Datenkonsistenz gehört zu den wichtigsten Themen des Datenbankbetriebs. Im Mehrbenutzerbetrieb muss daher sichergestellt sein, dass weder parallel ablaufende Befehle noch Software- oder Hardwareschäden die Datenintegrität negativ beeinflussen. Befehle und Befehlsabfolgen werden deshalb in logischen Einheiten (Transaktionen) zusammengefasst.

11 Transaktionen

Datenbanksysteme sind so ausgelegt, dass nach Möglichkeit immer die Datenintegrität gewährleistet ist. Unter **Datenintegrität** ist hierbei einfach zu verstehen, dass keine Speicher- oder Updatevorgänge die Korrektheit der Daten verändern. An einem Beispiel möchten wir Ihnen dies erläutertern:

Angenommen, Sie sind in Ihrem Unternehmen für den Vertrieb von Computern und Zubehör zuständig. Sie wickeln den Versand mit einer Softwareanwendung ab, die Verfügbarkeit, Liefer- und Rechnungsinformationen aus der Datenbank ausliest bzw. in dieser speichert. Die Anwendung schaut dabei bei einer Bestellung in der Datenbank nach, ob der entsprechende Bestand vorhanden ist, zieht die bestellte Menge vom vorhandenen Bestand ab und erstellt eine entsprechende Lieferliste für den Versand. Im nächsten Schritt wird normalerweise von der Software automatisch aus der Lieferliste ein entsprechender Rechnungsdatensatz erstellt, der später im Rahmen einer Monatsrechnung ausgedruckt werden kann. In diesem Moment allerdings fällt der Strom kurz aus, sodass kein Rechnungsdatensatz erzeugt wird. Da alle Rechnungsdatensätze erst am Monatsende für die Rechnung ausgedruckt werden, fällt diese Fehlfunktion auch nicht unbedingt auf. Die Konsequenzen sind allerdings beträchtlich. Da die bestellten CDs nicht fakturiert werden, entsteht ein entsprechender Verlust.

Um solche Fehlfunktionen zu vermeiden, gibt es in Datenbanken sogenannte Transaktionen. **Transaktionen** bezeichnen zusammenhängende Befehle, die als Einheit behandelt werden. Oder einfacher ausgedrückt: Entweder werden alle Befehle einer Transaktion ausgeführt oder gar keiner. In dem geschilderten Beispiel wäre es also besser, alle Aktionen, die mit der Bestellung der CDs zusammenhängen, als eine Transaktion zu definieren. Der Ablauf in der Datenbank wäre dann wie folgt:

- Die CD-Information wird aus der Datenbank ermittelt.
- Falls die CD verfügbar ist, wird die verfügbare Anzahl um die Anzahl der bestellten CDs verringert.
- Es wird ein Datensatz für den Lieferschein erstellt.
- Es wird ein Datensatz für die Rechnung erzeugt.
- Erst wenn alle Befehle erfolgreich abgearbeitet sind, werden die Ergebnisse dauerhaft in die Datenbank geschrieben. Bei einem Fehler würde kein einziger Befehl ausgeführt.

11.1 Eigenschaften von Transaktionen

Aus der Definition von Transaktionen ergibt sich ihr grundsätzlicher Aufbau. Transaktionen müssen einen Anfang haben, sie müssen ein oder mehrere SQL-Befehle besitzen, und sie müssen auch einen definierten Endpunkt haben. Der grundsätzliche Aufbau von Transaktionen kann deshalb wie folgt beschrieben werden:

Syntax

```
Beginn der Transaktion
SQL-Befehle
Ende der Transaktion
```

Die Anzahl der SQL-Befehle, die während einer Transaktion ausgeführt werden, ist grundsätzlich variabel und richtet sich nach der Aufgabenstellung. So kann eine Transaktion auch aus einem Befehl bestehen. Unter der Sichtweise, dass die Datenintegrität der Datenbank zu jeder Zeit gewährleistet sein sollte, gewinnt die Ausführung von einzelnen Befehlen als Transaktion Bedeutung. Stellen Sie sich vor, Sie haben eine umfangreiche Artikeldatei und möchten den Nettopreis im Rahmen einer allgemeinen Preiserhöhung etwas anheben. Sie können also z. B. mit

```
UPDATE artikel SET nettopreis = nettopreis * 1.02;
```

den Preis um zwei Prozent erhöhen. Das Update des Datenbestands wird in der Regel nicht lange dauern, vielleicht in der Größenordnung von ein oder zwei Sekunden. Wenn Sie sich aber vorstellen, dass genau in dieser kurzen Zeit der Strom ausfällt, würde ohne Transaktionsunterstützung entsprechendes Chaos in den Daten verursacht. Ein Teil der Daten wäre nämlich bereits aktualisiert und ein anderer Teil nicht. Die Feststellung, welche Datensätze aktualisiert sind und welche nicht, könnte sich dann durchaus als zeitaufwendige Arbeit herausstellen. Aus diesem Grund laufen bei Datenbanken, die Transaktionen unterstützen, in der Regel alle Befehle im Rahmen von Transaktionen ab.

ACID

In der Theorie beschreibt man Transaktionen durch den Begriff **ACID**. ACID ist die Abkürzung der Begriffe **Atomicity**, **Consistency**, **Isolation** und **Durability**. Diese Begriffe bezeichnen folgende Eigenschaften:

- *Atomicity/Atomarität*
  Atomarität bezeichnet die Eigenschaft von Transaktionen dahingehend, dass sie entweder komplett oder gar nicht ausgeführt werden.
- *Consistency/Konsistenz*
  Eine Transaktion überführt eine Datenbank immer von einem konsistenten Zustand in einen anderen konsistenten Zustand. Anders ausgedrückt: Es kann nicht vorkommen, dass Befehle unvollständig ausgeführt werden.
- *Isolation*
  Transaktionen werden in ihrer Ausführung nicht durch parallel ausgeführte Befehle beeinträchtigt. Das Ergebnis einer Transaktion ist konstant.
- *Durability/Dauerhaftigkeit*
  Wird eine Transaktion erfolgreich ausgeführt, wird das Ergebnis dauerhaft in der Datenbank gespeichert.

Einführungsbeispiel

Um Ihnen das Verhalten von Transaktionen zu verdeutlichen, können wir mit einem einfachen Beispiel anfangen. Wie bereits erwähnt, kapseln SQL-Datenbanken, die Transaktionen unterstützen, auch einzelne Befehle, die den Datenbestand verändern, automatisch in Transaktionen. Man kann also auch z. B. bei einem einzelnen `UPDATE`-Befehl Transaktionen studieren. Der folgende Befehl ändert den Vornamen des Kunden mit der Kundennummer 1:

```
UPDATE kunde set Vorname = 'Michael' WHERE Kundennr = 1;
```

Solange kein `COMMIT`-Befehl abgesetzt wurde, um die Transaktion zu beenden, wird diese Änderung nicht dauerhaft in der Datenbank gespeichert und kann mit einem `ROLLBACK` rückgängig gemacht werden.

SQL-Teacher

Das Beispiel können Sie am besten in der beiliegenden Übungssoftware nachvollziehen. Gehen Sie dazu wie folgt vor:

- Stellen Sie in der Übungssoftware unter OPTIONEN den Menüpunkt AUTOCOMMIT auf »false« (kein Haken).
- Ändern Sie mit `UPDATE kunde set vorname = 'Michael' WHERE kundennr = 1;` den Vornamen des Kunden mit der Kundennummer 1.
- Mit `SELECT * FROM kunde WHERE kundennr = 1;` können Sie überprüfen, ob die Änderung durchgeführt wurde. Der Vorname wurde aktuell in »Michael« geändert.

  Da die Speicherung jetzt noch nicht dauerhaft ist, können Sie mit `ROLLBACK` die Änderung wieder rückgängig machen. Sie können allerdings auch den Ausfall der Datenbank durch Schließen des Programms (und damit Beenden der Datenbanksitzung) und mit einem anschließenden Programmstart simulieren.
- Wenn Sie jetzt ein `SELECT * FROM kunde WHERE kundennr = 1;` eingeben, wird wieder der alte Vorname »Arthur« angezeigt. Der Inhalt der Transaktion wurde also aufgrund des fehlenden `COMMIT` wieder rückgängig gemacht.

  Der Gegenversuch besteht darin, direkt nach dem `UPDATE`-Befehl ein `COMMIT` einzugeben. Die Änderung wird jetzt dauerhaft gespeichert. Ein `ROLLBACK` hat jetzt keine Wirkung mehr, weil die Transaktion bereits abgeschlossen ist.

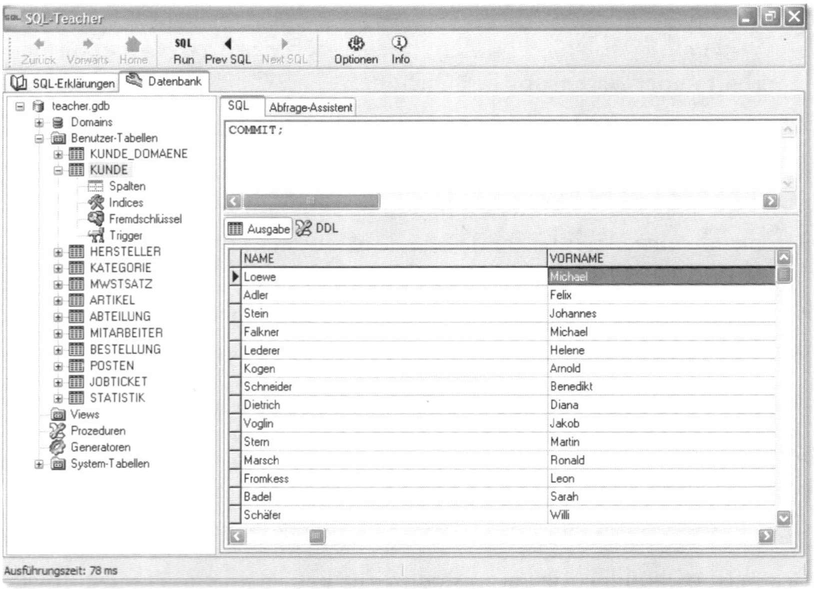

Abbildung 11.1 Mit COMMIT werden Änderungen dauerhaft gespeichert.

11.1.1 Transaktionen mit SQL definieren

Beginn von Transaktionen

Wer sich zum ersten Mal mit Transaktionen in Datenbanken auseinandersetzt, wird vielleicht auf die Schwierigkeit stoßen, dass in vielen Datenbanken kein Befehl existiert, der den Beginn einer Transaktion explizit auslöst. Grundsätzlich laufen nämlich, wie im Einführungsbeispiel erläutert, bei den Datenbanken, die Transaktionen unterstützen, alle Befehle, die Daten verändern, automatisch in Transaktionen ab. Die Datenbank nimmt also den Beginn der Transaktion selbstständig in die Hand. Bei folgenden Befehlen wird in der Regel eine Transaktion begonnen, soweit nicht schon eine Transaktion aktiv ist:

Befehle, die die Datenstruktur verändern: `ALTER`, `CREATE`, `DROP`, `GRANT`, `REVOKE`.

Befehle, die Daten verändern: `DELETE`, `INSERT`, `UPDATE`.

Ende von Transaktionen

Als Datenbankadministrator oder Datenbankentwickler bestimmen Sie aufgrund der logischen Abfolge der Befehle vor allem das Ende einer Transaktion sowie das Verhalten der Transaktion insgesamt. Eine Transaktion kann mit den Befehlen `COMMIT` bzw. `ROLLBACK` abgeschlossen werden. Der Befehl `COMMIT` beendet dabei eine Transaktion erfolgreich. Alle Änderungen, die während der gesamten Transaktion vorgenommen wurden, werden jetzt dauerhaft in die Datenbank geschrieben. `ROLLBACK` ist der Befehl, um alle Änderungen wieder rückgängig zu machen. Sie können die Befehle `COMMIT` bzw. `ROLLBACK` manuell oder im Rahmen von Anwendungen ausführen. Beide Befehle werden aber auch, und das macht das Verständnis von **Transaktion** manchmal ein wenig schwer, von der Datenbank automatisch ausgeführt. Ein `ROLLBACK` führt die Datenbank immer aus, wenn irgendetwas während der Transaktion schiefgegangen ist. Ein klassischer Fall hierfür wäre ein Stromausfall. `ROLLBACK` wird dann automatisch beim nächsten Start der Datenbank ausgeführt.

Autocommit

Aus dem eben Gesagten ergibt sich, dass eine Transaktion explizit mit `COMMIT` abgeschlossen werden muss, damit das Ergebnis dauerhaft gespeichert wird. In der Praxis ist es teilweise etwas lästig, dass jeder Befehl mit `COMMIT` gespeichert werden muss. Hier hält die Datenbank in der Regel die Option vor, ein `AUTOCOMMIT` zu setzen. Das `COMMIT` wird dann automatisch von der Datenbank nach jedem Befehl ausgeführt. Bei Oracle lautet dieser Befehl beispielsweise:

```
SET AUTOCOMMIT {ON | OFF}
```

Isolations-phänomene/ Multi-User-Zugriffe

Außer der Transaktionssteuerung mit `COMMIT` und `ROLLBACK` steht Ihnen noch das Mittel zur Verfügung, das Verhalten von Transaktionen zu beeinflussen. Um dies zu verstehen, müssen wir hier ein wenig Theorie voranstellen. Da moderne Datenbanken Multi-User-fähig sind und es bei Internetanwendungen üblich ist, dass viele Benutzer gleichzeitig auf die Datenbank zugreifen, ist ein konkurrierender Zugriff verschiedener Befehle auf die gleiche Datenbank möglich. So kann es z. B. sein, dass Benutzer A und B gleichzeitig den Inhalt desselben Datensatzes (z. B. eines Kundendatensatzes) verändern wollen. Es können dabei Effekte entstehen, dass Updates verloren gehen oder der Inhalt von gleichen `SELECT`-Befehlen unterschiedlich ist. Die folgende Aufstellung beschreibt Isolationsphänomene, die bei konkurrierenden Zugriffen auf Daten entstehen können. Unter **Isolationsphänomenen** sind hier Effekte zu verstehen, die nur aus der gesamten Sicht aller Befehlsabfolgen und nicht aus der Sicht der (isolierten) Sichtweise eines Befehls inkonsistent sind.

- *Lost Update*
  Bezeichnet den Effekt, dass Änderungen verloren gehen. Ein LOST UPDATE kann durch folgenden Ablauf beschrieben werden:

Transaktion 1	Transaktion 2
...	Datensatz lesen (Kunde Meier wohnt in Hamburg.)
Datensatz lesen (Kunde Meier wohnt in Hamburg.)	...
Datensatz aktualisieren (Kunde Meier zieht um nach Dortmund.)	...
...	Datensatz aktualisieren (Kunde Meier zieht um nach Frankfurt.)
`COMMIT`	...
	`COMMIT`

Tabelle 11.1 Lost Update

Die Änderungen, die Transaktion 1 durchführt, würden in diesem Fall durch die Änderung von Transaktion 2 verloren gehen, hier ist dies die Speicherung der Dortmunder Adresse.

- *Dirty Read*
  Bezeichnet den Effekt, dass Daten gelesen werden, die noch nicht durch ein `COMMIT` bestätigt sind. Ein DIRTY READ kann durch folgenden Ablauf beschrieben werden:

Transaktion 1	Transaktion 2
...	Datensatz lesen (Kunde Meier wohnt in Hamburg.)
...	Datensatz aktualisieren (Kunde Meier zieht um nach Frankfurt.)
Datensatz lesen (Kunde Meier wohnt in Frankfurt.)	...
...	`ROLLBACK`
`ROLLBACK`	...

Tabelle 11.2 Dirty Read

In diesem Fall würde die Transaktion 1 Informationen lesen, die durch Transaktion 2 durch ein `ROLLBACK` wieder rückgängig gemacht wurden.

- *Non-repeatable Read*
  Bezeichnet den Effekt, dass eine identische Abfrage einer Transaktion ein unterschiedliches Ergebnis liefert. Das Ergebnis einer Abfrage konnte also nicht wiederholt werden (»non repeatable«). Ein NON-REPEATABLE READ kann wie folgt dargestellt werden:

Transaktion 1	Transaktion 2
...	Datensatz lesen (Kunde Meier wohnt in Hamburg.)
Datensatz lesen (Kunde Meier wohnt in Hamburg.)	...
...	Datensatz aktualisieren (Kunde Meier zieht um nach Frankfurt.)
Datensatz lesen (Kunde Meier wohnt in Frankfurt.)	...
...	`COMMIT`
`COMMIT`	...

Tabelle 11.3 Non-repeatable Read

- *Phantom*
  Bezeichnet den Effekt, dass eine Abfrage innerhalb einer Transaktion einmal ein Ergebnis und beim nächsten Mal kein Ergebnis liefert. Dieser Effekt kann wie folgt dargestellt werden:

Transaktion 1	Transaktion 2
`SELECT * FROM t WHERE spalte = 5;`	...
...	`INSERT INTO t(spalte) VALUES(5);`
`SELECT * FROM t WHERE spalte = 5;`	...

Tabelle 11.4 Phantom

In diesem Fall würde Transaktion 1 beim ersten `SELECT`-Befehl keinen Datensatz liefern, beim Wiederholen der Befehle wäre durch den `INSERT`-Befehl von Transaktion 2 dann aber ein entsprechender Datensatz, der auf die Selektion passt, vorhanden.

Um diese beschriebenen Effekte handhaben zu können, kann man für Transaktionen definieren, welche dieser Effekte zulässig sind bzw. ausgeschlossen werden sollen. Dies erfolgt mithilfe der Definition sogenannter Isolationsebenen für eine Transaktion.

11.2 Isolationsebenen bei Transaktionen

Isolationsebenen werden für Transaktionen aktiv mithilfe des Befehls `SET TRANSACTION` definiert. Folgende Isolationsebenen können definiert werden:

- *Read Uncommited*
  Bezeichnet das geringste Isolationslevel. Hierbei können auch Änderungen gelesen werden, die noch nicht durch ein `COMMIT` dauerhaft gespeichert sind.
- *Read Commited*
  Bei diesem Isolationslevel werden bereits Dirty Reads ausgeschlossen.
- *Repeatable Read*
  Das nächsthöhere Isolationslevel unterbindet außer Dirty Reads auch Non-repeatable Reads.
- *Serialize*
  Dies ist die höchste Isolationsstufe. Mit `Serialize` werden alle bereits beschriebenen Isolationsphänomene vermieden.

Tabellarisch können diese Isolationsebenen wie folgt dargestellt werden:

Isolationsebene	Dirty Read	Non-repeatable Read	Phantom
Read Uncommited	J	J	J
Read Commited	N	J	J
Repeatable Read	N	N	J
Serialize	N	N	N

Tabelle 11.5 Definition von Isolationsebenen

Das Verhalten von Transaktionen kann vollständig nur im Mehrbenutzerbetrieb probiert werden, um verschiedene Interaktionen zwischen parallel ablaufenden Prozessen zu studieren.

Viele Aufgaben bei der Datenbankarbeit lassen sich nicht mit einem SQL-Befehl erledigen. Um Befehlsabläufe zu realisieren, bedient man sich der Definition von Routinen. Mit Triggern steht ein Mittel zur Verfügung, Befehlsabläufe in der Datenbank in Abhängigkeit von Ereignissen zu automatisieren.

12 Routinen und Trigger

Natürlich verbindet man mit dem Begriff **Datenbank** erst einmal die Speicherung und die Abfrage von Daten. Da die meisten Datenbanken aber heute als Multi-User-fähige Datenbankserver realisiert sind, die rund um die Uhr zur Verfügung stehen, kann in eine Datenbank auch Logik in Form von Programmfunktionen implementiert werden. So könnten Funktionen sinnvoll sein, die die Datenbankkonsistenz unterstützen und die die Datenpflege oder komplexe Operationen vereinfachen.

SQL kennt die Möglichkeit, Funktionen und Prozeduren zu definieren. Funktionen können im Rahmen von SQL-Ausdrücken verwendet werden, Prozeduren können separat mit dem Befehl `CALL` bzw. `EXECUTE PROCEDURE` aufgerufen werden.

12.1 Funktionen und Prozeduren

Eine **Funktion** bzw. **Prozedur** fasst Codeteile zu einer eigenständigen Einheit zusammen. Sie kann über ihren Namen aufgerufen werden. Ausgeführt wird dann der in der Funktion bzw. Prozedur definierte Code. Funktionen und Prozeduren können mit variablen Parametern aufgerufen werden. In SQL können sie analog einer Programmiersprache definiert werden. Die Funktion bzw. Prozedur selbst wird im Informationsschema der Datenbank gespeichert, sodass sie immer zur Verfügung steht.

In der Regel sind Funktionen und Prozeduren mit den Befehlen `CREATE FUNCTION` bzw. `CREATE PROCEDURE` in die Datenbanken implementiert. In der Datenbank Firebird, die unserer Übungssoftware SQL-Teacher zugrunde liegt, sind allerdings Funktionen als sogenannte UDFs (User Defined Functions) implementiert. Die Definition von User Defined Functions erfolgt hier mit einem Compiler und kann daher im Rahmen dieses Buches nicht behandelt werden. Damit Sie die Beispiele nachvollziehen können, erfolgt die Besprechung von Routinen im Folgenden anhand des CREATE PROCEDURE-Befehls von Firebird.

Einführungsbeispiel

Das folgende Beispiel zeigt eine Prozedur, die einen Bruttobetrag aus Nettopreis und Mehrwertsteuersatz berechnet:

```
CREATE PROCEDURE p_brutto
   (betrag DECIMAL(15,2), proz DECIMAL(3,1))
    RETURNS (rbetrag DECIMAL(15,2))
   AS
   BEGIN
      rbetrag = (betrag + (betrag*proz*0.01));
      SUSPEND;
   END;
```

Anhand dieses Beispiels kann man den Aufbau unter SQL studieren. Mit CREATE PROCEDURE p_brutto wird grundsätzlich die Prozedur definiert. Der Prozedurname kann dabei frei gewählt werden, darf aber, wie üblich, nur einmalig vorkommen. Hinter dem Prozedurnamen werden in Klammern die Parameter übergeben. Die Anzahl der Parameter ist dabei variabel. Wenn kein Parameter übergeben werden soll, steht in der Klammer entsprechend kein Wert. Die Übergabe der Variablen erfolgt in der Form von »Parametername« und »Datentyp«. Der Parametername kann hier wiederum frei gewählt werden. Da die Prozedur einen Wert zurückgibt, wird in der nächsten Zeile mit RETURNS (rbetrag DECIMAL(15,2) definiert, welchen Namen und Datentyp der Rückgabewert hat. Die nächste Zeile definiert dann, welcher Code innerhalb der Prozedur ausgeführt werden soll. In diesem Fall erfolgt die Berechnung des Bruttobetrags. Mit SUSPEND wird die Datenausgabe im Rahmen eines SELECT-Befehls bewirkt.

Nachdem eine Prozedur definiert ist, kann diese aufgerufen werden.

SQL-Teacher

In InterBase/Firebird und damit in unserer Übungssoftware SQL-Teacher kann dies z. B. mit

```
SELECT rbetrag FROM p_brutto(10,19);
```

erfolgen.

Das Ergebnis beträgt hier 11,6 (siehe Abbildung 12.1).

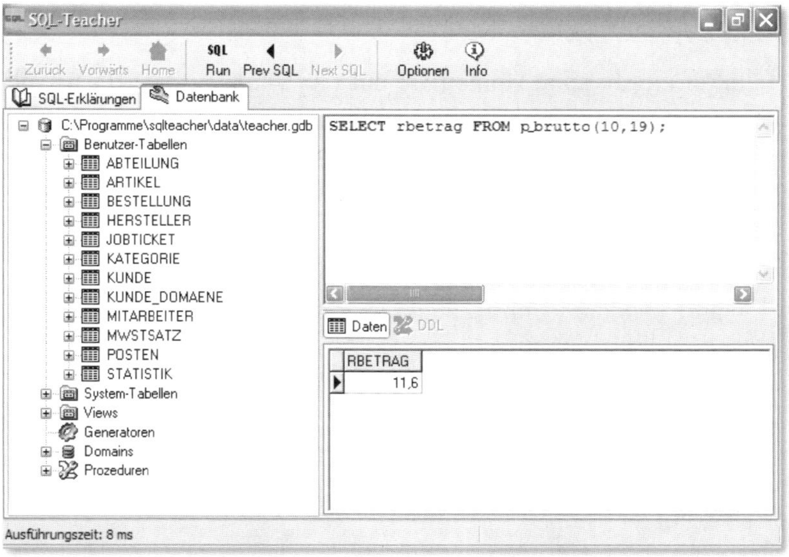

Abbildung 12.1 Ausgabe einer Prozedur

SQL-Syntax

Der grundsätzliche Aufbau von Funktionen und Prozeduren kann wie folgt beschrieben werden:

- Im Header wird der Funktionsname mit einer Parameterliste definiert.
- Im Body werden lokale Parameter und ein Block von Anweisungen definiert.

Wenn man sich verschiedene Datenbanksysteme anschaut, wird man bei den Themen »Funktionen«, »Prozeduren« und »Trigger« häufig auch Unterschiede in Syntax und Befehlsumfang feststellen. Dies ist vor allem dadurch bedingt, dass im Funktionsbody je nach Datenbankanbieter verschiedene Funktionen zur Verfügung gestellt werden. Hinzu kommt, dass im Rahmen einer Funktion auch komplexere Abläufe durch Schleifen oder Bedingungen definiert werden. Hier kommt dann auch noch das Thema »Fehlerbehandlung« hinzu, das allerdings unterschiedlich gehandhabt wird.

Wir möchten an dieser Stelle insbesondere die Grundprinzipien von Prozeduren besprechen. Aufgrund der unterschiedlichen Syntaxvarianten müssen wir an dieser Stelle des Buches auch einmal einen intensiveren Blick auf verschiedene Datenbanksysteme werfen, um die Unterschiede in der Syntax herauszuarbeiten. Sie können deshalb auch nicht alle Beispiele dieses Kapitels mit der beiliegenden Übungssoftware ausprobieren.

Das Einführungsbeispiel können Sie mit der Übungssoftware nachvollziehen. Es ist für InterBase/Firebird gültig. In den meisten Datenbanken existieren im Gegensatz zu InterBase/Firebird getrennte Befehle für Prozeduren und Funktionen. Die Befehle heißen dann in der Regel `CREATE FUNCTION` und `CREATE PROCEDURE`.

Da das Einführungsbeispiel im Rahmen eines `SELECT`-Befehls ausgeführt wird, würde man dies dann als Funktion definieren. Unter DB2 z. B. mit:

```
CREATE FUNCTION f_brutto
   (betrag DECIMAL(15.2), prozent DECIMAL(3,2)
   RETURNS DECIMAL(15,2)
BEGIN
   rbetrag = (betrag + (betrag*proz*0.01));
END;
```

Der Aufruf würde dann auch etwas anders aussehen:

```
SELECT brutto(10,19) FROM tabellenname;
```

Prozeduren und Funktionen erlauben die Ausführung auch komplexerer Befehlsabläufe. Sie kommen deshalb häufig dann zum Einsatz, wenn eine gestellte Aufgabe nicht mit einem einzelnen Befehl abzuarbeiten ist. Durch die Möglichkeit, Variablen zu definieren und eine Ablaufsteuerung zu integrieren, ist der Spielraum natürlich größer als bei Befehlen, die sich über eine Zeile erstrecken. Das nächste Beispiel zeigt die Verwendung von Kontrollstrukturen anhand von `IF...THEN...ELSE`.

Weiterführendes Beispiel

In Anschriftentabellen kann es vorkommen, dass kein Vorname angegeben ist. Um hier eine gut formatierte Ausgabe zu realisieren, soll in Abhängigkeit des Vorhandenseins eines Vornamens in der Kundentabelle die Ausgabe erfolgen. Sind Vorname und Nachname vorhanden, sollen beide Spalten – durch ein Leerzeichen getrennt – zusammen ausgegeben werden. Falls nur ein Nachname gespeichert ist, soll nur dieser ausgegeben werden:

```
CREATE PROCEDURE p_formatname
RETURNS (fname VARCHAR(100))
AS

BEGIN
FOR SELECT name, vorname FROM kunde
```

```
  DO
    BEGIN
      IF (vorname = "") THEN
      fname = name;
      ELSE
      fname = vorname || ' ' || name;
      SUSPEND;
    END
END
```

12.1.1 Prozeduren und Funktionen löschen

Wie auch bei Tabellen, Views oder anderen Datenbankobjekten steht für das Löschen von Prozeduren und Funktionen der Befehl DROP zur Verfügung.

Der Aufruf erfolgt mit dem jeweiligen Prozedur- bzw. Funktionsnamen: **SQL-Syntax**

```
DROP PROCEDURE prozedurname;
```

Um eine solche Prozedur zu löschen, lautet der Befehl demnach:

```
DROP PROCEDURE p_formatname;
```

Übung [✎]

12.1 Erstellen Sie eine Prozedur mit dem Namen pi, die Pi (= 3,1415) als Wert zurückgibt, und führen Sie diese Prozedur in einem SELECT-Befehl aus.

12.2 Trigger (CREATE TRIGGER)

Wenn Sie das Wort **Trigger** in einem Englischlexikon suchen, werden Sie dort den Begriff **Auslöser** finden. Trigger in SQL sind automatisch ablaufende Befehle, die bei einer Speicherung oder Änderung eines Datensatzes ausgelöst werden. Trigger werden z. B. eingesetzt, um während des Einfügens oder Löschens eines Datensatzes Bedingungen abzuprüfen, die nicht in der eigentlichen Abfrage enthalten sind. Die folgenden Beispiele zeigen Anwendungsgebiete von Triggern:

- Die Bankverbindung eines Kunden darf nur gelöscht werden, wenn keine Einzugsermächtigung vorliegt.

- Protokollierung von gelöschten Datensätzen
- Auslösung von Bestellvorgängen, wenn der Warenbestand unter eine definierte Anzahl fällt.

Einführungsbeispiel

Das folgende Beispiel zeigt, wie bei der Speicherung eines neuen Kunden automatisch in der Statistiktabelle `statistik` die Anzahl der Kunden hochgezählt wird:

```
CREATE TRIGGER upstat
   FOR kunde AFTER INSERT
   AS
      BEGIN
      UPDATE statistik
      SET kundenanzahl = kundenanzahl + 1;
      END;
```

Sie können anhand dieses Beispiels den grundsätzlichen Aufbau von Triggern nachvollziehen. Ein Trigger wird generell mit dem Befehl `CREATE TRIGGER` definiert. Der Name des Triggers kann frei gewählt werden, darf aber nicht doppelt vorkommen. In der zweiten Zeile wird die Auslösebedingung definiert, in diesem Fall das Einfügen eines Datensatzes in die Tabelle `kunde`. Danach wird der Befehl definiert, der durchgeführt werden soll, wenn der Trigger ausgelöst wurde. In diesem Fall wird in der Statistiktabelle der Zähler für die Kundenanzahl um eins erhöht. Da ein Trigger aus mehreren Befehlen bestehen kann, wird der Trigger-Body mit `BEGIN` und `END` eingeschlossen.

SQL-Teacher

Wenn Sie dieses Beispiel nachvollziehen wollen, gehen Sie wie folgt vor:

- Definieren Sie den Trigger wie angegeben. Die Ausgangstabellen sind bereits angelegt.
- Kontrollieren Sie den aktuellen Zählerstand in der Statistiktabelle mit `SELECT kundenanzahl FROM statistik;`.
- Fügen Sie einen neuen Datensatz in die Kundentabelle z. B. mit folgendem Befehl ein:

  ```
  INSERT INTO kunde
     VALUES (200, 'Beck', 'Wilhelm', 'Sonnenweg 12',
     '61500', 'Frankfurt', '0698736453',
     '0698736452','wbeck@web.de','B');
  ```
- Schon beim Einfügen des Datensatzes wurde ohne Ihr Zutun der Wert im Feld `kundenanzahl` der Statistiktabelle erhöht. Sie können dies wiederum durch ein `SELECT kundenanzahl FROM statistik;` kontrollieren.

- Analog der Erhöhung des Zählers können Sie natürlich beim Löschen eines Kundendatensatzes den Statistikzähler auch entsprechend verringern:

```
CREATE TRIGGER downstat
FOR kunde AFTER DELETE
   AS
   BEGIN
     UPDATE statistik
     SET kundenanzahl = kundenanzahl - 1;
   END;
```

Trigger-Syntax

Die Syntax von Triggern unterscheidet sich von Datenbank zu Datenbank teilweise ein wenig. An dieser Stelle sei noch einmal auf Kapitel 18, »Beispieldatenbank«, verwiesen. Dort wird die Syntax verschiedener Datenbanksysteme aufgelistet.

Vielleicht hat der ein oder andere von Ihnen bereits die Syntax eines Triggers gesehen, die aber wesentlich komplizierter aussah. Das eingangs gezeigte Einführungsbeispiel gab einen möglichst einfachen Trigger wieder, um für Sie das Prinzip leichter nachvollziehbar zu machen. Wenn wir uns vergegenwärtigen, welche Fälle bei einem Trigger auftreten können, kann man auch die erweiterte Syntax eines Triggers erarbeiten.

Weiterführendes Beispiel

Nehmen wir den Fall, dass beim Löschen eines Kundendatensatzes dieser nicht endgültig gelöscht, sondern in einer Protokolltabelle (`kunde_delete`) gespeichert werden soll. In diesem Fall besteht die Aufgabe darin, einen neuen Datensatz in der Protokolltabelle zu erzeugen, der Informationen des zu löschenden Datensatzes verwendet. Um dies zu bewerkstelligen, muss es also möglich sein, Werte des zu löschenden Datensatzes ansprechen zu können. Die Trigger-Definition kennt hierfür die `REFERENCING`-Bedingung. Mit dieser Bedingung können Sie Werte vor bzw. nach der Ausführung des Triggers für die weitere Verwendung innerhalb eines Befehls speichern. Das folgende Beispiel zeigt dies:

```
CREATE TRIGGER kunde_delete_log
FOR kunde
AFTER DELETE
   AS
   BEGIN
      INSERT INTO kunde_delete_log (name, vorname)
      VALUES (OLD.name, OLD.vorname);
   END
```

Auch hier finden Sie die Grundstruktur des Triggers wieder. Bei diesem Beispiel wird ersichtlich, dass der Inhalt der betroffenen Datensätze mit OLD zur Verfügung steht. Somit können Werte, die eigentlich nach dem Löschen nicht mehr vorhanden sind, im folgenden INSERT-Befehl trotzdem eingefügt werden. Trigger kennen die beiden Definitionen für OLD und NEW. Sie können also Werte auch nach der Durchführung des auslösenden Befehls ansprechen.

Das folgende Beispiel zeigt die Verwendung von NEW. Für die Kunden soll die Privattelefonnummer beim Anlegen eines Datensatzes mit der geschäftlichen Telefonnummer vorbelegt werden:

```
CREATE TRIGGER kunden_default_telefon
FOR kunde
BEFORE INSERT
   AS
   BEGIN
      NEW.telefon_privat = NEW.telefon_gesch;
   END;
```

Die Anweisung, der privaten Telefonnummer die geschäftliche Telefonnummer zuzuweisen, erfolgt hier, bevor der Datensatz eingefügt wird, sodass beim Einfügen des Datensatzes bereits die private Telefonnummer gespeichert wird.

SQL-Teacher

Sie können dieses Beispiel wie im Folgenden beschrieben ausprobieren.

Definieren Sie dazu den zuvor aufgelisteten Trigger in der Übungssoftware. Fügen Sie anschließend einen neuen Datensatz in die Tabelle kunde ein. Dies könnte beispielsweise folgender Datensatz sein:

```
INSERT INTO kunde (
   kundennr, name, vorname, strasse, plz, ort,
   telefon_gesch)
   VALUES (500, 'Meyer', 'Wilhelm', 'Wiesenweg', '60184',
      'Frankfurt', '069/8989898');
```

Wenn Sie jetzt mit einem

```
SELECT name, telefon_gesch, telefon_privat FROM kunde
WHERE kundennr = 500;
```

diesen Datensatz wieder selektieren, ist das Feld telefon_privat mit der geschäftlichen Telefonnummer gefüllt, obwohl diese im INSERT-Befehl nicht angegeben ist. Hier sorgt also der Trigger dafür, dass dieses Feld automatisch gefüllt wird.

Im letzten Beispiel wurde ein Feldinhalt vor dem Einfügen eines Datensatzes gesetzt. Sie können aber auch im Ausführungsblock ganz unabhängige SQL-Befehle ausführen, die nicht auf einen Datensatz Bezug nehmen, der als Auslöser für den Trigger dient.

Da der Ausführungsblock eine eigene Ausführungseinheit ist, können hier auch die bei Prozeduren und Funktionen erläuterten Kontrollstrukturen verwendet werden. Das folgende Beispiel demonstriert dies.

Weiterführendes Beispiel

Wenn der Artikelbestand unter einen bestimmten Mindestbestand fällt, soll in der Tabelle `orders` ein neuer Datensatz angelegt werden. Die Definition des Triggers sieht dann wie folgt aus:

```
CREATE TRIGGER nachbestellung
FOR artikel
AFTER UPDATE
AS
BEGIN
IF (NEW.bestand < NEW.mindestbestand) THEN
INSERT INTO orders (artikelnr, datum, bestand)
VALUES (NEW.artikelnr, current_date,
NEW.bestand);
END
```

Wir definieren hier einen Trigger, der nach einem Update der Artikeltabelle überprüft, ob das Feld `bestand` unter den Wert fällt, der im Feld `mindestbestand` definiert ist. Wenn dies der Fall ist, wird ein neuer Datensatz erzeugt.

In unserer Beispieldatenbank können Sie das mit folgendem Befehl ausprobieren:

SQL-Teacher

- Definieren Sie den zuvor aufgelisteten Trigger `nachbestellung`.
- Überprüfen Sie den Eintrag in der Spalte `bestellvorschlag` für die Artikelnummer 1, indem Sie folgenden Befehl eingeben:

  ```
  SELECT bezeichnung, bestand, mindestbestand,
     bestellvorschlag FROM artikel WHERE artikelnr = 1;
  ```

  Der Bestellvorschlag steht auf `0`.
- Führen Sie einen `Update`-Befehl aus, der den Bestand unter den Mindestbestand verringert:

```
UPDATE artikel set bestand = bestand-71
   WHERE artikelnr = 1;
```

- Führen Sie nun den `SELECT`-Befehl noch einmal aus. Der definierte Trigger hat bewirkt, dass das Feld `bestellvorschlag` automatisch mit `1` belegt wurde.

Trigger löschen

Für das Löschen von Triggern steht der Befehl

```
DROP TRIGGER triggername;
```

zur Verfügung. Wenn Sie also den Trigger für `nachbestellung` löschen wollen, lautet der Befehl:

```
DROP TRIGGER nachbestellung;
```

Hinweise zum Praxiseinsatz

Routinen und Trigger gehören zu den fortgeschrittenen Datenbanktechniken. Der Reiz liegt darin, dass intelligente Funktionen in die Datenbank implementiert werden können. Zur Definition von Routinen und Triggern ist das Verständnis von Programmiersprachen hilfreich. Zu bedenken ist beim Einsatz von Routinen und Triggern die Abhängigkeit vom jeweiligen Datenbanksystem.

In der Regel benötigen Sie länderspezifische Einstellungen, damit z. B. die Speicherung und Sortierung von Umlauten korrekt erfolgen. In diesem Kapitel finden Sie die Informationen zur Behandlung von Zeichensätzen und länderspezifischen Einstellungen.

13 Zeichensätze und Lokalisierung

Sie haben bei der Anlage von Tabellen die Datentypen kennengelernt, die Zeichenketten speichern. Natürlich erwarten Sie, dass auch die länderspezifischen Besonderheiten der Zeichensätze dabei berücksichtigt werden. Im deutschsprachigen Raum sind das insbesondere die Umlaute »ä«, »ö« und »ü«. Damit eine Datenbank verschiedene Zeichensätze behandeln kann, sind zwei Dinge notwendig:

- Die jeweiligen Schriftzeichen des Zeichensatzes müssen in der Datenbank korrekt gespeichert werden können.
- Die Sortierung der Zeichen entspricht dem geltenden Zeichensatz.

Beim Speichern ist es wichtig, zu wissen, wie viel Speicherplatz für jedes Zeichen benötigt wird. Beim Zeichensatz ISO 8859 ist das z. B. ein Byte. Mit einem Byte lassen sich aber maximal 256 verschiedene Zeichen abbilden. Regionale schriftspezifische Zeichen etwa aus den westeuropäischen Sprachen lassen sich damit problemlos darstellen. Es ist allerdings nicht möglich, stark voneinander abweichende Zeichensätze, wie z. B. slawische und mitteleuropäische Sprachen, gemeinsam zu speichern.

Um lokale Zeichensätze speichern zu können, gibt es zwei Lösungsansätze:

- Man stellt den gewünschten lokalen Zeichensatz explizit ein und erreicht so, dass die Datenbank daraufhin Zeichensätze wie gewünscht speichert und sortiert.
- Man verwendet einen Zeichensatz, der alle Zeichen gleichzeitig speichern kann. Dieser Zeichensatz ist unter der Bezeichnung **Unicode** bekannt und benötigt mindestens drei Byte.

+	0	1	2	3	4	5	6	7	8	9
160		¡	¢	£	¤	¥	¦	§	¨	©
170	ª	«	¬	-	®	¯	°	±	²	³
180	´	µ	¶	·	¸	¹	º	»	¼	½
190	¾	¿	À	Á	Â	Ã	Ä	Å	Æ	Ç
200	È	É	Ê	Ë	Ì	Í	Î	Ï	Ð	Ñ
210	Ò	Ó	Ô	Õ	Ö	×	Ø	Ù	Ú	Û
220	Ü	Ý	Þ	ß	à	á	â	ã	ä	å
230	æ	ç	è	é	ê	ë	ì	í	î	ï
240	ð	ñ	ò	ó	ô	õ	ö	÷	ø	ù
250	ú	û	ü	ý	þ	ÿ				

Abbildung 13.1 Der Zeichensatz ISO 8859-1

Zeichensätze in Datenbanken

Die Behandlung von Zeichensätzen ist in den Datenbanken meistens etwas unterschiedlich implementiert. Die Prinzipien sind aber zwischen den einzelnen Datenbanken gleich und lassen sich auf folgende Grundsätze reduzieren:

- Es erfolgt eine standardmäßige Einstellung des Zeichensatzes für eine Datenbank.
- Auf Tabellen- und Spaltenebene können Zeichensätze und deren Sortierung abweichend von dieser globalen Einstellung definiert werden.
- Bei Client-Server-Datenbanken kann der Zeichensatz auch auf dem Client eingestellt werden, der für die Übertragung von Daten zwischen Server und Client gültig ist.
- Bei `ORDER BY`- und `GROUP BY`-Befehlen kann die Sortierung individuell eingestellt werden.
- Bei Vergleichen kann die Sortierung eingestellt werden.

Diese Prinzipien sollen im Folgenden anhand der Übungsdatenbank zu diesem Buch (InterBase/Firebird) demonstriert werden.

In unserer Übungsdatenbank ist grundsätzlich ein ISO-8859-Zeichensatz definiert. Sie können dies überprüfen, indem Sie ein

```
SELECT RDB$CHARACTER_SET_NAME FROM RDB$DATABASE;
```

ausführen. Bei InterBase beginnen alle Systemtabellen mit `RDB$`.

Wir legen jetzt eine Tabelle an und definieren für diese Tabelle »Spalten« mit unterschiedlichen Zeichensätzen.

Vollziehen Sie dieses Beispiel am besten in der Übungssoftware nach. Wir benötigen zuerst eine Tabelle, die wir mit dem Befehl

SQL-Teacher

```
CREATE TABLE zeichen
(
   zascii VARCHAR(50) CHARACTER SET ASCII,
     ziso8859 VARCHAR(50) CHARACTER SET ISO8859_1
     COLLATE DE_DE,
   zdefault VARCHAR(50)
);
```

erzeugen. Wir haben jetzt drei Spalten definiert. Mit dem Zusatz CHARACTER SET haben wir die Spalte mit dem Namen zascii auf den Zeichensatz ASCII eingestellt, der Spalte ziso8859 haben wir den Zeichensatz ISO 8859-1 zugewiesen. Für die dritte Spalte haben wir keinen Zeichensatz explizit definiert. Hier gilt also der standardmäßig definierte Zeichensatz. Des Weiteren finden wir für die Spalte ziso8859 das Schlüsselwort COLLATE, das für die Sortierung zuständig ist. Wir stellen hier die Sortierung für Deutsch mit DE_DE ein, damit Umlaute korrekt sortiert werden. Analog der deutschen Sortierung existieren auch für andere Länder Sortierungen, z. B. FR_FR für Frankreich und EN_UK für Großbritannien.

Anschließend benötigen wir einige Datensätze, die wir per INSERT-Befehl einfügen:

```
INSERT INTO zeichen (zascii, ziso8859, zdefault)
   VALUES ('a','a', 'a');
INSERT INTO zeichen (zascii, ziso8859, zdefault)
   VALUES ('b','b', 'b');
INSERT INTO zeichen (zascii, ziso8859, zdefault)
   VALUES ('c','c', 'c');
```

Das Speichern dieser Datensätze war problemlos, weil alle Zeichen im Zeichensatzvorrat der definierten Zeichensätze vorkommen. Die Wirkung von definierten Zeichensätzen wird so richtig klar, wenn wir jetzt versuchen, ein Zeichen zu speichern, das nicht im Zeichensatzvorrat enthalten ist.

Der folgende Befehl wird abgelehnt:

```
INSERT INTO zeichen (zascii, ziso8859, zdefault)
   VALUES ('ä','ä', 'ä');
```

Der Grund dafür liegt im ASCII-Zeichensatz, der ein »ä« nicht kennt. Um das Verhalten von Zeichensätzen weiter zu studieren, speichern wir deshalb:

```
INSERT INTO zeichen (zascii, ziso8859, zdefault)
  VALUES ('ae','ä', 'ä');
```

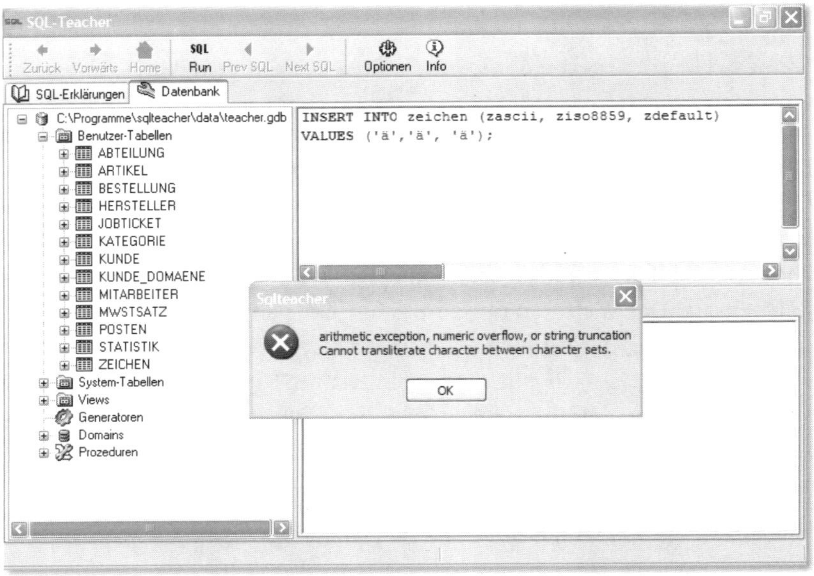

Abbildung 13.2 Definierte Zeichensätze speichern nur bekannte Zeichen.

Wie bereits erwähnt, sorgen die definierten Zeichensätze und der eingestellte Wert für `COLLATE` auch für die Sortierreihenfolge bei der Ausgabe.

```
SELECT * FROM zeichen ORDER BY ziso8859;
```

gibt also die Datensätze in der gewünschten Sortierung sowie mit der korrekten Reihenfolge der Umlaute aus (siehe Abbildung 13.3).

Die Sortierung kann aber auch zur Laufzeit des Befehls definiert werden. Zum Nachvollziehen geben wir die Standardsortierung des ISO-8859-Zeichensatzes wie folgt aus:

```
SELECT * FROM zeichen ORDER BY ziso8859 COLLATE ISO8859_1;
```

Jetzt wird das »ä« nicht mehr zwischen »a« und »b« geführt, sondern am Ende des Alphabets notiert. Die Voreinstellung der Sortierreihenfolge `DE_DE` aus der Tabellendefinition wurde also bei der Ausgabe überschrieben.

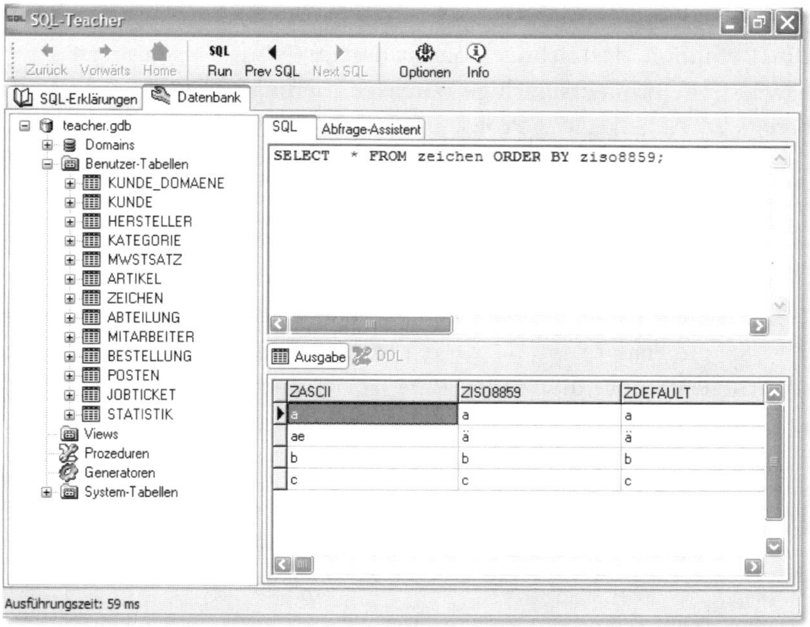

Abbildung 13.3 Korrekte Sortierung bei der Ausgabe

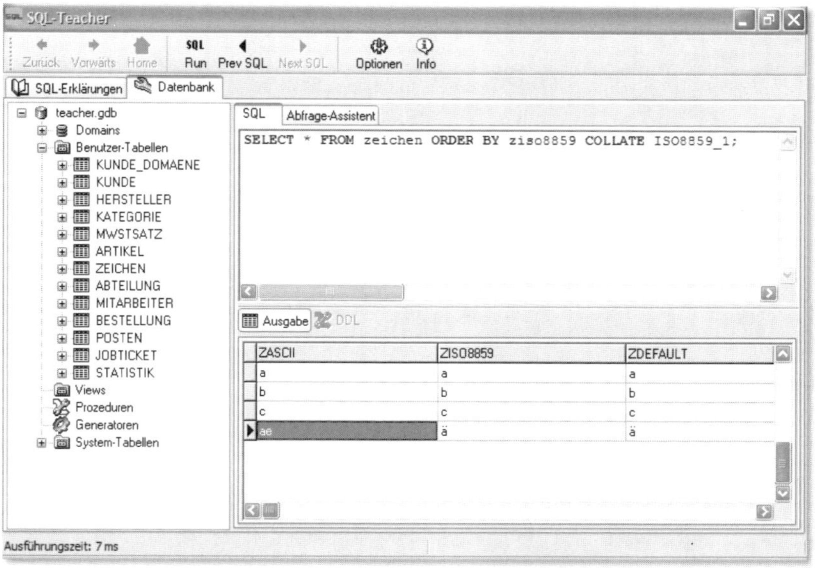

Abbildung 13.4 Wirkung der Sortierung durch COLLATE

Hinweise zum Praxiseinsatz

Die Definition des richtigen Zeichensatzes wird meistens erst dann bewusst, wenn mehrsprachige Datenspeicherung verlangt wird. Wenn bereits zu Anfang eines Projekts feststeht, dass eine Speicherung von Daten mit unterschiedlichen Zeichensätzen notwendig ist, sollten alle Datenbank- und Tabellendefinitionen entsprechend angelegt werden.

Übungen

13.1 Erstellen Sie eine Tabelle mit dem Namen `adressen`, und definieren Sie die Felder `name`, `vorname`, `plz`, `ort` mit sinnvollen Datentypen. Stellen Sie für die Spalten `name`, `vorname` und `ort` den Zeichensatz auf ISO 8859-1, und definieren Sie eine deutsche Sortierreihenfolge.

13.2 Formulieren Sie einen `SELECT`-Befehl für folgende Tabelle, der das Feld `name` in deutscher Sortierung ausgibt:

```
CREATE TABLE adressen
(
   name VARCHAR(50) CHARACTER SET ISO8859_1
);
```

SQL-Datenbanken erlauben ihren Benutzern grundsätzlich nur Zugriffe auf Daten, wenn die Benutzer zu diesen Zugriffen auch berechtigt sind. So wird der Datenschutz genauso stringent umgesetzt wie die Datensicherheit.

14 Benutzer, Privilegien und Sicherheit

Die Theorie verlangt, dass alle Benutzer einer Datenbank mit Benutzernamen und Passwörtern ausgestattet sind. Nur diese Benutzer dürfen dann auch Zugriff auf die Daten erhalten. Dabei ist es sinnvoll, die Zugriffsrechte für die einzelnen Benutzer oder Gruppen nach Aufgabenbereichen zu beschränken. Wie diese Zugangsbeschränkung realisiert wird, bleibt dem jeweiligen Datenbanksystem überlassen.

14.1 Überblick

Der Zugang zur Datenbank und die damit einhergehenden Rechte werden als **Privileg** bezeichnet. Privilegien waren ursprünglich die besonderen Rechte, die ein Lehnsherr einem Vasallen einräumte. Wenn, um im Bild zu bleiben, der normale Benutzer der Vasall ist, dann ist der Datenbankadministrator der Lehnsherr.

Datenbank-administrator

Der Datenbankadministrator verfügt grundsätzlich über alle Rechte, um eine Datenbank anzulegen und aufrechtzuerhalten. Er hat den vollständigen Überblick über die gesamte Datenbank. Er vergibt wie gesagt Rechte an die normalen Benutzer. Schließlich kontrolliert er die Datenbank auch in der Hardware dahingehend, wo und wie die Datenbank gespeichert ist.

Mit so vielen Rechten geht natürlich auch sehr viel Verantwortung einher. Ein Datenbankadministrator muss absolut vertrauenswürdig sein und ist zu beinahe absoluter Geheimhaltung verpflichtet. Es ist durchaus auch möglich, dass es mehrere Administratoren mit unterschiedlichen Rechten gibt, sodass etwa ein Administrator nicht den Teil der Datenbank einsehen kann, der von seiner Kollegin verwaltet wird.

Einführungsbeispiel

In der Beispielfirma sollen die Mitarbeiter, die Bestellungen annehmen, Daten in die Datenbank einfügen und sie auch verändern können. Erst die Mitarbeiter, die Rechnungen schreiben, sollen Kunden löschen dürfen. Die Einkaufsabteilung soll die Artikeltabelle verwalten können. Schließlich fällt der Geschäftsführung ein, dass für den Notfall auch einer von ihnen einen möglichst weitreichenden Zugriff auf die Datenbank haben sollte.

Um dem Benutzer Osser die Rechte zum Löschen von Kundendatensätzen zu erlauben, lautet der Befehl:

```
GRANT DELETE
   ON TABLE kunde
   TO osser;
```

Für das Zuweisen von Zugriffsrechten steht in SQL der Befehl `GRANT` zur Verfügung. `GRANT` erlaubt die Definition von differenzierten Zugriffsrechten (Lesen, Löschen, Ändern, Einfügen) auf definierte Datenbankobjekte für bestimmte Benutzer. In unserem Einführungsbeispiel ist das Datenbankobjekt eine Tabelle. Ein Datenbankobjekt kann aber auch ein View oder ein Trigger sein.

14.2 Benutzer und Rollen

Die erste Aufgabe des Datenbankadministrators ist es, anderen den Zugang zur Datenbank zu ermöglichen. Je größer die Gruppe normaler Benutzer ist, desto aufwändiger wird es, jedem Einzelnen genaue Rechte zuzuweisen. Da ist es einfacher, bestimmte Rechte grundsätzlich bestimmten Benutzern zuzuweisen.

Rolle

Wenn einige Benutzer die gleichen Privilegien benötigen, müssen Sie nicht jedem Einzelnen immer wieder dieselben Rechte einräumen. Sie können einen allgemeinen Benutzer konstruieren, dem Sie die jeweiligen Rechte übertragen. Dann betrachten Sie einen wirklichen Benutzer nur noch als Vertreter dieses allgemeinen Benutzers.

Versetzen Sie sich an die Stelle von Theaterschriftstellern: Diese schaffen eine bestimmte Figur, die später von immer anderen Schauspielern dargestellt wird. Die Schauspieler bleiben natürlich immer individuelle Personen, sie übernehmen nur eine Rolle. Und so wird dieses Konzept auch in der Theorie genannt: Rolle. Die Beispieldatenbank folgt dieser Theorie.

Allerdings, und das wird Sie nicht überraschen, ziehen manche Systeme es vor, dieses Konzept anders, nämlich als **Gruppe** zu bezeichnen. Dann sind auch die Einrichtung und die Rechtevergabe etwas anders aufgebaut.

SQL-Teacher

Um das Einführungsbeispiel in der Übungsdatenbank nachzuvollziehen, müssen Sie zuerst den Benutzer `ross` anlegen. Hierfür steht der Befehl `CREATE ROLE` zur Verfügung:

- Geben Sie diesen Befehl ein, und führen Sie ihn aus:

  ```
  CREATE ROLE ross;
  ```

- Klicken Sie im Menübaum SYSTEM-TABELLEN und dann `RDB$ROLES` an. Sie sehen, dass `ross` als Benutzer angenommen wurde (siehe Abbildung 14.1).

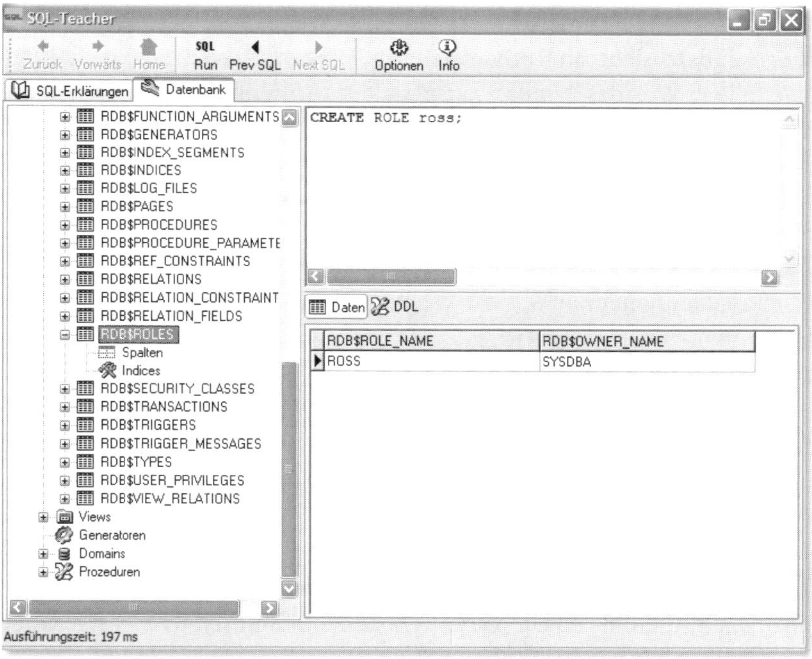

Abbildung 14.1 Erstellen einer Benutzerrolle

14.3 Benutzerprivilegien einrichten (GRANT)

SQL-Syntax

Sie haben zwei Möglichkeiten, um anderen Benutzerrechte einzuräumen. Beide sind Varianten des `GRANT`-Befehls. In der ersten erlauben Sie den Zugriff auf eine Tabelle:

```
GRANT {privilegienliste | ALL}
   ON TABLE tabellenname
   TO {benutzerliste | PUBLIC}
   [WITH GRANT OPTION]
```

In der zweiten erlauben Sie die Verwendung von Datenbankobjekten:

```
GRANT {USAGE | UNDER | TRIGGER | EXECUTE}
   ON objekt
   TO {benutzerliste | PUBLIC}
   [WITH GRANT OPTION]
```

Im ersten Fall geben Sie genau die Rechte an, die der Benutzer erhalten soll, oder Sie vergeben alle Rechte mit ALL. Im zweiten Fall erlauben Sie, dass der Benutzer ein bestimmtes Datenbankobjekt verwenden darf. Sie erinnern sich, Datenbankobjekte sind Tabellen (einschließlich der auf ihnen basierenden Views), Domänen etc.

Der Standard sieht fünf Privilegien vor, die verschiedene Zugriffsstufen darstellen. Wie das konkret ausgestaltet ist, hängt wieder von Ihrem Datenbanksystem ab. Sie können den Zugriff hier auch noch weiter beschränken. Um die Beschränkung vorzunehmen, setzen Sie hinter das Privileg in Klammern die Spalten, auf die Sie es anwenden wollen:

```
privileg (spaltenliste)
```

Privilegien

Bei Tabellen benennen Sie das Privileg einfach mit dem Befehl, den Sie zulassen. Mit SELECT gestatten Sie dem Benutzer, alle oder die angegebenen Spalten zu lesen. INSERT erlaubt ihm, neue Datensätze hinzuzufügen – wenn Sie die Spalten eingeschränkt haben, wird in die gesperrten Spalten ein Vorgabewert geschrieben. Mit UPDATE darf der Benutzer Daten ändern, möglicherweise nur in den von Ihnen angegebenen Spalten. DELETE gibt dem Benutzer das Recht, einen Datensatz zu löschen – dieses Recht kann natürlich nicht auf bestimmte Spalten beschränkt werden. Mit REFERENCES geben Sie einem Benutzer das Recht, eine neue Tabelle anzulegen, die eine Spalte Ihrer Tabelle als Fremdschlüssel verwendet, hier können Sie wieder Spalten von der Benutzung ausnehmen.

Bei Objekten erlauben Sie dem Benutzer mit USAGE, einen Zeichensatz zu verwenden. UNDER ermöglicht es ihm, einen von Ihnen definierten Typ in einem CREATE TABLE-Befehl zu verwenden – das betrifft objektorientierte Ansätze, die hier nicht behandelt werden. TRIGGER erlaubt dem Benutzer, Trigger zu verwenden, und EXECUTE-Prozeduren und eigene Funktionen.

Mit `TO` leiten Sie die Liste der Benutzer ein, denen Sie die Rechte gewähren wollen. Hier können Sie allen Benutzern diese Rechte einräumen, wenn Sie anstatt der Liste ein `PUBLIC` setzen.

Fügen Sie einem `GRANT`-Befehl `WITH GRANT OPTION` hinzu, dann darf jeder von Ihnen privilegierte Benutzer die ihm gewährten Rechte weitergeben.

Weiterführendes Beispiel

In den folgenden Beispielen wird die Vergabe von Rechten gezeigt. In der Einkaufsabteilung ist die Mitarbeiterin Koppes neu eingestellt worden. Frau Koppes soll die Daten der Tabellen `artikel`, `hersteller` und `kategorie` entsprechend pflegen können. Hierzu soll sie Datensätze in diesen Tabellen abfragen, anlegen, ändern oder löschen können.

Um diese Rechte in das Datenbanksystem zu implementieren, gehen Sie wie folgt vor:

- Legen Sie zuerst den Benutzer mit dem Befehl `CREATE ROLE koppes;` an.
- Definieren Sie anschließend die Rechte für diesen Benutzer mit den folgenden Befehlen:

```
GRANT SELECT, INSERT, UPDATE, DELETE
ON TABLE artikel
TO koppes;
```

  Da jeweils die Rechte nur für eine Tabelle angelegt werden können, muss dieser Befehl für die Tabellen `hersteller` und `kategorie` entsprechend wiederholt werden:

```
GRANT SELECT, INSERT, UPDATE, DELETE
ON TABLE hersteller
TO koppes;

GRANT SELECT, INSERT, UPDATE, DELETE
ON TABLE kategorie
TO koppes;
```

Klicken Sie unter SYSTEM-TABELLEN die Tabelle `RDB$USER_PRIVILEGES` an. `koppes` ist mit ihren Rechten aufgeführt.

- Wenn Sie weitere Rechte vergeben wollen, denken Sie bitte daran, dass Sie in der Beispieldatenbank nur Rechte für jeweils *eine* Tabelle vergeben können.

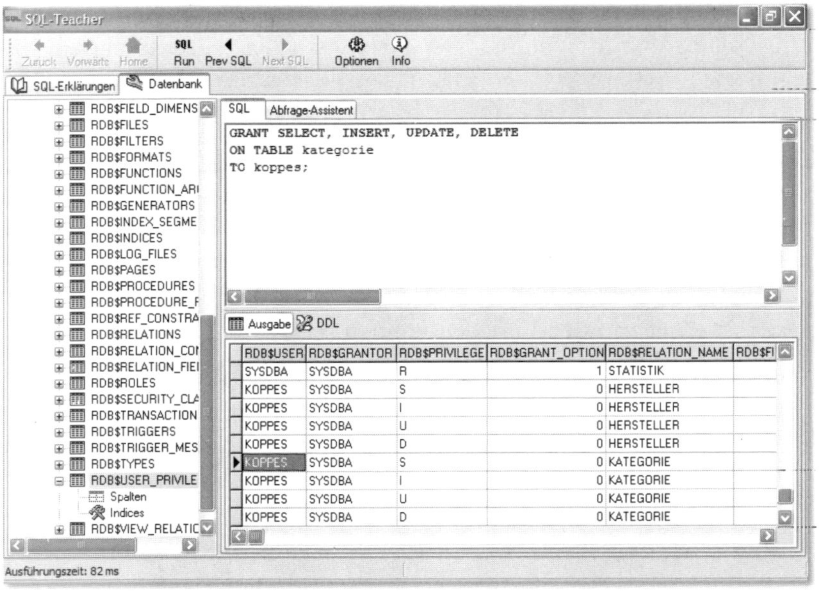

Abbildung 14.2 Die Rechte von Koppes

Übungen

14.1 Geben Sie den Mitarbeitern des Vertriebs nur die Rechte, den Tabellen `kunde`, `bestellung` und `posten` neue Datensätze hinzuzufügen bzw. diese zu ändern. Natürlich müssen die Mitarbeiter die Daten auch lesen (abfragen) können.

14.2 Die Mitarbeiter des Rechnungswesens dürfen Kunden, Bestellungen und Posten löschen. Geben Sie ihnen die entsprechenden Rechte.

14.3 Die Mitarbeiter des Einkaufs sollen die Tabellen der Datenbank verwalten, die sich mit den Artikeln und den Herstellern beschäftigen. Außerdem sollen sie auch, wenn sie neue Tabellen anlegen, Beziehungen zu den alten erzeugen können. Sorgen Sie dafür, dass sie die entsprechenden Rechte erhalten.

14.4 Benutzerrechte und Views

Privilegien werden für Datenbankobjekte vergeben. Insofern können Sie auch für einen definierten View entsprechende Privilegien vergeben. Die Definition von Benutzerrechten auf einen View in Zusammenhang mit der Definition des Views lassen sich sehr gut nutzen, um einen effektiven Zugangsschutz zu Daten aufzubauen. Mit der Definition des Views wird dabei die Datenauswahl realisiert. Mit entsprechenden Benutzerrechten wie z. B. »nur lesen« kann dann der Zugriff weiter beschränkt werden. Die Definition von Rechten erfolgt beispielhaft wie folgt:

```
GRANT SELECT
ON v_telefonliste
TO roberts;
```

14.5 Benutzerprivilegien löschen (REVOKE)

SQL-Syntax

Die Privilegien werden mit dem ähnlich wie `GRANT` aufgebauten `REVOKE`-Befehl wieder zurückgenommen:

```
REVOKE [GRANT OPTION FOR] {privilegienliste | ALL}
ON objekt
FROM {benutzerliste | PUBLIC}
[{RESTRICT | CASCADE}]
```

Sie können alle Privilegien mit `ALL` entziehen oder nur bestimmte Rechte auflisten. Sie können mit `GRANT OPTION FOR` auch nur das Weitergaberecht zurücknehmen; auch hier haben Sie die Möglichkeit, alle oder bestimmte Rechte zurückzunehmen.

Die Elemente `ON` und `FROM` entsprechen `ON` und `TO` des `GRANT`-Befehls. `ON` gibt das Objekt an, auf das sich die Rechte beziehen, `FROM` listet die Benutzer auf, denen die Rechte entzogen werden – `PUBLIC` entzieht jedem die betreffenden Rechte.

Das folgende Beispiel entzieht dem Benutzer `meyer` das Recht für Löschen in Bezug auf die Tabelle `Bestellung`:

```
REVOKE DELETE
ON TABLE BESTELLUNG
FROM meyer
```

Sie haben schließlich die Möglichkeit, die Rücknahme von Rechten zu steuern. Mit `RESTRICT` verhindern Sie die Rücknahme, wenn der betreffende Benutzer seine Rechte weitergegeben hat. Mit `CASCADE` werden die Rechte auch den Benutzern entzogen, die sie vom angegebenen Benutzer erhalten haben.

Weiterführendes Beispiel

In der Beispielfirma erreicht ein Mitarbeiter das Rentenalter. Natürlich soll er von nun an keinen Zugriff mehr auf die Datenbank haben:

```
REVOKE SELECT, DELETE, INSERT, UPDATE
ON TABLE *
FROM schiff
```

Außerdem soll dem Praktikanten aus der Einkaufsabteilung das Recht entzogen werden, Datensätze zu löschen, weil er jetzt schon mehrmals die falschen Daten gelöscht hat:

```
REVOKE DELETE
ON TABLE *
FROM remsen;
```

Die Syntax für alle Tabellen mit dem Sternchen (`ON TABLE *`) gilt nicht für alle Datenbanken. Falls das Datenbanksystem die Syntax nicht unterstützt, sind die Rechte für die jeweiligen Tabellen einzeln zu entziehen.

[✎] **Übungen**

14.4 Weil der Praktikant ein Neffe des privilegierten Geschäftsführers ist, hatte dieser ihm außerdem Einblick in die gesamte Datenbank gestattet und zudem das Weitergaberecht eingeräumt, wovon er mehr als nötig Gebrauch gemacht hat. Zumindest das Weitergaberecht soll ihm nun entzogen werden.

14.5 Der Mitarbeiter Müller wechselt vom Vertrieb zum Rechnungswesen und muss nun andere Rechte erhalten. Wenn Sie schon dabei sind, ändern Sie doch auch die betreffenden Daten in der Tabelle `mitarbeiter`.

14.6 Frau Lehne aus der Verwaltung geht in Mutterschutz. Während dieser Zeit sollen ihre Rechte zurückgenommen werden. Und wie werden Sie die Rechte später wieder zurückgeben?

Jede relationale Datenbank verfügt in der Regel zur Verwaltung der angelegten Datenbank, Tabellen, Felder und Rechte über Metadaten-Informationen. Diese Metadaten-Informationen werden unter dem Begriff »Systemkatalog« oder »Informationsschema« geführt.

15 Systemkatalog

Die Bezeichnung des Systemkatalogs wird je nach Datenbank teilweise unterschiedlich gehandhabt. Da die Struktur nicht standardisiert ist, ist die Organisation der Metadaten auch in jeder Datenbank unterschiedlich. Gemeinsam ist aber in der Regel das Prinzip, alle benötigten Informationen in einer Tabellenstruktur zu speichern. Im Folgenden werden die Prinzipien anhand der Firebird-Datenbank besprochen, die der Übungssoftware beiliegt. Sie haben so die Möglichkeit, die Informationen gleich nachzuvollziehen.

15.1 Aufbau

In der Regel befinden sich alle Informationen in einer eigenen Tabellenstruktur, die nach außen hin nicht sofort sichtbar ist. In der Übungssoftware finden Sie links unten den Eintrag SYSTEM-TABELLEN, der Ihnen den Blick auf den Systemkatalog freigibt. Bei der Firebird-Datenbank beginnen die Systemtabellen alle mit der Bezeichnung `RDB$`. Hinter dieser Bezeichnung folgt der individuelle Tabellenname, der in der Regel die Art der Metadaten-Informationen charakterisiert.

Bei Firebird sind das beispielsweise:

- `RDB$RELATIONS` enthält die Tabelleninformationen.
- `RDB$RELATION_FIELDS` enthält die Informationen zu den Felddefinitionen.
- `RDB$INDICES` enthält die Informationen zu den angelegten Indizes.

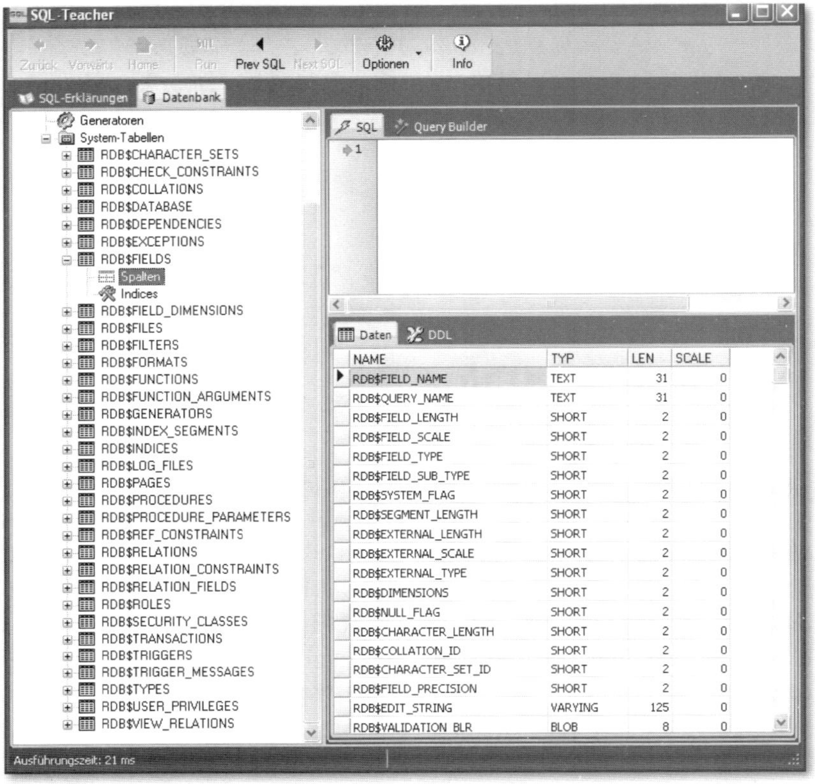

Abbildung 15.1 Einblick in den Systemkatalog der Datenbank

Ein Blick auf die definierten Spalten zeigt, dass dort alle Informationen gespeichert sind, die für den Betrieb der Datenbank notwendig sind. Die Funktion vieler dieser Informationen ist allerdings nicht auf den ersten Blick ersichtlich. Da es hier aber nur darum geht, den Systemkatalog kennenzulernen, ist ein detaillierterer Blick auch nicht notwendig. Es versteht sich von selbst, dass eine Änderung am Systemkatalog die Funktion der ganzen Datenbank beeinträchtigen kann. Aus diesem Grund sollten Änderungen nur mit der nötigen Sachkenntnis durchgeführt werden.

15.2 Informationen des Systemkatalogs abfragen

Sie können den Systemkatalog mit den bekannten SQL-Befehlen abfragen. Der folgende Befehl gibt die Liste aller angelegten Tabellen einschließlich des Benutzers aus:

```
SELECT RDB$RELATIONS.RDB$RELATION_NAME,
       RDB$RELATIONS.RDB$OWNER_NAME
FROM RDB$RELATIONS
```

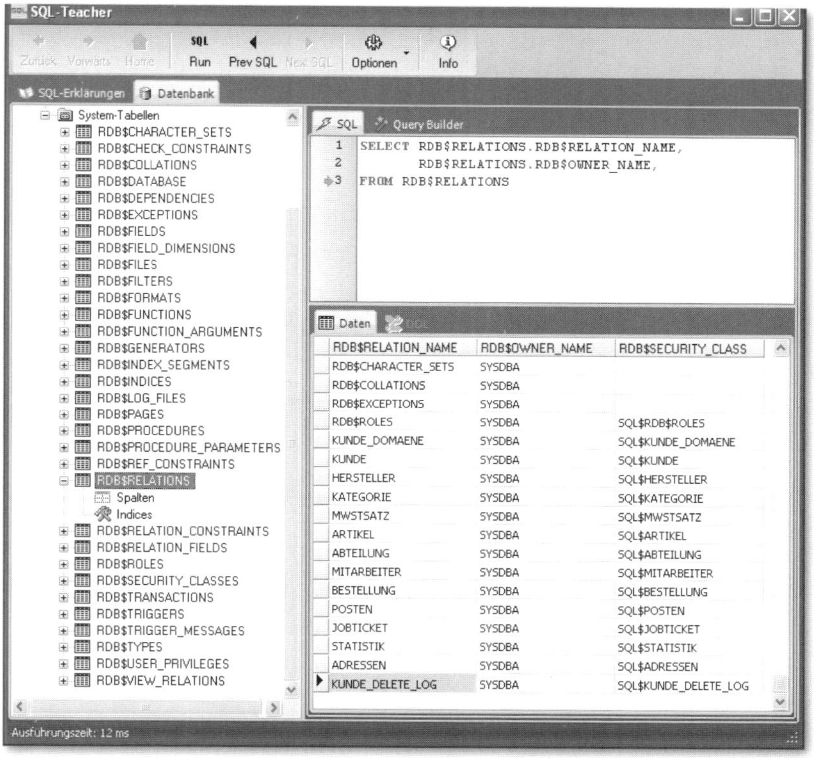

Abbildung 15.2 Abfrage der Systemtabellen

Wenn Sie an das Ende der Ausgabe scrollen, finden Sie dort auch die angelegten Tabellen der Datenbank wie beispielsweise `Bestellung`, `Mitarbeiter` etc. Im oberen Teil der Ausgabe sind alle Systemtabellen aufgelistet, die natürlich auch als Metadaten-Informationen vorhanden sind.

Übung

15.1 Geben Sie mittels einer SQL-Abfrage über die Systemtabellen eine Liste aus, die alle Felder mit den dazugehörigen Tabellen auflistet. Hinweis: Die Tabellen `RDB$RELATION` und `RDB$RELATION_FIELDS` sind über das Feld `RDB$RELATION_NAME` zu verknüpfen.

Mit neuen Datenbankversionen hat auch das XML Einzug gehalten. XML ist ein Datenformat zur strukturierten Speicherung von Daten in einem Textformat. Mit der Definition der Struktur und dem einfach zugänglichen Dateiformat wird der Austausch zwischen verschiedenen Softwaresystemen erleichtert. In diesem Kapitel wird die Unterstützung für XML-Daten in SQL-Datenbanken dargestellt.

16 SQL/XML

In der Praxis ist der Datenaustausch zwischen verschiedenen Softwaresystemen ein ständiges Thema. Da über das Internet inzwischen Computersysteme direkt vernetzt sind, wird über ein standardisiertes Austauschformat wie XML inzwischen vielfach der Datentransfer insbesondere zwischen Unternehmen organisiert.

16.1 Was ist XML?

XML ist gekennzeichnet durch folgende Eigenschaften:

- Darstellung hierarchisch strukturierter Daten
- durch das W3C (World Wide Web Consortium) standardisierte Auszeichnungssprache (ähnlich HTML)
- einfacher Aufbau, der direkt nachvollziehbar ist (menschenlesbar)
- Speicherung als leicht editierbares Textformat

Das folgende Beispiel zeigt den grundsätzlichen Aufbau einer XML-Datei:

Aufbau von XML

```
<bestellung>
     <bestellnr>1</bestellnr>
     <bestelldatum>02.01.2010</bestelldatum>
     <lieferdatum>10.01.2010</lieferdatum>
     <rechnungsbetrag>359.10</rechnungsbetrag>
     <kunde>
          <name>Loewe</name>
          <vorname>Arthur</vorname>
```

```
          <strasse>Sebastianstrasse 134</strasse>
          <plz>50737</plz>
          <ort>Köln</ort>
     </kunde>
     <posten>
     <postendetail>
      <artikelnr>1</artikelnr>
      <bestellmenge>1</bestellmenge>
      <liefermenge>1</liefermenge>
     </postendetail>>
     <postendetail>
      <artikelnr>2</artikelnr>
      <bestellmenge>1</bestellmenge>
      <liefermenge>1</liefermenge>
     <postendetail>
     </posten>
</bestellung>
```

Dargestellt ist hier die erste Bestellung aus der Beispieldatenbank. Wenn Sie sich das Listing betrachten, können Sie erkennen, dass die Informationen innerhalb der Notation

```
<attribut>Wert</attribut>
```

definiert sind (sogenannte Elemente oder Tags). Die Bezeichnung ist in spitzen Klammern notiert. Wer von Ihnen schon einmal mit HTML gearbeitet hat, wird diese Notation bereits kennen. Ein endender Eintrag wird durch einen vorangestellten Schrägstrich gekennzeichnet. Die Bezeichnung in den spitzen Klammern entspricht dabei dem Tabellen- bzw. dem Feldnamen. Das äußerste Element (in unserem Beispiel `<bestellung>`) wird dabei als Wurzelelement bezeichnet. Alle Elemente müssen geschlossen sein, damit die Syntax korrekt ist. Innerhalb dieses Wurzelelements werden weitere Elemente logisch geschachtelt. In dem vorigen Beispiel wird z. B. das Bestelldatum innerhalb des Wurzelelements platziert. Das Element »Kunde« besitzt weitere Unterelemente (z. B. Name, Vorname), die dann innerhalb des Basiselements (Kunde) auch geschlossen werden. Allen Elementen kann quasi als Metainformation ein zusätzliches Attribut gegeben werden. Ein Beispiel hierfür ist die Vergabe einer Identifikationsnummer (ID) zu einem Kunden. Im folgenden XML-Beispiel wird dem Element `kunde` ein zusätzliches Attribut `id` mitgegeben:

```
<kunde id="100">
     <name>Loewe</name>
 </kunde>
```

```
<kunde id="101">
    <name>Meyer</name>
 </kunde>
```

Das Attribut wird innerhalb der Definition des Elements festgelegt:

```
<elementname attributname="Attributwert">
```

Wenn Sie den im Eingangsbeispiel definierten Datensatz aus der Beispieldatenbank selektieren wollen, geben Sie folgenden Befehl ein:

```
SELECT
      b.bestelldatum, b.lieferdatum, b.bestellnr, k.name,
      k.vorname, k.strasse, k.plz, k.ort, p.bestellmenge,
      p.liefermenge
FROM posten p
   INNER JOIN bestellung b ON (p.bestellnr = b.bestellnr)
   INNER JOIN kunde k ON (b.kundennr = k.kundennr)
WHERE
   b.bestellnr = 1;
```

Das Ergebnis dieser Abfrage liefert zwei Datensätze:

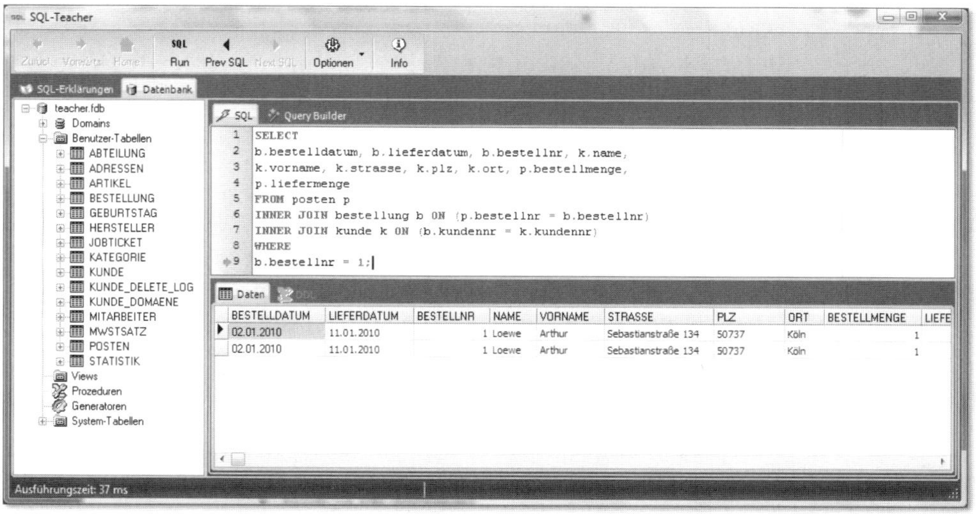

Abbildung 16.1 Selektion der dargestellten Daten als SQL-Befehl

Mit der Verwaltung von XML-Informationen in der Datenbank hängen dann folgende Aufgaben zusammen:

- *Speichern der XML-Informationen*
  Die XML-Informationen müssen in der Datenbankstruktur abgelegt werden.

- *Ausgabe von XML-Informationen*
  Gespeicherte XML-Informationen müssen wieder zugänglich gemacht werden.
- *Funktionen für die XML-Bearbeitung*
  (z. B. Erzeugung eines gültigen XML-Strings).

Die Entscheidung, ob Sie XML-Daten in der Datenbank speichern wollen, hängt von einer Reihe Faktoren ab, die Sie wahrscheinlich jeweils individuell werten müssen.

Entscheidungsfaktoren könnten z. B. sein:

Kriterien für XML-Speicherung

- *Performance*
  Die Interpretation der XML-Daten ist in der Regel zeitaufwendiger als eine Abfrage der relationalen Daten.
- *Einhaltung der referenziellen Integrität*
  Die automatische Überprüfung der referenziellen Integrität im relationalen Datenbankmodell führt zu eindeutig zugewiesenen Informationen. Die Möglichkeiten der referenziellen Integrität stehen bei XML-Daten nicht zur Verfügung.
- *Komplexität*
  Häufig werden strukturierte Informationen nur in geringer Anzahl benötigt. Die Darstellung im relationalen Datenbankmodell mit entsprechenden Verknüpfungen kann aufwendiger sein als die Darstellung in XML.
- *Updatehäufigkeit*
  XML-Informationen werden in der Regel komplett aktualisiert. Wenn also häufig nur Teilmengen der Daten aktualisiert werden (z. B. Updates in Anschriften von Kunden), ist die Speicherung im XML-Format ungünstig. Wenn allerdings selten nur geringe Datenmengen aktualisiert werden, kann die Speicherung als XML in Betracht gezogen werden.

16.2 Der XML-Datentyp

Der **XML-Datentyp** erlaubt das Speichern von XML-Dokumenten bzw. Fragmenten in der Tabellenstruktur. Grundsätzlich muss dieses Feld nur Text aufnehmen und verhält sich hier nicht anders als ein normales Feld, das mit einem Datentyp wie `TEXT` definiert ist. Hinzu kommt aber, dass die Datenbank den Inhalt auf korrekte Syntax überprüft und für diesen Feldtyp weitere Funktionen bereithält.

Die Bezeichnung für einen XML-Datentyp ist in der Regel `xml`.

XML-Datentyp

Eine Tabellenspalte kann im Rahmen einer Tabellendefinition z. B. wie folgt definiert werden:

```
CREATE TABLE xmltest
(
nr INTEGER NOT NULL,
xmlcontent XML,
strcontent VARCHAR(250),
sttribut VARCHAR(250)
)
```

Sie können anschließend in dieses Feld mit den bekannten SQL-Befehlen (`INSERT`; `UPDATE`) XML-Informationen speichern:

```
INSERT INTO xmltest (nr, xmlcontent, strcontent, attribut)
VALUES (1, '<inhalt>Die Information</inhalt>',
'Hallo Welt', 'Das Attribut');
```

16.3 XML-Funktionen

Datenbanken, die XML unterstützen, stellen zusätzliche Funktionen bereit, um eine leichtere Aufbereitung der XML-Informationen zu bewerkstelligen. Im Folgenden werden übliche Funktionen vorgestellt.

16.3.1 xmlelement()

Die Funktion `xmlelement()` erstellt ein XML-Element aus relationalen Daten. Als Parameter werden der Name des Elements, das erzeugt werden soll, und der Inhalt übergeben. Der Inhalt kann dabei ein Text oder ein Datenbankfeld sein. Das folgende Beispiel selektiert das Feld `strcontent` und gibt das Ergebnis als XML-formatiertes Element aus:

```
SELECT id, XMLELEMENT( NAME ausgabename, xmlcontent )
FROM xmltest;
```

Das Ergebnis sieht wie folgt aus:

```
<ausgabename>Hallo Welt</ausgabename>
```

16.3.2 xmlattributes()

Soll die Ausgabe der Elemente mit Attributen versehen werden, steht dafür der Befehl `xmlattributes()` zur Verfügung. Sie können damit ein variables Attribut zu einem Element erzeugen:

```
SELECT id, XMLELEMENT( NAME ausgabename,
XMLATTRIBUTES('attribut'), xmlcontent ) FROM xmltest;
```

Das Ergebnis dieser Abfrage sieht wie folgt aus:

```
<ausgabename attribut="Das Attribut">Hallo Welt</ausgabename>
```

16.3.3 xmlroot()

Die Funktion `xmlroot` erzeugt ein XML-Wurzelelement.

16.3.4 xmlconcat()

Die `xmlconcat()`-Funktion erstellt verzweigte Baumstrukturen von XML-Elementen. Ein Beispiel wäre:

```
SELECT XMLCONCAT( XMLELEMENT( NAME vorname, vorname),
                  XMLELEMENT( NAME name, name )
                 ) AS "Kundenname"
FROM kunde
```

Das Ergebnis ist:

```
<vorname>Arthur</vorname>
<name>Loewe</name>
<vorname>Werner</vorname>
<name>Meyer</name>
```

16.3.5 xmlcomment()

Der Befehl `xmlcomment()` erzeugt einen validen XML-Kommentar:

```
SELECT xmlcomment('Hallo Welt');
```

Der Befehl gibt als Ergebnis aus:

```
<!--Hallo Welt-->
```

16.3.6 xmlparse()

Diese Funktion analysiert ein bestehendes XML-Dokument und gibt eine XML-Struktur zurück.

16.3.7 xmlforest()

`xmlforest()` konstruiert verzweigte Baumstrukturen von XML-Elementen. Es wird ein Element für jedes `xmlforest()`-Argument erzeugt.

Beispiel:

```
SELECT xmlforest('abc' AS element1, 123 AS element2);
```

Das Ergebnis:

```
<element1>abc</element1><element2>123</element2>
```

16.3.8 xmlagg()

Die Funktion `xmlagg()` wird verwendet, um verzweigte Baumstrukturen von XML-Elementen aus einer Sammlung von XML-Elementen zu erstellen. Es handelt sich also um eine Aggregatfunktion, deren Ergebnis ein einzelnes zusammengesetztes XML ist.

16.4 Export der Datenbank als XML

Die verschiedenen Datenbanken halten häufig Hilfsprogramme bereit, um eine bestehende Datenbank mit den Tabellen und Daten als XML-Datei zu exportieren. Da dieser Export nicht zum Standard von SQL gehört, sind die Befehle in Abhängigkeit von der verwendeten Datenbank unterschiedlich.

Bei MySQL ist der Export beispielsweise mit dem Werkzeug `mysqldump` möglich (`mysqldump --xml`).

Hinweis

In der beiliegenden Übungssoftware sind leider keine XML-Funktionen enthalten, weil die zugrunde liegende Firebird-Datenbank keine XML-Funktionen unterstützt. In Kapitel 19, »SQL-Syntax gängiger Datenbanken«, finden Sie eine Übersicht, welche Datenbanksysteme XML unterstützen.

In diesem Kapitel finden Sie die Lösungen zu den Übungen aus den einzelnen Kapiteln des Buches.

17 Lösungen zu den Aufgaben

17.1 Lösungen zu Kapitel 2

Übung 2.1

In der Übungsdatenbank existieren die im Folgenden aufgelisteten Beziehungen. Geben Sie an, um welche Beziehung es sich handelt (1:1, 1:n, n:m):

a) Ein Hersteller produziert mehrere Artikel. Artikel werden immer nur von einem Hersteller produziert.

b) Ein Artikel gehört einer Kategorie an. Eine Kategorie kann mehrere Artikel haben.

c) Ein Mitarbeiter gehört einer Abteilung an. Eine Abteilung kann mehrere Mitarbeiter haben.

d) Kunden kaufen Artikel.

a) Hersteller: Artikel – 1:n

b) Kategorie: Artikel – 1:n

c) Abteilung: Mitarbeiter – 1:n

d) Kunde: Artikel – n:m. Ein Kunde kann mehrere Artikel kaufen. Ein Artikel (z. B. der Laserdrucker HP 1150) kann von mehreren Kunden gekauft werden.

Übung 2.2

Erstellen Sie in der UML-Notation ein ER-Modell für die beiden Entitäten »Artikel« und »Hersteller«. Zugrunde gelegt wird dabei, dass eine Herstellerangabe zum Produkt benötigt wird, ein Artikel aber immer nur von einem Hersteller angeboten wird. Geben Sie dabei die Beziehungen in der Form 0..1, 0..*, 1..1, 1..* an.

Für einen Hersteller können kein, ein oder mehrere Artikel gespeichert werden. Die Beziehung ist optional mehrdeutig (`0..*`), ein Artikel muss über einen Hersteller verfügen und ist damit obligatorisch eindeutig. Die Notation im Klassenmodell der UML sieht wie folgt aus:

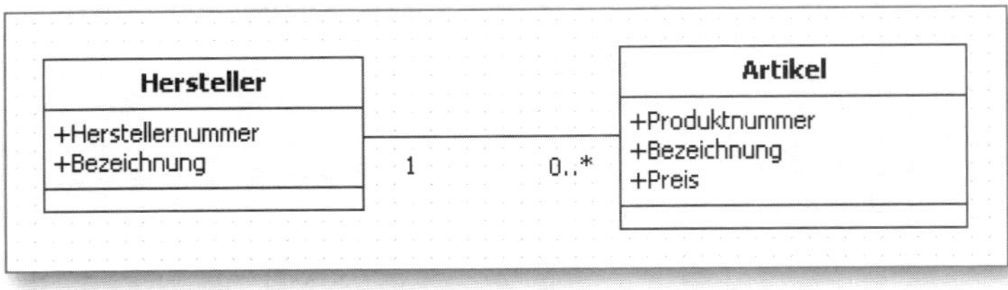

Abbildung 17.1 UML-Darstellung für Übung 2.2

Übung 2.3

In der Beispieldatenbank (siehe Abbildung 1.1) existiert die Tabelle `Abteilung`. Die Ausstattung an Kopiergeräten der einzelnen Abteilungen soll nun in dieser Tabelle gespeichert werden. Dazu wird sie um das Feld Kopierer erweitert. Ein Datenbankauszug sieht dann wie folgt aus:

Abteilungsnr.

Bezeichnung

Kopierer

4

Einkauf

Canon ES1000, Toshiba TH555

5

Vertrieb

Canon ES1000

Der Tabellenaufbau entspricht nicht der 1. und 2. Normalform. Die Speicherung von mehreren Werten, in diesem Fall der Kopierer, in einer Tabellenspalte verletzt die Bedingungen der 1. Normalform. Da die Kopierer zudem nicht vom Primärschlüssel abhängig sind, ist auch die 2. Normalform nicht erfüllt. Dazu müsste man die Kopierer in einer eigenen Tabelle (z. B. Ausstattung) speichern. Durch die 1:n-Beziehung wird in der Tabelle die Abteilungsnummer als Fremdschlüssel definiert.

17.2 Lösungen zu Kapitel 3

Übung 3.1

Definieren Sie eine Tabelle `geburtstag` mit Name, Vorname und Geburtstag. Die Datensätze sollen eine laufende Nummer (`gebnr`) erhalten.

Der Primärschlüssel kann in der Spaltendefinition oder direkt nach den Spaltendefinitionen anlegt werden. Als Spaltengröße für `name` und `vorname` wurde hier Text mit der Länge von 50 Zeichen gewählt. Das Geburtsdatum ist ein Datumswert (`DATE`):

```
CREATE TABLE geburtstag
(
   gebnr INTEGER NOT NULL,
   name VARCHAR(50),
   vorname VARCHAR(50),
   geburtstag DATE,
   PRIMARY KEY (gebnr)
);
```

Die Definition des Primärschlüssels kann auch bei der Spaltendefinition erfolgen. Also ist auch diese Lösung gültig:

```
CREATE TABLE geburtstag
(
   gebnr INTEGER NOT NULL PRIMARY KEY,
   name VARCHAR(50),
   vorname VARCHAR(50)
   geburtag DATE
);
```

Übung 3.2

Definieren Sie eine Tabelle `urlaub`, in der Sie Name, Vorname, Urlaubsantritt (`beginn`) und Urlaubsende (`ende`) speichern. Auch hier sollen die Datensätze eine laufende Nummer (`urlnr`) als Primärschlüssel erhalten.

Da die Felder *Urlaubsantritt* (`beginn`) und *Urlaubsende* (`ende`) Datumswerte enthalten, ist hier der Datentyp `DATE` sinnvoll:

```
CREATE TABLE urlaub
(
   urlnr INTEGER NOT NULL,
   name VARCHAR(50),
   vorname VARCHAR(50),
```

```
    beginn DATE,
    ende DATE,
    PRIMARY KEY (urlnr)
);
```

Übung 3.3

Definieren Sie eine Tabelle `telefonliste`, in der Sie `name`, `vorname`, `telefonnummer` und einen Buchstaben als `bemerkung` wie H für Handy oder G als geschäftliche Verbindung speichern wollen. Der Name und die Telefonnummer sollen auf jeden Fall eingegeben werden. Die Datensätze sollen eine laufende Nummer (`telnr`) als Primärschlüssel erhalten. Der Primärschlüssel soll als `CONSTRAINT` mit dem Namen `primaerschluessel` angelegt werden.

Die Spalten `name` und `telefonnummer` sollen mit `NOT NULL` definiert werden. Die Telefonnummer wird als Zeichenkette definiert. Die Bemerkung hat mit einem Zeichen immer die gleiche Länge und kann daher als `CHAR` angelegt werden. Der besseren Übersichtlichkeit wegen ist der Primärschlüssel am Ende angelegt:

```
CREATE TABLE telefonliste
(
    telnr INTEGER NOT NULL,
    name VARCHAR(50) NOT NULL,
    vorname VARCHAR(50),
    telefonnummer VARCHAR(50) NOT NULL,
    bemerkung CHAR(1),
    CONSTRAINT primaerschluessel PRIMARY KEY (telnr)
);
```

Übung 3.4

Sehen Sie sich die folgenden Datensätze A bis J mit `abteilungsnr` und `bezeichnung` an. Wenn Sie sie in die Tabelle `abteilung` eingeben, werden sie dann angenommen oder nicht? Warum?

Die Datensätze A, B, D, E, F, I und J werden angenommen, weil die `abteilungsnr` noch nicht existiert. Der Name der Abteilung ist nicht von Bedeutung, da diese Spalte nicht mit `NOT NULL` definiert wurde. Der Datensatz C wird abgelehnt, weil die `abteilungsnr`, die als Primärschlüssel angegeben werden muss, fehlt. Bei G und H sind die Abteilungsnummern schon vorhanden und werden deshalb als Primärschlüssel abgelehnt.

Übung 3.5

Sehen Sie sich die folgenden Datensätze A bis E an. Sie sollen in die Tabelle `mwstsatz` eingefügt werden und bestehen aus der `mwstnr` und `prozent`. Wenn Sie diese Datensätze eingeben, werden sie dann angenommen oder nicht? Warum?

A

1

7

B

2

16

C

3

120

D

29,6

E

2

7

Die Datensätze A und B werden angenommen, weil die `mwstnr` noch nicht vergeben wurde. C wird abgelehnt, weil die Prozentzahl drei Stellen vor dem Komma hat, aber nur zwei erlaubt sind. Bei D fehlt die `mwstnr`. Bei E ist die `mwstnr` schon als Primärschlüssel vorhanden und wird deshalb abgelehnt.

Übung 3.6

Definieren Sie für die Beispielfirma eine Tabelle `ferien`, in der der Urlaubsbeginn (`beginn`) und das Urlaubsende (`ende`) für die einzelnen Mitarbeiter gespeichert werden sollen. Anstatt der Namen der Mitarbeiter sollen Sie dort die `mitarbeiternr` aus der Tabelle `mitarbeiter` speichern. Die Tabelle muss also einen Fremdschlüssel haben. Auf einen Primärschlüssel können Sie verzichten.

Die Tabellendefinition lautet:

```
CREATE TABLE ferien
(
   mitarbeiternr INTEGER,
   beginn DATE,
```

```
    ende DATE,
    FOREIGN KEY (mitarbeiternr)
       REFERENCES mitarbeiter (mitarbeiternr));
```

Übung 3.7

Definieren Sie für die Beispielfirma eine Tabelle `notfall`, in der für jeden Mitarbeiter Telefonnummern zur Benachrichtigung von Angehörigen gespeichert werden sollen. Auch hier beziehen Sie sich auf die Tabelle `mitarbeiter`. Sie benötigen keine Primärschlüsselspalte.

Die Beziehung erfolgt über die Spalte `mitarbeiternr`. Die Tabelle `notfall` ist also eine abhängige Tabelle, die Spalte `mitarbeiternr` hier ein Fremdschlüssel:

```
CREATE TABLE notfall
(
    mitarbeiternr INTEGER,
    telefonnummer VARCHAR(50),
    FOREIGN KEY (mitarbeiternr)
       REFERENCES mitarbeiter (mitarbeiternr)
);
```

Übung 3.8

Die Tabelle `artikel` ist selbst auch die Vatertabelle für die Tabelle `posten`. Diese Tabelle ist auch von der Tabelle `bestellung` abhängig, deren Primärschlüsselspalte die Spalte `bestellnr` ist. Außerdem werden `bestellmenge` und `liefermenge` in `posten` gespeichert. Wie sieht der `CREATE TABLE`-Befehl für die Tabelle `posten` aus?

Die Tabelle `posten` hat zwei Fremdschlüssel. Sie wurde in der Beispieldatenbank so angelegt:

```
CREATE TABLE posten
(
    bestellnr INTEGER NOT NULL,
    artikelnr INTEGER,
    bestellmenge INTEGER,
    liefermenge INTEGER,
    FOREIGN KEY (bestellnr)
       REFERENCES bestellung,
    FOREIGN KEY (artikelnr)
       REFERENCES artikel
);
```

Wenn Sie dieses Beispiel nachvollziehen wollen, müssen Sie die Tabelle `posten` zuerst löschen.

Übung 3.9

In der Tabelle `abteilung` gibt es die Datensätze 1 bis 6, sie ist die Vatertabelle für die Tabelle `mitarbeiter`. In die Tabelle `mitarbeiter` sollen die Datensätze A bis J eingegeben werden. Werden sie angenommen oder nicht? Warum?

Die Datensätze A, B, C, D, E, F, G und J werden angenommen, da nicht unbedingt alle Angaben gemacht werden müssen und die Abteilungsnummern in der Tabelle `abteilung` existieren. Bei den Datensätzen H und I ist das nicht der Fall.

Übung 3.10

In der Tabelle `mwstsatz` gibt es zwei Datensätze 1 und 2. In der Tabelle `hersteller` gibt es die Datensätze 1 bis 10. In der Tabelle `kategorie` gibt es ebenfalls die Datensätze 1 bis 10. Alle diese Tabellen sind, wie Sie wissen, Vatertabellen für die Tabelle `artikel`. Sehen Sie sich nun die Datensätze A bis J an, die in die Tabelle `artikel` eingegeben werden sollen. Werden sie angenommen oder nicht? Warum? Denken Sie auch an den Primärschlüssel der Tabelle `artikel`.

Die Datensätze A, B, C, H und I werden angenommen, da die angegebenen `artikelnr` noch nicht vorhanden sind und die anderen angegebenen Nummern in der jeweiligen Tabelle existieren. Bei D fehlt die `artikelnr`. Bei E ist die `mwst` nicht in der Tabelle `mwstsatz` vorhanden. Bei F ist die `kategorie` in der Tabelle `kategorie` nicht vorhanden. Bei G ist `hersteller` in der Tabelle `hersteller` nicht vorhanden. Bei J ist die `artikelnr` bereits vorhanden.

Übung 3.11

Finden Sie drei Anwendungsfälle, bei denen die Verwendung von `UNIQUE` sinnvoll ist.

Im Folgenden sind einige Beispiele für die sinnvolle Verwendung von `UNIQUE` aufgelistet:

- Eingabe von Kontonummern
- die Postleitzahl in einer Postleitzahlentabelle

- Matchcodes (Suchwort) in der Kundentabelle
- Bezeichnung von Firmennamen in einer Firmentabelle, um Verwechslungen zu vermeiden

Übung 3.12

Definieren Sie eine Tabelle `rabatt`, in der zu der Kundennummer eine Rabattstufe gespeichert werden soll. Es gibt die Rabattstufen »Bronze (`B`)«, »Silber (`S`)« und »Gold (`G`)«. Die eingegebene Rabattstufe soll immer gültig sein. Die Tabelle braucht keinen Primärschlüssel.

Die Rabattstufen werden über eine `CHECK`-Bedingung wie folgt definiert:

```
CREATE TABLE rabatt
(
   kunde INTEGER NOT NULL,
   rabatt char(1) CHECK (rabatt IN ('B', 'G', 'S'))
);
```

Sie können überprüfen, ob der `CHECK` korrekt ausgeführt wird, indem Sie versuchen, einen Datensatz zu speichern, der gegen die `CHECK`-Bestimmung verstößt, z. B.:

```
INSERT INTO rabatt (kunde, rabatt) VALUES (1, 'Z');
```

Übung 3.13

In der Tabelle `kunde` gibt es eine Spalte `zahlungsart`. Wie sieht die Spalte aus, wenn Sie eine `CHECK`-Klausel hinzufügen? Gültige Eingaben sollen `R`, `B`, `N`, `V` und `K` sein.

Die Spalte `zahlungsart` könnte mit einer `CHECK`-Klausel so definiert werden:

```
zahlungsart CHAR(1)
   CHECK (zahlungsart IN ('R', 'B', 'N', 'V', 'K'));
```

Übung 3.14

Nehmen wir an, die Tabelle `posten` wäre tatsächlich wie in Übung 3.13 mit der `CHECK`-Klausel definiert worden. Sehen Sie sich die Datensätze A bis J an. Werden sie in die veränderte Tabelle `posten` aufgenommen oder nicht? Warum? Denken Sie auch an die Fremdschlüssel der Tabelle! Gegenwärtig gibt es Bestellungen von 1 bis 150 und Artikel von 1 bis 50.

Die Datensätze A, B, C, E und H werden angenommen. Bei D ist eine falsche Bestellmenge eingetragen. Bei F existiert die Artikelnummer nicht. Bei G fehlt die Artikelnummer. Bei I fehlt die Bestellnummer. Bei J existiert die Bestellnummer nicht.

Übung 3.15

Werden die folgenden Urlaubsanträge A bis J in die oben definierte Tabelle `urlaub` aufgenommen oder nicht? Warum?

Die Datensätze A, B, C, E, G, H und I werden angenommen. Die Datensätze D, F und J werden abgelehnt, weil die Urlaubszeit länger als die vorgegebene maximale Dauer der Abwesenheit wäre.

Übung 3.16

Werden die Datensätze A bis J in die Tabelle `rabatt`, die Sie in Übung 3.12 definiert haben, aufgenommen oder nicht? Warum? Achten Sie auf den Fremdschlüssel – es gibt zurzeit die Kundennummern 1 bis 100.

Die Datensätze A, B und C werden angenommen. Datensatz D wird abgelehnt, weil hier ein Kleinbuchstabe eingegeben werden soll. Datensatz E wird abgelehnt, weil hier ein Leerzeichen eingegeben werden soll. Bei Datensatz G soll eine Rabattstufe eingegeben werden, die nicht vorhanden ist. Bei Datensatz H ist keine Rabattstufe angegeben. Bei Datensatz I wird eine nicht existierende Kundennummer angegeben, er wird also auch abgelehnt. In Datensatz J wird versucht, eine Zahl anstatt eines Buchstabens einzugeben.

Übung 3.17

Nehmen wir an, die Tabelle kunde hätte die eben verlangte `CHECK`-Klausel für die Spalte `zahlungsart` (vergleichen Sie dazu mit Übung 3.13). Welche der folgenden Datensätze A bis J werden dann angenommen oder abgelehnt? Warum? Denken Sie an den Primärschlüssel (vergleichen Sie dazu mit Übung 3.16).

Die Datensätze A, B, C und I werden angenommen. Bei D und E existiert die Zahlungsart nicht. Bei F wird ein Kleinbuchstabe eingegeben. Bei G wird ein falscher Buchstabe eingegeben. Bei J wird eine schon bestehende Kundennummer angegeben.

Übung 3.18

In Übung 3.15 wurde ein unsinniger Datensatz angenommen: Ein Urlaub sollte enden, bevor er überhaupt begonnen hat. Wie können Sie weitere Fehler dieser Art mit einer `CHECK`-Klausel verhindern?

Das Urlaubsende darf nicht vor dem Urlaubsantritt liegen. Sie können solche Fehleingaben vermeiden, wenn Sie eine `CHECK`-Bedingung definieren, die verhindert, dass das Urlaubsende vor dem Urlaubsanfang liegt. Die Tabelle kann wie folgt definiert werden:

```
CREATE TABLE urlaub
(
   urlnr INTEGER NOT NULL,
   name VARCHAR(50),
   vorname VARCHAR(50),
   beginn DATE,
   ende DATE CHECK (ende > beginn),
   PRIMARY KEY (urlnr)
);
```

Übung 3.19

Erstellen Sie eine Domäne mit dem Namen `d_plz` für den Gültigkeitsbereich von Postleitzahlen. Der Gültigkeitsbereich soll nur deutsche Postleitzahlen umfassen, also eine fünfstellige Zahl sein. Beachten Sie, dass dabei auch eine führende Null gespeichert werden muss. Eine Definition eines Zahlendatentyps scheidet deshalb aus, weil bei Zahlen keine führende Null gespeichert wird.

Die Domänendefinition lautet:

```
CREATE DOMAIN d_plz
  AS CHAR(5);
```

Da für die Postleitzahl die führende Null unbedingt erforderlich ist, muss ein String-Datentyp verwendet werden. Bei einem Zahlenwert werden führende Nullen nicht gespeichert.

Übung 3.20

Definieren Sie eine Domäne `d_groesser_null`, die die Eingabe von negativen Werten verhindert. Diese Domänendefinition kann z. B. für die Spalte `mindestbestand` der Tabelle `artikel` angewendet werden.

Die Domänendefinition lautet:

```
CREATE DOMAIN d_groesser_null
   AS integer
   CHECK (VALUE >= 0);
```

Übung 3.21

Setzen Sie die Mehrwertsteuer als Domäne `d_mehrwertsteuer` um. Der Datentyp soll eine Nachkommastelle haben, der Vorgabewert soll 19 (Prozent) sein.

Die Domänendefinition lautet:

```
CREATE DOMAIN d_mehrwertsteuer
   AS DECIMAL(3,1)
  DEFAULT '19';
```

Übung 3.22

Erstellen Sie eine Tabelle mit dem Namen `anschrift` und den Spalten `name`, `strasse`, `postleitzahl`, `ort`. Weisen Sie der Spalte `postleitzahl` die erstellte Domäne `d_plz` zu.

Die Domänendefinition wird dem Spaltennamen zugeordnet. Die Tabellendefinition lautet wie folgt:

```
CREATE TABLE anschrift
(
   name VARCHAR(50),
   strasse VARCHAR(50),
   plz d_plz,
   ort VARCHAR(50)
);
```

Übung 3.23

Fügen Sie der Domäne `d_zahlungsart` (aus Abschnitt 3.5.1, »Domänen erstellen [CREATE DOMAIN]«) eine weitere Kategorie hinzu. Als zusätzliche Zahlungsart soll `L` (Lastschrift) akzeptiert werden.

Die Änderung ist in zwei Schritten durchzuführen. Im ersten Schritt wird die bestehende `CONSTRAINT`-Definition gelöscht:

```
ALTER DOMAIN d_zahlungsart DROP CONSTRAINT;
```

Danach kann die neue Einschränkung definiert werden:

```
ALTER DOMAIN d_zahlungsart
   ADD CHECK
   (
      VALUE IN ('R', 'B', 'N', 'V', 'K', 'L')
   );
```

Übung 3.24

In Übung 3.19 wurde die Domäne `d_plz` mit dem Datentyp `CHAR(5)` definiert. Für internationale Postleitzahlen reichen diese fünf Stellen nicht aus. Das Postleitzahlenfeld soll deshalb 14 Zeichen speichern können. Wie gehen Sie vor?

Eine Änderung des Datentyps einer Domäne ist nicht möglich. Sie müssen die Domäne löschen und neu anlegen.

Übung 3.25

Geben Sie Ihrer Domäne `d_zahlungsart` den Vorgabewert `L` (Lastschrift).

Hier setzen Sie einfach den neuen Vorgabewert:

```
ALTER DOMAIN d_zahlungsart
SET DEFAULT 'L';
```

Übung 3.26

Schaffen Sie den eben definierten Vorgabewert für die Domäne `d_zahlungsart` wieder ab.

Der Vorgabewert wird mit `DROP` gelöscht:

```
ALTER DOMAIN d_zahlungsart
DROP DEFAULT;
```

Übung 3.27

Ändern Sie die Domäne `d_email`. Der aufzunehmende Wert soll auch einen Punkt enthalten. Nehmen Sie die Endung `ch` in die Liste auf.

Auch hier ist die `CONSTRAINT`-Definition im ersten Schritt zu löschen:

```
ALTER DOMAIN d_email
DROP CONSTRAINT;
```

Anschließend wird die geänderte Definition neu definiert:

```
ALTER DOMAIN d_email
ADD CHECK
(
(VALUE CONTAINING '@' AND VALUE CONTAINING '.')

AND
(VALUE LIKE '%.de' OR VALUE LIKE '%.com'
   OR VALUE LIKE '%.at' OR VALUE LIKE '%.ch')
AND
(VALUE NOT IN ('gmx.de', 'web.de')));
```

Übung 3.28

Löschen Sie die oben angelegten Domänen `d_gehalt` und `d_email`.

Für jede `Domain`-Definition ist der Befehl `DROP DOMAIN` auszuführen:

```
DROP DOMAIN d_gehalt;

DROP DOMAIN d_email;
```

Übung 3.29

Ändern Sie die Definition der Tabelle `hersteller` aus der Beispieldatenbank. Ergänzen Sie die Felder `plz` und `ort`. Verwenden Sie sinnvolle Datentypen.

Die Änderungen werden mit dem `ALTER TABLE`-Befehl vorgenommen. Sie können beide Änderungen nacheinander durchführen:

```
ALTER TABLE hersteller
ADD plz CHAR(5);

ALTER TABLE hersteller
ADD ort VARCHAR(50);
```

Beide Änderungen können auch in einem Befehl ausgeführt werden:

```
ALTER TABLE hersteller
ADD plz CHAR(5),
ADD ort VARCHAR(50);
```

Übung 3.30

Ändern Sie die Definition der Spalte `name` **aus der Tabelle** `kunde` **der Beispieldatenbank. Vergrößern Sie die Feldgröße von** `VARCHAR(50)` **auf** `VARCHAR(60)`.

Die Änderung erfolgt über einen `ALTER TABLE`-Befehl:

```
ALTER TABLE kunde
ALTER name TYPE VARCHAR(60);
```

Der `ALTER`-Befehl liegt bei verschiedenen Datenbanken in unterschiedlicher Syntax vor. So könnte auch dieser Befehl gültig sein:

```
ALTER TABLE kunde
MODIFY name VARCHAR(60);
```

Übung 3.31

Legen Sie eine Tabelle mit dem Namen `telefonliste` **und den Spalten** `name`, `telefonnummer` **an. Wählen Sie sinnvolle Datentypen für die Spalten. Löschen Sie anschließend die Tabelle** `telefonliste`.

Die Lösung lautet:

```
CREATE TABLE telefon
(
name VARCHAR(50),
telefonnummer VARCHAR(20)
);

DROP TABLE telefon;
```

Übung 3.32

Definieren Sie einen Index für das Feld `ort` **der Tabelle** `kunde`**. Geben Sie dem Index den Namen** `idx_ort`.

Der Index wird mit einem `CREATE INDEX`-Befehl definiert:

```
CREATE INDEX idx_ort
   ON kunde (ort);
```

Übung 3.33

Definieren Sie einen Multi-Column-Index mit dem Namen idx_name_vorname für die Tabelle kunde. Dieser Index soll die Felder name und vorname beinhalten.

Bei Multi-Column-Indizes werden alle Spalten durch Kommata getrennt aufgelistet:

```
CREATE INDEX idx_name_vorname
ON kunde (name, vorname);
```

Übung 3.34

Löschen Sie den in Übung 3.33 angelegten Index idx_ort.

Indizes werden mit dem Befehl DROP INDEX gelöscht:

```
DROP INDEX idx_ort;
```

17.3 Lösungen zu Kapitel 4

Übung 4.1

Fügen Sie in die Tabelle mitarbeiter einen neuen Datensatz ein, der folgende Werte enthält:

Vorname: Hans
Nachname: Ulm
PLZ: 53113
Ort: Bonn
Straße: Talweg 7
Eintrittsdatum: 01.01.2011
Mitarbeiternummer: 304

Der INSERT-Befehl lautet wie folgt:

```
INSERT INTO mitarbeiter
   (name, vorname, strasse, plz, ort, eintrittsdatum,
   mitarbeiternr)
VALUES
   ('Ulm', 'Hans', 'Talweg 7', '53113', 'Bonn',
   '01.01.2011', 304);
```

Übung 4.2

Fügen Sie einen neuen Hersteller mit dem Namen »betamax« in die Herstellertabelle ein.

Der `INSERT`-Befehl lautet wie folgt:

```
INSERT INTO hersteller (herstellernr, name)
   VALUES (11, 'betamax');
```

Beachten Sie, dass der Wert in der Spalte `herstellernr` nicht schon vergeben sein darf, weil es sich um einen Primärschlüssel handelt.

Übung 4.3

Fügen Sie einen neuen Artikel in die Tabelle `artikel` ein. Beachten Sie dabei den Fremdschlüssel `mwst`, `hersteller` und `kategorie`. Wählen Sie frei: Artikelname, Hersteller, Nettopreis, Kategorie und Mehrwertsteuersatz. Hersteller, Kategorie und Mehrwertsteuersatz sind dabei Fremdschlüssel.

Wenn Sie einen `INSERT`-Befehl formulieren, müssen Sie die entsprechenden Abhängigkeiten zu den Fremdschlüsseln beachten. In der folgenden Lösung muss deshalb der Primärschlüssel für den Hersteller (»HP«) bzw. für die Kategorie (»Drucker«) ermittelt werden. Der `INSERT`-Befehl lautet dann wie folgt:

```
INSERT INTO artikel
   (artikelnr, bezeichnung, hersteller, nettopreis,
   kategorie, mwst)
   VALUES (75, 'DeskJet 9300', 4, 350, 7, 2);
```

17.4 Lösungen zu Kapitel 5

Übung 5.1

Fragen Sie aus der Tabelle `kunde` die Kundennummer (`kundennr`) und die Zahlungsart (`zahlungsart`) ab.

Der `SELECT`-Befehl lautet wie folgt:

```
SELECT kundennr, zahlungsart
   FROM kunde;
```

Übung 5.2

Listen Sie aus der Tabelle `artikel` die Bezeichnungen und den Preis aus.

Der `SELECT`-Befehl lautet wie folgt:

```
SELECT bezeichnung, nettopreis
   FROM artikel;
```

Übung 5.3

Suchen Sie aus der Tabelle `mitarbeiter` die Namen und die jeweilige Abteilungsnummer heraus.

Der `SELECT`-Befehl lautet wie folgt:

```
SELECT name, vorname, abteilung
   FROM mitarbeiter;
```

Übung 5.4

Lassen Sie sich die Namen der Hersteller aus der gleichnamigen Tabelle ausgeben.

Der `SELECT`-Befehl lautet wie folgt:

```
SELECT name
   FROM hersteller;
```

Übung 5.5

Listen Sie alle Artikel der Tabelle `artikel` auf, deren Nettopreis höher als 100 Euro liegt.

Über `SELECT *` werden alle Spalten ausgegeben:

```
SELECT *
   FROM artikel
   WHERE nettopreis > 100;
```

Übung 5.6

Listen Sie alle Mitarbeiter auf, die in der Abteilung 2 beschäftigt sind.

Der SELECT-Befehl lautet wie folgt:

```
SELECT *
   FROM mitarbeiter
   WHERE abteilung = 2;
```

Übung 5.7

Listen Sie alle Artikel auf, die zur Kategorie »Grafikkarten« (Kategorienummer 3) gehören.

Der SELECT-Befehl lautet:

```
SELECT *
   FROM artikel
   WHERE kategorie = 3;
```

Übung 5.8

Verbinden Sie beide Werbeaktionen der Beispielfirma. Beachten Sie, dass Sie die jeweilige Auswahl in Klammern setzen müssen.

Die beiden Auswahlbedingungen werden in diesem Fall mit OR verknüpft:

```
SELECT name, vorname, strasse, plz, ort
   FROM kunde
   WHERE (ort = 'Hamburg' OR ort = 'Bonn')
   OR (name = 'Kaufmann' AND vorname = 'Andreas');
```

Übung 5.9

Geben Sie alle Kunden aus, deren Kundennummer größer als 50 ist und die nicht in Köln wohnen.

Die beiden Auswahlbedingungen werden in diesem Fall mit AND verknüpft:

```
SELECT name, vorname, strasse, plz, ort, kundennr
   FROM kunde
   WHERE kundennr > 50 AND NOT ort = 'Köln';
```

Übung 5.10

Listen Sie alle Artikel in der Reihenfolge der Kategorie und dann alphabetisch auf.

Die Ausgabe soll sortiert erfolgen. Aus diesem Grund ist ein ORDER BY anzuwenden:

```
SELECT *
   FROM artikel
   ORDER BY kategorie, bezeichnung;
```

Übung 5.11

Listen Sie alle Mitarbeiter nach ihrem Gehalt und dann nach der Abteilung auf. Das Gehalt soll absteigend sortiert werden.

Mit dem Schlüsselwort DESC wird die Sortierreihenfolge umgekehrt:

```
SELECT *
   FROM mitarbeiter
   ORDER BY gehalt DESC, abteilung;
```

Übung 5.12

Listen Sie alle Artikel der Kategorie 4 (Festplatten) absteigend nach dem Preis auf.

Der SELECT-Befehl lautet wie folgt:

```
SELECT bezeichnung, nettopreis, kategorie
FROM artikel
WHERE kategorie = 4
ORDER BY nettopreis DESC;
```

Übung 5.13

Listen Sie alle Kunden, die per Nachnahme (N) bezahlen, nach Postleitzahlenbezirken auf.

Der SELECT-Befehl lautet wie folgt:

```
SELECT name, vorname, plz, zahlungsart
FROM kunde
```

```
WHERE zahlungsart = 'N'
ORDER BY plz;
```

Übung 5.14

Sorgen Sie bei der letzten Abfrage der Beispielfirma für eine sortierte Ausgabe der Städte nach der Anzahl der dort lebenden Kunden. Die Stadt mit den meisten Kunden soll dabei zuerst ausgegeben werden.

In diesem Fall müssen Sie noch ein ORDER BY ergänzen. Da Sie nach Anzahl der Kunden sortieren wollen, müssen Sie ein ORDER BY COUNT(*) verwenden. Um absteigend zu sortieren, ist ein DESC zu verwenden:

```
SELECT ort, COUNT(*)
   FROM kunde
   GROUP BY ort
   HAVING COUNT(*) >= 10
   ORDER BY COUNT(*) DESC;
```

Übung 5.15

Lassen Sie die Städte nach der Anzahl der dort lebenden Kunden ausgeben (wie in Übung 5.14). Bei gleicher Anzahl der Kunden soll die Ausgabe der Städte alphabetisch erfolgen.

Die ORDER BY-Klausel ist im Vergleich mit Übung 5.14 um den Ort zu ergänzen. Bei gleicher Anzahl an Kunden in einer Stadt wird dann nach dem Ortsnamen in aufsteigender alphabetischer Reihenfolge sortiert:

```
SELECT ort, COUNT(*)
   FROM kunde
   GROUP BY ort
   HAVING COUNT(*) >= 10
   ORDER BY COUNT(*) DESC, ort;
```

Übung 5.16

Lassen Sie sich die Anzahl der Artikel pro Kategorie ausgeben, die teurer als 50 Euro sind.

Um diese Aufgabe zu lösen, muss nach Kategorien gruppiert werden. Dies erfolgt über GROUP BY kategorie. Die Selektion aller Artikel, die teurer als 50 Euro sind, erfolgt über WHERE nettopreis > 50. Die Aggregatfunktion COUNT(*) schließlich sorgt für die Zählung der jeweiligen Datensätze in den Kategorien:

```
SELECT kategorie, COUNT(*)
   FROM artikel
   WHERE nettopreis > 50
   GROUP BY kategorie;
```

Übung 5.17

Lassen Sie sich die Bestellnummern von allen Bestellungen aus der Tabelle posten ausgeben, bei denen fünf Artikel oder mehr bestellt wurden. Sorgen Sie bitte auch für die Ausgabe der Größe nach.

Über die COUNT-Funktion und ein GROUP BY bestellnr kann die Anzahl der Positionen für eine Bestellung ermittelt werden. Über eine anschließende Selektionsbedingung kann dann die Anzahl »größer« oder »gleich 5« ermittelt werden. Die Selektionsbedingung muss über HAVING definiert werden, weil sie auf die erst während der Abfrage erzeugte Anzahl Bezug nimmt:

```
SELECT bestellnr, COUNT(*)
   FROM posten
   GROUP BY bestellnr
   HAVING COUNT(*) >= 5
   ORDER BY COUNT(*) DESC;
```

Übung 5.18

Bilden Sie eine Vereinigungsmenge aus der Tabelle kunden_meier mit der Tabelle kunden_schmidt. Aus der Tabelle kunden_meier sollen nur alle weiblichen Kunden (anrede='Frau'), aus der Tabelle kunden_schmidt nur alle Kunden aus Berlin selektiert werden.

Die beiden Tabellen werden über UNION vereinigt. Die Selektionsbedingungen sind für den jeweiligen SELECT-Befehl zu definieren:

```
SELECT * FROM kunden_meier
   WHERE anrede = 'Frau'
UNION
SELECT * FROM kunden_schmidt
   WHERE ort = 'Berlin';
```

Übung 5.19

Bilden Sie eine Vereinigungsmenge aus der Tabelle `kunden_meier` mit der Tabelle `kunden_schmidt`. Die Ausgabe soll auch Datensätze, die mehrfach in den Tabellen vorkommen, mehrfach enthalten.

Damit die in den Tabellen mehrfach geführten Datensätze auch mehrfach aufgelistet werden, muss der Befehl `UNION ALL` verwendet werden:

```
SELECT * FROM kunden_meier
UNION ALL
SELECT * FROM kunden_schmidt;
```

Übung 5.20

Wie hoch ist der Durchschnittsverdienst der Angestellten der Beispielfirma insgesamt und nach Abteilungen gruppiert?

Zuerst suchen Sie das durchschnittliche Gehalt der Firma insgesamt:

```
SELECT AVG(gehalt)
   FROM mitarbeiter;
```

Nun müssen Sie auch die Abteilung abfragen und die Ausgabe nach ihr gruppieren:

```
SELECT abteilung, AVG(gehalt)
   FROM mitarbeiter
   GROUP BY abteilung;
```

Übung 5.21

Ermitteln Sie das Eintrittsdatum des Mitarbeiters, der zuletzt in die Firma eintrat.

Die Funktion `MAX()`kann auch auf Datumswerte angewendet werden. Wenn Sie das höchste Eintrittsdatum suchen, finden Sie den entsprechenden Datensatz:

```
SELECT MAX(eintrittsdatum)
FROM mitarbeiter;
```

Übung 5.22

Wie groß ist die höchste Bestellmenge in der Tabelle `posten`?

Der Befehl lautet wie folgt:

```
SELECT MAX(bestellmenge)
FROM posten;
```

Übung 5.23

Wie viel wird im Durchschnitt pro Artikel bestellt?

Der Durchschnittswert wird über die Funktion `AVG()` bestimmt. Der Befehl lautet:

```
SELECT AVG(bestellmenge)
FROM posten;
```

Übung 5.24

Welcher Kunde steht alphabetisch am Anfang der Liste?

Die Funktion `MIN()`kann auf Zeichenketten angewendet werden und sucht dann alphabetisch vom Anfang her:

```
SELECT MIN(name)
FROM kunde;
```

Übung 5.25

Wie viele Produkte von den einzelnen Herstellern sind im Angebot?

Mit der Funktion `count(*)` kann die Anzahl der Datensätze ermittelt werden. Der Befehl lautet wie folgt:

```
SELECT hersteller, COUNT(*)
FROM artikel
GROUP BY hersteller
ORDER BY COUNT(*) DESC;
```

Übung 5.26

Einer der Geschäftsführer der Beispielfirma hat gehört, dass Artikel, deren Bezeichnung mehr als 17 Buchstaben lang ist, von Kunden ungern gekauft werden. Er möchte daher wissen, welche Artikelnamen länger als 17 Zeichen sind.

In diesem Fall wird die Länge des Feldinhalts über die Funktion CHAR_LENGTH() abgefragt:

```
SELECT bezeichnung
FROM artikel
WHERE CHAR_LENGTH(bezeichnung) > 17;
```

Übung 5.27

Wie können Sie feststellen, wie viele Bestellungen bisher insgesamt an den einzelnen Tagen des Monats eingegangen sind?

Da hier die Anzahl der Bestellungen für jeden Tag ermittelt werden soll, wird ein GROUP BY EXTRACT(DAY FROM bestelldatum) benötigt. Mithilfe der EXTRACT-Funktion wird der Tag aus dem Bestelldatum ermittelt. Über eine COUNT-Funktion werden diese gruppierten Datensätze dann gezählt:

```
SELECT EXTRACT(DAY FROM bestelldatum) AS Tag,
   COUNT(EXTRACT(DAY FROM bestelldatum))
FROM bestellung
GROUP BY EXTRACT(DAY FROM bestelldatum);
```

Übung 5.28

Welche Kunden haben E-Mail-Adressen von on-line.de?

Das Vorhandensein der E-Mail-Adresse wird in diesem Fall über einen Zeichenkettenvergleich realisiert. Falls die E-Mail-Adresse vorhanden ist, gibt die Funktion POSITION() einen Wert »größer 0« aus:

```
SELECT name, vorname
FROM kunde
WHERE POSITION('on-line.de' IN email) <> 0;
```

Das Schlüsselwort POSITION ist in Firebird nicht bekannt. In unserer Übungsdatenbank kann die Abfrage auch wie folgt definiert werden:

```
SELECT name, vorname
   FROM kunde
WHERE EMAIL CONTAINING ('on-line.de');
```

Übung 5.29

Die Geschäftsleitung der Beispielfirma möchte gerne die Umsätze nach Monaten aufgestellt sehen. Es soll eine Liste erstellt werden, die für jeden Monat die Bestellsumme ausgibt.

In diesem Fall wird der Monatsbestandteil des Bestelldatums über die Funktion EXTRACT() ermittelt:

```
SELECT EXTRACT(MONTH FROM bestelldatum),
   SUM(rechnungsbetrag)
   FROM bestellung
   GROUP BY EXTRACT(MONTH FROM bestelldatum)
   ORDER BY EXTRACT(MONTH FROM bestelldatum);
```

Übung 5.30

Die Geschäftsleitung der Beispielfirma erlaubt einer Gruppe BWL-Studenten, für eine Untersuchung auf ihre Datenbank zuzugreifen. Um den Datenschutz der Kunden zu gewährleisten, soll nur der erste Buchstabe des Familiennamens ausgegeben werden.

Sie benutzen die Funktion SUBSTRING() für die Ausgabe des ersten Buchstabens der Namen:

```
SELECT SUBSTRING(name FROM 1 FOR 1), vorname, plz, ort
FROM kunde;
```

17.5 Lösungen zu Kapitel 6

Übung 6.1

Geben Sie zu jedem Mitarbeiter die Bezeichnung seiner Abteilung an. Die Tabellen mitarbeiter und abteilung sind über die Abteilungsnummer miteinander verknüpft.

Die beiden Zieltabellen müssen mit einem Join über Primär- und Fremdschlüssel verknüpft werden:

```
SELECT m.name, m.vorname, a.bezeichnung
FROM mitarbeiter m
INNER JOIN abteilung a ON m.abteilung = a.abteilungsnr;
```

Die Tabellennamen werden hier durch Aliasse abgekürzt, um eine kürzere Schreibweise zu erhalten.

Übung 6.2

Geben Sie eine Tabelle aus, die folgende Spalten enthält: Artikelbezeichnung, Artikelnettopreis, Herstellername. Sortieren Sie die Liste nach Hersteller- und dann nach Artikelnamen.

Die Tabellen müssen hier über einen `INNER JOIN` verknüpft werden:

```
SELECT
artikel.bezeichnung, artikel.nettopreis, hersteller.name
FROM artikel INNER JOIN hersteller
ON artikel.hersteller = hersteller.herstellernr
ORDER BY hersteller.name, artikel.bezeichnung
```

Oder kürzer mit der Verwendung von Aliassen:

```
SELECT
a.bezeichnung, a.nettopreis, h.name
FROM artikel a INNER JOIN hersteller h
ON a.hersteller = h.herstellernr
ORDER BY h.name, a.bezeichnung
```

Übung 6.3

Geben Sie eine Tabelle aus, die die Artikelbezeichnung, die Bestellmenge, die Kundennummer und den Namen des Kunden enthält. Sortieren Sie die Ausgabe nach dem Kundennamen. Hinweis: Der Join muss über die vier Tabellen `artikel`, `posten`, `bestellung` und `kunde` erfolgen.

Der `LEFT JOIN` lautet wie folgt:

```
SELECT a.bezeichnung, p.bestellmenge
FROM artikel a
LEFT JOIN posten p
ON a.artikelnr = p.artikelnr
GROUP BY a.artikelnr;
```

Übung 6.4

Um festzustellen, ob die Beispielfirma irgendwelche Ladenhüter in ihrem Lager beherbergt, listen Sie für alle Artikel auf, ob sie schon einmal bestellt wurden.

Der SQL-Befehl lautet:

```
SELECT artikel.bezeichnung,
       posten.bestellmenge,
       kunde.name,
       kunde.kundennr
FROM posten
   INNER JOIN bestellung ON (posten.bestellnr =
     bestellung.bestellnr)
```

```
  INNER JOIN kunde ON (bestellung.kundennr = kunde.kundennr)
  INNER JOIN artikel ON (posten.artikelnr =
    artikel.artikelnr)
ORDER BY kunde.name
```

Die Definition des Joins muss auch über die Tabelle `bestellung` erfolgen, obwohl keine Spalte dieser Tabelle ausgegeben wird. Bei der Abfrage wird also das relationale Datenmodell immer berücksichtigt. Da die Abfrage über mehrere Tabellen komplex ist, sind hier Werkzeuge wie der **Query Builder** nützliche Hilfsmittel.

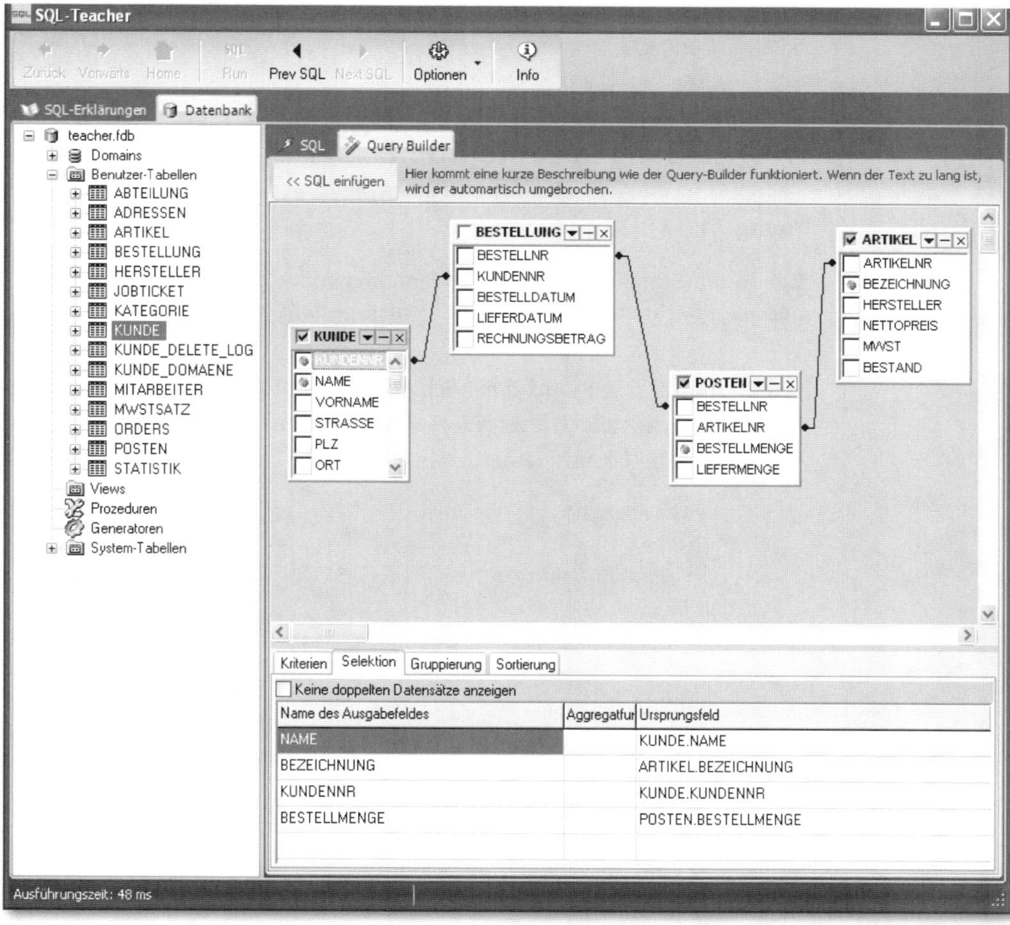

Abbildung 17.2 Vereinfachung von komplexen Joins mithilfe des Query Builders

Übung 6.5

Verfeinern Sie die Ausgabe, indem Sie die jeweiligen Bestellmengen aufaddieren.

Der Befehl lautet wie folgt:

```
SELECT a.bezeichnung, SUM(p.bestellmenge)
FROM artikel AS a
LEFT JOIN posten AS p
ON a.artikelnr = p.artikelnr
GROUP BY a.bezeichnung
ORDER BY a.bezeichnung
```

17.6 Lösungen zu Kapitel 7

Übung 7.1

Geben Sie Bestelldatum und Kundennummer für die Bestellung mit dem höchsten Rechnungsbetrag aus, der jemals gestellt wurde.

In der Unterabfrage wird der höchste Rechnungsbetrag durch die Funktion `MAX()` ermittelt. Dieser Wert wird dann in der Auswahlbedingung verwendet. Die Lösung lautet:

```
SELECT bestelldatum, kundennr
   FROM Bestellung
   WHERE rechnungsbetrag =
   (
   SELECT MAX(rechnungsbetrag) FROM bestellung
   );
```

Übung 7.2

Aus der Übungsdatenbank sollen alle Bestellungen der Kunden aus Hamburg ausgegeben werden. Formulieren Sie einen `SELECT`-Befehl mit einer Unterabfrage.

Die Abfrage wird über den Mengenoperator `IN` realisiert. Die Unterabfrage gibt dabei die Vergleichsmenge vor:

```
SELECT *
   FROM bestellung
   WHERE kundennr IN
```

```
(
SELECT kundennr FROM kunde WHERE ort = 'Hamburg'
);
```

Übung 7.3

Ermitteln Sie alle Mitarbeiter, denen ein überdurchschnittliches Gehalt im Vergleich zum Unternehmensdurchschnitt gezahlt wird.

Die Unterabfrage gibt hier das Durchschnittsgehalt aller Mitarbeiter zurück. In der Hauptabfrage wird dann mit diesem Wert verglichen:

```
SELECT name,vorname FROM mitarbeiter
   WHERE gehalt >
   (
   SELECT AVG(gehalt) FROM mitarbeiter
   );
```

17.7 Lösungen zu Kapitel 8

Übung 8.1

Welcher der folgenden Befehle aktualisiert das Feld `plz` für den Kunden mit der Kundennummer 53 auf den Wert 53229?

A) `UPDATE kunde SET plz=53229 WHERE kundennr=53;`

B) `UPDATE kunde SET plz=53111 WHERE kundennr=53;`

C) `UPDATE kunde SET plz=53229;`

Antwort A ist richtig.

Übung 8.2

Luise Lehne (Personalnummer 14) hat geheiratet und heißt jetzt Luise Klammer. Geben Sie den Befehl an, mit dem Sie in der Tabelle `mitarbeiter` den Datensatz aktualisieren.

Der `UPDATE`-Befehl lautet wie folgt:

```
UPDATE mitarbeiter SET name = 'Klammer'
WHERE mitarbeiternr = 14;
```

Übung 8.3

Der Mindestbestand bei Festplatten soll generell auf den Wert 15 aktualisiert werden.

Da alle Spalten aktualisiert werden sollen, wird keine Auswahlbedingung benötigt:

```
Update Artikel SET mindestbestand = 15;
```

Übung 8.4

Aus der Artikelkategorie (Tabelle `kategorie`) soll die Kategorie mit der Bezeichnung »Drucker« umbenannt werden in »Drucker- und Druckerzubehör«.

Die Lösung lautet:

```
UPDATE kategorie
  SET bezeichnung = 'Drucker- und Druckerzubehör'
  WHERE bezeichnung = 'Drucker';
```

17.8 Lösungen zu Kapitel 9

Übung 9.1

Der Kunde Paul Steuer storniert seine Bestellung mit der Nummer 60. Beachten Sie, dass eine Bestellung aus verschiedenen Posten bestehen kann.

Um die komplette Bestellung zu löschen, müssen sowohl aus der Tabelle `bestellung` als auch aus der Tabelle `posten` die entsprechenden Datensätze gelöscht werden. Die Abhängigkeiten über Fremdschlüssel sind hierbei zu beachten. Aus diesem Grund muss der Datensatz aus der Tabelle `posten` zuerst gelöscht werden:

```
DELETE FROM posten
WHERE bestellnr = 60;
```

und

```
DELETE FROM bestellung
WHERE bestellnr = 60;
```

Übung 9.2

Die Firma Canon nimmt das Modell i250 aus dem Programm, es kann deshalb nicht mehr nachbestellt werden. Der Mindestbestand muss auf 0 gesetzt werden. Sobald der letzte Drucker verkauft ist, soll das Angebot aus der Tabelle `artikel` gelöscht werden.

Um diese Aufgabe zu lösen, muss zuerst der Mindestbestand geändert werden:

```
UPDATE artikel
SET mindestbestand = 0
WHERE bezeichnung = 'i250';
```

Sobald Sie keine Drucker des auslaufenden Typs mehr auf Lager haben, können Sie dieses Modell so aus der Tabelle löschen:

```
DELETE FROM artikel
WHERE bezeichnung = 'i250';
```

Übung 9.3

Löschen Sie alle Hersteller aus der Herstellertabelle, von denen Sie keine Produkte führen.

In diesem `DELETE`-Befehl wird eine Unterabfrage verwendet, um die Aufgabe zu lösen. Die Unterabfrage liefert alle Hersteller, die in der Tabelle `artikel` vorhanden sind. Über ein `NOT IN` werden dann alle Hersteller ermittelt, denen im Moment kein Artikel zugeordnet ist:

```
DELETE FROM hersteller WHERE herstellernr
NOT IN
(
SELECT DISTINCT hersteller FROM artikel
);
```

17.9 Lösungen zu Kapitel 10

Übung 10.1

Erstellen Sie einen View mit dem Namen `v_hamburger_kunden`, der die Spalten `name`, `vorname`, `strasse`, `plz` und `ort` aus der Tabelle `kunde` und »nur Kunden aus Hamburg« enthält.

Die Definition dieses Views lautet wie folgt:

```
CREATE VIEW v_hamburger_kunden
AS
SELECT name, vorname, strasse, plz, ort
FROM kunde
WHERE ort = 'Hamburg';
```

Übung 10.2

Erstellen Sie einen View mit dem Namen `v_artikelliste`, der die Artikelbezeichnung, den Nettopreis und den Namen des Herstellers enthält.

Zur Definition dieses Views wird eine Verknüpfung über einen `INNER JOIN` benötigt:

```
CREATE VIEW v_artikelliste
AS
SELECT a.bezeichnung, a.nettopreis, h.name
FROM artikel a INNER JOIN Hersteller h
ON artikel.hersteller = hersteller.herstellernr;
```

Übung 10.3

Erstellen Sie einen View mit dem Namen `v_abt_support`, der alle Mitarbeiter der Abteilung »Support« ausgibt. Legen Sie den View mit der Option `WITH CHECK OPTION` an.

Der Befehl lautet wie folgt:

```
CREATE VIEW v_abt_support
   AS
   SELECT * FROM mitarbeiter m INNER JOIN abteilung a
      ON m.abteilung=a.abteilungsnr
   WHERE a.abteilungsnr=2
   WITH CHECK OPTION;
```

Übung 10.4

Erstellen Sie einen View mit dem Namen `v_kunde_bonn`, der alle Kunden aus Bonn beinhaltet. Löschen Sie anschließend diesen View wieder.

Zum Erstellen dieses Views gilt folgender Befehl:

```
CREATE VIEW v_kunde_bonn
AS
SELECT * FROM kunde WHERE ort = 'Bonn';
```

Zum Löschen des Views lautet der Befehl:

```
DROP VIEW v_kunde_bonn;
```

17.10 Lösungen zu Kapitel 12

Übung 12.1

Erstellen Sie eine Prozedur mit dem Namen `pi`, die Pi (= 3,1415) als Wert zurückgibt, und führen Sie diese Prozedur in einem `SELECT`-Befehl aus.

Die Definition der Prozedur lautet wie folgt:

```
CREATE PROCEDURE pi
RETURNS (pi DECIMAL(3,2))
AS
BEGIN
Pi = 3.1415;
SUSPEND;
END
```

Die Prozedur wird wie folgt ausgeführt:

```
SELECT pi FROM pi;
```

17.11 Lösungen zu Kapitel 13

Übung 13.1

Erstellen Sie eine Tabelle mit dem Namen `adressen`, und definieren Sie die Felder `name, vorname, plz, ort` mit sinnvollen Datentypen. Stellen Sie für die Spalten `name, vorname` und `ort` den Zeichensatz auf ISO 8859-1, und definieren Sie eine deutsche Sortierreihenfolge.

Die Spaltendefinitionen werden ergänzt durch die Angabe des Zeichensatzes (`CHARACTER SET`) und der Sortierung (`COLLATE`):

```
CREATE TABLE adressen
(
name VARCHAR(50) CHARACTER SET ISO8859_1 COLLATE DE_DE,
voname VARCHAR(50) CHARACTER SET ISO8859_1 COLLATE DE_DE,
plz CHAR(5),
```

```
ort VARCHAR(50) CHARACTER SET ISO8859_1 COLLATE DE_DE
);
```

Übung 13.2

Formulieren Sie einen SELECT-Befehl für folgende Tabelle, der das Feld name in deutscher Sortierung ausgibt:

```
CREATE TABLE adressen
(
   name VARCHAR(50) CHARACTER SET ISO8859_1
);
```

Der COLLATE-Befehl wird hier in der ORDER BY-Klausel verwendet:

```
SELECT name
FROM adressen
ORDER BY name COLLATE DE_DE;
```

17.12 Lösungen zu Kapitel 14

Übung 14.1

Geben Sie den Mitarbeitern des Vertriebs nur die Rechte, den Tabellen kunde, bestellung und posten neue Datensätze hinzuzufügen bzw. diese zu ändern. Natürlich müssen die Mitarbeiter die Daten auch lesen (abfragen) können.

Die Privilegien werden mit dem GRANT-Befehl wie folgt definiert:

```
GRANT SELECT, INSERT, UPDATE
ON kunde
TO schmidt, müller, meier, schiff
GRANT SELECT, INSERT, UPDATE
ON bestellung
TO schmidt, müller, meier, schiff
GRANT SELECT, INSERT, UPDATE
ON posten
TO schmidt, müller, meier, schiff
```

Einige Datenbanken lassen auch die Definition von Rechten für mehrere Tabellen gleichzeitig zu. Die Syntax lautet dann:

```
GRANT SELECT, INSERT, UPDATE
ON kunde, bestellung, posten
TO schmidt, müller, meier, schiff
```

Übung 14.2

Die Mitarbeiter des Rechnungswesens dürfen Kunden, Bestellungen und Posten löschen. Geben Sie ihnen die entsprechenden Rechte.

Der Befehl lautet wie folgt:

```
GRANT SELECT, DELETE
ON kunde
TO michaels, osser
GRANT SELECT, DELETE
ON bestellung
TO michaels, osser
GRANT SELECT, DELETE
ON posten
TO michaels, osser
```

Einige Datenbanken lassen auch die Definition von Rechten für mehrere Tabellen gleichzeitig zu. Die Syntax lautet dann:

```
GRANT SELECT, DELETE
ON kunde, bestellung, posten
TO michaels, osser
```

Übung 14.3

Die Mitarbeiter des Einkaufs sollen die Tabellen der Datenbank verwalten, die sich mit den Artikeln und den Herstellern beschäftigen. Außerdem sollen sie, wenn sie neue Tabellen anlegen, Beziehungen zu den alten erzeugen können. Sorgen Sie dafür, dass sie die entsprechenden Rechte erhalten.

Der Befehl lautet wie folgt:

```
GRANT SELECT, DELETE, UPDATE, REFERENCES
ON artikel
TO koppes, wilding
GRANT SELECT, DELETE, UPDATE, REFERENCES
ON hersteller
TO koppes, wilding
```

Einige Datenbanken lassen auch die Definition von Rechten für mehrere Tabellen gleichzeitig zu. Die Syntax lautet dann:

```
GRANT SELECT, DELETE, UPDATE, REFERENCES
ON artikel, hersteller
TO koppes, wilding
```

Übung 14.4

Weil der Praktikant ein Neffe des privilegierten Geschäftsführers ist, hatte dieser ihm außerdem Einblick in die gesamte Datenbank gestattet und zudem das Weitergaberecht eingeräumt, wovon er mehr als nötig Gebrauch gemacht hat. Zumindest das Weitergaberecht soll ihm nun entzogen werden.

Privilegien werden mit dem `REVOKE`-Befehl zurückgenommen:

```
REVOKE GRANT OPTION
FROM remsen
```

Übung 14.5

Der Mitarbeiter Müller wechselt vom Vertrieb zum Rechnungswesen und muss nun andere Rechte erhalten. Wenn Sie schon dabei sind, ändern Sie doch auch die betreffenden Daten in der Tabelle `mitarbeiter`.

Der Befehl lautet wie folgt:

```
REVOKE INSERT, UPDATE
ON kunde
FROM müller;
REVOKE INSERT, UPDATE
ON bestellung
FROM müller;
REVOKE INSERT, UPDATE
ON posten
FROM müller;
```

Einige Datenbanken lassen auch die Definition von Rechten für mehrere Tabellen gleichzeitig zu. Die Syntax lautet dann:

```
REVOKE INSERT, UPDATE
ON kunde, bestellung, posten
FROM müller;
```

und:

```
GRANT DELETE
ON kunde
TO müller;
GRANT DELETE
ON bestellung
TO müller;
GRANT DELETE
```

```
ON posten
TO müller;
```

Einige Datenbanken lassen auch die Definition von Rechten für mehrere Tabellen gleichzeitig zu. Die Syntax lautet dann:

```
GRANT DELETE
ON kunde, betellung, posten
TO müller;
```

Die Mitarbeiterdaten werden so angepasst:

```
UPDATE mitarbeiter
SET abteilung = 3
WHERE name = 'Müller';
```

Übung 14.6

Frau Lehne aus der Verwaltung geht in Mutterschutz. Während dieser Zeit sollen ihre Rechte zurückgenommen werden. Und wie werden Sie die Rechte später wieder zurückgeben?

Der Befehl lautet wie folgt:

```
REVOKE ALL
ON abteilung
FROM lehne;
REVOKE ALL
ON mitarbeiter
FROM lehne;
```

Einige Datenbanken lassen auch die Definition von Rechten für mehrere Tabellen gleichzeitig zu. Die Syntax lautet dann:

```
REVOKE ALL
ON abteilung, mitarbeiter
FROM lehne;
```

und später zur Widerherstellung der Rechte:

```
GRANT SELECT, INSERT, UPDATE
ON abteilung
TO lehne;
GRANT SELECT, INSERT, UPDATE
ON mitarbeiter
TO lehne;
```

Einige Datenbanken lassen auch die Definition von Rechten für mehrere Tabellen gleichzeitig zu. Die Syntax lautet dann:

```
GRANT SELECT, INSERT, UPDATE
ON abteilung, mitarbeiter
TO lehne;
```

17.13 Lösungen zu Kapitel 15

Übung 15.1

Geben Sie mittels einer SQL-Abfrage über die Systemtabellen eine Liste aus, die alle Felder mit den dazugehörigen Tabellen auflistet. Hinweis: Die Tabellen `RDB$RELATION` und `RDB$RELATION_FIELDS` sind über das Feld `RDB$RELATION_NAME` zu verknüpfen.

Der SQL-Befehl lautet:

```
SELECT RDB$RELATION_FIELDS.RDB$FIELD_NAME,
RDB$RELATIONS.RDB$RELATION_NAME
FROM RDB$RELATIONS
   INNER JOIN RDB$RELATION_FIELDS ON
(RDB$RELATIONS.RDB$RELATION_NAME =
RDB$RELATION_FIELDS.RDB$RELATION_NAME)
```

Es werden daraufhin alle angelegten Felder einschließlich deren Tabellennamen ausgegeben. Die Verknüpfung sieht dabei wie folgt aus (siehe Abbildung 17.3):

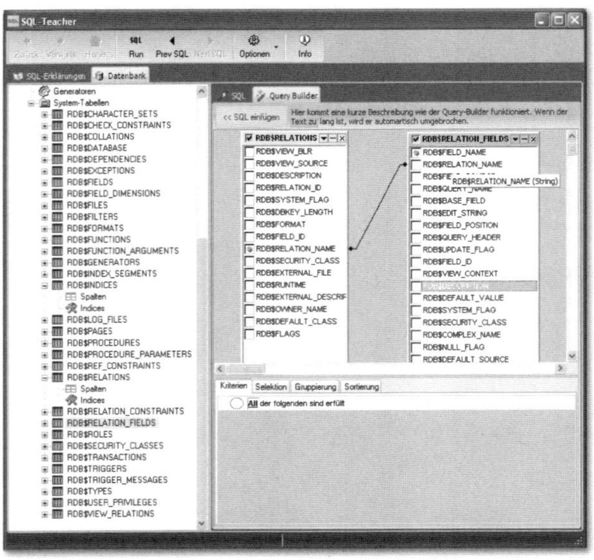

Abbildung 17.3 Verknüpfung der Systemtabellen

In diesem Kapitel wird der Aufbau der Beispieldatenbank Schritt für Schritt gezeigt. Sie können damit die Datenbank des SQL-Teachers auch in anderen Datenbanksystemen nachbauen.

18 Beispieldatenbank

Zuerst benötigen Sie eine leere Datenbank, um dort die Tabellen anzulegen. Sie legen eine neue Datenbank über SQL mit dem Befehl

```
CREATE DATABASE datenbankname;
```

an – in diesem Fall vielleicht:

```
CREATE DATABASE beispieldatenbank;
```

Es ist durchaus möglich, dass Sie in Ihrem Datenbanksystem eine neue Datenbank auch über einen grafischen Assistenten erstellen können.

In unserer Übungsdatenbank SQL-Teacher können Sie die folgenden Schritte ebenfalls nachvollziehen. Allerdings ist hier der Datenbankname vorgegeben, deshalb müssen die bestehenden Inhalte der Datenbank zuerst gelöscht werden. Ein `CREATE DATABASE` ist in der Übungssoftware aus technischen Gründen nicht möglich.

Wenn Sie die Datenbank des SQL-Teachers leeren wollen, müssen Sie in einer bestimmten Reihenfolge vorgehen: Sie müssen abhängige Tabellen vor den Vatertabellen löschen. Auch können Sie Domänen erst löschen, wenn Sie vorher die Tabellen löschen, die diese Domänen anwenden. Diese Reihenfolge sollte bei der Ausgangsdatenbank funktionieren:

```
drop table statistik;
drop table posten;
drop table bestellung;
drop table artikel;
drop table hersteller;
drop table kategorie;
drop table mwstsatz;
drop table kunde;
drop table kunde_domaene;
drop table jobticket;
```

```
drop table mitarbeiter;
drop table abteilung;
drop domain d_zahlungsart;
```

Nun können Sie darangehen und die Tabellen und Domänen neu erzeugen. Hier müssen Sie Vatertabellen vor den abhängigen Tabellen und Domänen vor den Tabellen, die sie benutzen, erzeugen. Beim Löschen gehen Sie genau umgekehrt vor.

Sie erzeugen zuerst Tabellen, die von keiner anderen Tabelle abhängig sind, also keinen Fremdschlüssel enthalten. In unserer Beispieldatenbank sind das die Tabellen `abteilung`, `hersteller`, `kategorie`, `kunde`, `mwstsatz` und `statistik`. Sie können Tabellen, die von diesen Tabellen abhängen, erst erzeugen, wenn es diese schon gibt. Für die Tabelle `kunde_domaene` müssen Sie zuerst die Domäne `d_zahlungsart` erzeugen.

Natürlich können Sie die abhängigen Tabellen sofort erzeugen, sobald die benötigten Vatertabellen existieren, also sofort nach der Tabelle `abteilung` die Tabelle `mitarbeiter` etc. Sie können hier auch mit Datentypen und Einschränkungen wie `NOT NULL` und Weitergaben wie `ON DELETE CASCADE` (siehe Kapitel 3, »Datenbankdefinition«) experimentieren. Denken Sie daran, dass Sie jederzeit die ursprüngliche Datenbank wiederherstellen können (folgen Sie dazu den Anweisungen in Abschnitt 1.4, »Übungssoftware SQL-Teacher«).

Die Tabelle `abteilung` ist eine Vatertabelle für die Tabelle `mitarbeiter`. Sie erzeugen die Tabelle `abteilung` mit diesem Befehl:

```
CREATE TABLE abteilung
(
   abteilungsnr INTEGER NOT NULL,
   bezeichnung VARCHAR(50),
   PRIMARY KEY (abteilungsnr)
);
```

Sollte das Datenbanksystem nicht auf `Autocommit` gestellt sein, geben Sie noch `COMMIT;` ein. Im SQL-Teacher stellen Sie den **Autocommit** über das Feld OPTIONEN in der Menüleiste ein.

Sie können dann sofort Datensätze einfügen. Hier wird die wichtigste Abteilung eingetragen, nach diesem Vorbild können Sie eigene Abteilungen eingeben. Denken Sie daran, dass Sie auf jeden Fall für den Primärschlüssel einen neuen Wert angeben:

```
INSERT INTO abteilung VALUES (1, 'Geschäftsführung');
```

Nun können Sie die Tabelle `mitarbeiter` erzeugen:

```
CREATE TABLE mitarbeiter
(
   mitarbeiternr INTEGER NOT NULL,
   name VARCHAR(50),
   vorname VARCHAR(50),
   strasse VARCHAR(50),
   plz CHAR(14),
   ort VARCHAR(50),
   gehalt DECIMAL(10,2),
   abteilung INTEGER,
   telefonnummer VARCHAR(25),
   email VARCHAR(50),
   eintrittsdatum DATE,
   PRIMARY KEY(mitarbeiternr),
   FOREIGN KEY (abteilung)
      REFERENCES abteilung(abteilungsnr)
);
```

Auch hier wollen wir einen Datensatz beispielhaft eingeben, an dem Sie sich für eigene Eingaben orientieren können. Die Eingaben in der Beispieldatenbank sind selbstverständlich alle fiktiv: Die in der Beispieldatenbank aufgeführten Straßen gibt es zwar in den dazugehörigen Orten, aber wir haben andere Postleitzahlen gewählt. Außerdem haben wir alle Namen willkürlich ausgewählt:

```
INSERT INTO mitarbeiter
VALUES (1, 'Ross', 'Hagen', 'Hauptstraße 67', '53123',
   'Bonn', 7500, 1, '43567890',
   'hagen.ross@beispielfirma.de', '1986-02-18');
```

Die Tabelle `mitarbeiter` ist die Vatertabelle für die Tabelle `jobticket`. Die Tabelle ist wie folgt definiert:

```
CREATE TABLE jobticket
(
   ID INTEGER NOT NULL,
   mitarbeiternr INTEGER,
   gueltig_bis DATE,
   FOREIGN KEY (mitarbeiternr)
      REFERENCES mitarbeiter(mitarbeiternr)
);
```

Auch hier können Sie Datensätze nach diesem Muster eingeben:

```
INSERT INTO jobticket (ID, mitarbeiternr, gueltig_bis)
VALUES (1, 1, '2006-12-31');
```

Damit haben Sie alle Tabellen erzeugt, die letztlich von der Tabelle `abteilung` abhängig sind.

Sie können nun die Tabelle `kunde` erzeugen. Die Tabelle ist wie folgt definiert:

```
CREATE TABLE kunde
(
   kundennr INTEGER NOT NULL,
   name VARCHAR(50),
   vorname VARCHAR(50),
   strasse VARCHAR(50),
   plz CHAR(14),
   ort VARCHAR(50),
   telefon_gesch VARCHAR(25),
   telefon_privat VARCHAR(25),
   email VARCHAR(50),
   zahlungsart CHAR(1),
   PRIMARY KEY (kundennr)
);
```

Der folgende Datensatz kann Ihnen als Beispiel für eigene Eingaben dienen. Beachten Sie: Wenn Sie Felder als `NOT NULL` definiert haben, können Sie nicht, wie hier, einen unbekannten Wert mit `NULL` angeben. Im ersten Datensatz der Beispielfirma waren die geschäftliche Telefonnummer und die E-Mail-Adresse unbekannt:

```
INSERT INTO kunde
VALUES (1, 'Loewe', 'Arthur', 'Sebastianstrasse 134',
   '50737', 'Köln', NULL, '19467383', NULL, 'B');
```

Die Tabelle `kunde` ist die Vatertabelle für die Tabelle `bestellung`. Sie können sie folgendermaßen erzeugen:

```
CREATE TABLE bestellung
(
   bestellnr INTEGER NOT NULL,
   kundennr INTEGER,
   bestelldatum DATE,
   lieferdatum DATE,
   rechnungsbetrag DECIMAL (10,2),
   PRIMARY KEY (bestellnr),
```

```
   FOREIGN KEY (kundennr)
      REFERENCES kunde (kundennr)
);
```

An diesem Datensatz können Sie sich für eigene Eingaben orientieren:

```
INSERT INTO bestellung
VALUES (1, 1, '2011-01-02', '2004-01-11', 160);
```

Die Tabelle `bestellung` ist eine Vatertabelle für die Tabelle `posten`. Die Tabelle `posten` ist aber auch von der Tabelle `artikel` abhängig, die wiederum von den Tabellen `hersteller`, `kategorie` und `mwstsatz` abhängig ist. Um fortzufahren, müssen Sie also zunächst diese letzteren drei Tabellen und dann die Tabelle `artikel` erzeugen.

Wir definieren die Tabelle `hersteller` so:

```
CREATE TABLE hersteller
(
   herstellernr INTEGER NOT NULL,
   name VARCHAR(50),
   PRIMARY KEY (herstellernr)
);
```

Hier haben Sie als Beispiel einen Datensatz für diese Tabelle:

```
INSERT INTO hersteller VALUES (1, 'Belinea');
```

Die Tabelle `kategorie` ist wie folgt definiert:

```
CREATE TABLE kategorie
(
   kategorienr INTEGER NOT NULL,
   bezeichnung VARCHAR(50),
   PRIMARY KEY (kategorienr)
);
```

Als Beispiel mag Ihnen dieser Datensatz dienen:

```
INSERT INTO kategorie VALUES (1, 'Monitore');
```

Die dritte Vatertabelle für die Tabelle `artikel` ist die Tabelle `mwstsatz`:

```
CREATE TABLE mwstsatz
(
   mwstnr INTEGER NOT NULL,
   prozent DECIMAL(4,2),
   PRIMARY KEY (mwstnr)
);
```

Da es hier nur zwei Datensätze gibt, geben wir Ihnen beide an:

```
INSERT INTO mwstsatz VALUES (1, 7);
INSERT INTO mwstsatz VALUES (2, 19);
```

Nun können Sie die Tabelle `artikel` erzeugen. Die Tabelle ist wie folgt definiert:

```
CREATE TABLE artikel
(
   artikelnr INTEGER NOT NULL,
   bezeichnung VARCHAR(50),
   hersteller INTEGER,
   nettopreis DECIMAL(10,2),
   mwst INTEGER,
   bestand INTEGER,
   mindestbestand INTEGER,
   kategorie INTEGER,
   bestellvorschlag CHAR(1) DEFAULT '0',
   PRIMARY KEY (artikelnr),
   FOREIGN KEY (mwst)
      REFERENCES mwstsatz (mwstnr),
   FOREIGN KEY (hersteller)
      REFERENCES hersteller (herstellernr),
   FOREIGN KEY (kategorie)
      REFERENCES kategorie(kategorienr)
);
```

Hier ist der erste Datensatz unserer Beispieldatenbank für diese Tabelle:

```
INSERT INTO artikel
VALUES (1, '106075', 1, 137.93, 2, 100, 10, 1, '1');
```

Damit können Sie nun die Tabelle `posten` erzeugen:

```
CREATE TABLE posten
(
   bestellnr INTEGER NOT NULL,
   artikelnr INTEGER,
   bestellmenge INTEGER,
   liefermenge INTEGER,
   FOREIGN KEY (bestellnr)
      REFERENCES bestellung(bestellnr),
   FOREIGN KEY (artikelnr)
      REFERENCES artikel(artikelnr)
);
```

Hier haben Sie als Beispiel den ersten Datensatz der beiliegenden Datenbank:

```
INSERT INTO posten VALUES (1, 1, 1, 1);
```

Als letzte Tabelle können Sie die Tabelle `statistik` erzeugen. Sie steht für sich allein, und sie ist nötig, wenn Sie Trigger aus Abschnitt 12.2, »Trigger (CREATE TRIGGER)«, nachvollziehen möchten:

```
CREATE TABLE statistik
(
   kundenanzahl INTEGER,
   artikelanzahl INTEGER
);
```

Wenn Sie noch keine eigenen Eingaben gemacht haben, sieht der Datensatz so aus. Anderenfalls müssen Sie entsprechende Änderungen vornehmen:

```
INSERT INTO statistik (kundenanzahl, artikelanzahl)
VALUES (1,1);
```

In dieser Tabelle wird der Anfangswert der Kunden- und Artikelanzahl gespeichert.

Zum Schluss können Sie noch die Tabelle `kunde_domaene` erzeugen. Das ist beinahe dieselbe Tabelle wie die Tabelle `kunde`, nur dass Sie hier für die Spalte `zahlungsart` die Domäne `d_zahlungsart` verwenden, die Sie vorher erzeugen müssen.

Hier also die Domäne `d_zahlungsart`:

```
CREATE DOMAIN d_zahlungsart
AS CHAR(1)
DEFAULT 'R'
CHECK (VALUE IN ('R', 'B', 'N', 'V', 'K'));
```

Nun können Sie die Tabelle `kunde_domaene` erzeugen:

```
CREATE TABLE kunde_domaene
(
   kundennr INTEGER NOT NULL,
   name VARCHAR(50),
   vorname VARCHAR(50),
   strasse VARCHAR(50),
   plz CHAR(14),
   ort VARCHAR(50),
   telefon_gesch VARCHAR(25),
```

```
    telefon_privat VARCHAR(25),
    email VARCHAR (50),
    zahlungsart d_zahlungsart,
    PRIMARY KEY (kundennr)
);
```

Sie können hier den gleichen Datensatz verwenden wie für die Tabelle `kunde`. Natürlich müssen Sie ihn in die Tabelle `kunde_domaene` einfügen. Der Befehl sieht also so aus:

```
INSERT INTO kunde_domaene
VALUES (1, 'Loewe', 'Arthur', 'Sebastianstraße 134',
    '50737', 'Köln', NULL, '19467383',  NULL, 'B');
```

Vollständiger SQL-Befehlssatz

Damit haben Sie, wenn auch mit weniger Datensätzen, die Beispieldatenbank nachgebildet. Der vollständige SQL-Befehlssatz befindet sich auf der beiliegenden Buch-CD (*beispieldb.sql*).

In diesem Kapitel finden Sie einen knappen Überblick darüber, wie die hier verwendete SQL-Syntax von verbreiteten Datenbanksystemen umgesetzt wird. Diese Informationen sollen Ihnen eine bessere Orientierung in der Hilfefunktion der jeweiligen Datenbank vermitteln.

19 SQL-Syntax gängiger Datenbanken

19.1 Die ausgewählten Datenbanken

Für den Vergleich der SQL-Syntax haben wir folgende Datenbanksysteme ausgewählt:

- MySQL (*www.mysql.com*)
  Referenzgrundlage ist die Version 5.4.
- MS Access (*www.microsoft.de*)
  Referenzgrundlage ist die Version MS Access 2007.
- PostgreSQL
  Referenzgrundlage ist die Version 9.0.
- Firebird/InterBase (*www.firebirdsql.org*)
  Als Referenzgrundlage wurde hier die Firebird Version 2.1 bzw. die InterBase Version 2009 verwendet.
- OpenOffice.org Base 3.1 (*www.openoffice.org*)
  Dies ist das Datenbank-Frontend von OpenOffice.org.
- IBM DB2 (*www.ibm.com*)
  Referenzgrundlage für den Vergleich ist die DB2 Version 9.7.
- Oracle (*www.oracle.de*)
  Referenzgrundlage ist die Oracle Version 11g.
- Microsoft SQL Server (*www.microsoft.de*)
  Referenzgrundlage ist die Version SQL Server 2008.
- SQLite (*www.sqlite.org*)
  Referenzgrundlage ist die Version 3.7.2.

Die dem Buch beiliegende Übungssoftware SQL-Teacher besitzt als Basis eine Firebird. Es gilt die Syntax für diese Datenbank. Zur Erinnerung sei an dieser Stelle noch einmal erwähnt, dass optionale Befehlsbestandteile in eckigen Klammen, so z. B. `[UNIQUE]`, notiert sind.

19.2 Datentypen

Die SQL-Datentypen sind in Abschnitt 3.2, »Tabellen und Datentypen«, definiert. Sämtliche Datenbanken verfügen über weitere eigene Datentypen. Hier erfahren Sie, wie die in diesem Buch vorgestellten Datentypen in der jeweiligen Datenbank benannt sind.

SQLite weist die Besonderheit auf, dass dieser Datentyp dynamisch durch den Inhalt bestimmt wird.

Text (Zeichenketten, String)			
	`CHARACTER (n)` Zeichenkette mit genau `n` Zeichen Länge	`CHARACTER VARYING(n)` Zeichenkette mit maximal `n` Zeichen Länge	`NATIONAL CHARACTER(n)` Zeichenkette mit genau `n` Zeichen Länge und nationalen Besonderheiten
MySQL	`CHAR(n)`	`VARCHAR(n)`	-:-
MS Access	`CHAR(n)`	`VARCHAR(n)`	-:-
PostgreSQL	`CHAR(n)`	`VARCHAR(n)`	-:-
Firebird/ InterBase	`CHAR(n)`	`VARCHAR(n)`	`NCHAR(n)`
OpenOffice	`CHAR(n)`	`VARCHAR(n)`	
IBM DB2	`CHAR(n)`	`VARCHAR(n)`	-:-
Oracle	`CHAR(n)`	`VARCHAR(n)`	-:-
SQL Server	`CHAR(n)`	`VARCHAR(n)`	`NCHAR(n)`
SQLite	`TEXT`, `BLOB` (`Text` in Abhängigkeit des Zeichensatzes, `BLOB` unverändert)		

Text (Zeichenketten, String)		
	`NATIONAL CHARACTER VARYING(n)` Zeichenkette mit maximal `n` Zeichen Länge und nationalen Besonderheiten	`CHARACTER LARGE OBJECT(n)` Große Texte

Text (Zeichenketten, String)		
MySQL	VARCHAR(n) CHARACTER SET utf8	TEXT, MEDIUMTEXT, LONGTEXT
MS Access	-:-	MEMO TEXT
PostgreSQL	-:-	TEXT
Firebird/ InterBase	NCHAR VARYING (n)	-:-
OpenOffice	-:-	OTHER OBJECT
IBM DB2	-:-	CLOB
Oracle		LONG
SQL Server	NVARCHAR(n)	TEXT, NTEXT
SQLite	TEXT, BLOB (Text in Abhängigkeit des Zeichensatzes, BLOB unverändert)	

Zahlen				
	INTEGER Ganzzahl (4 Byte)	SMALLINT Ganzzahl (2 Byte)	NUMERIC (n, m) Dezimalzahl mit fester Länge	DECIMAL (n, m) Dezimalzahl mit variabler Länge
MySQL	INTEGER	SMALLINT	NUMERIC (n, m)	DECIMAL (n, m)
MS Access	INTEGER	SMALLINT	NUMERIC	(CURRENCY)
PostgreSQL	INTEGER	SMALLINT	NUMERIC	DECIMAL (n, m)
Firebird/ InterBase	INTEGER	SMALLINT	NUMERIC (n, m)	DECIMAL (n, m)
OpenOffice	INTEGER	SMALLINT		
IBM DB2	INTEGER	SMALLINT	-:-	DECIMAL (n, m) DEC (n, m)
Oracle	INTEGER	SMALLINT	NUMERIC (n, m)	DECIMAL (n, m)
SQL Server	INTEGER	SMALLINT	NUMERIC (n, m)	DECIMAL (n, m)
SQLite	INTEGER			

Zahlen			
	REAL Gleitkommazahl mit einfacher Genauigkeit	DOUBLE PRECISION Gleitkommazahl mit doppelter Genauigkeit	FLOAT(n) Gleitkommazahl mit festgelegter Genauigkeit
MySQL	REAL	DOUBLE	FLOAT
MS Access	REAL	DOUBLE	SINGLE
PostgreSQL	REAL	DOUBLE	
Firebird/ InterBase		DOUBLE PRECISION	FLOAT
OpenOffice	REAL	DOUBLE	FLOAT
IBM DB2	REAL	DOUBLE PRECISION	FLOAT(n)
Oracle	REAL	-:-	FLOAT
SQL Server	REAL	-:-	FLOAT
SQLite	REAL		

Zeiten			
	DATE Datum	TIME Zeit	TIMESTAMP Datum und Zeit
MySQL	DATE	TIME	TIMESTAMP
MS Access	DATE	TIME	TIMESTAMP
PostgreSQL	DATE	TIME [WITH TIME ZONE]	TIMESTAMP [WITH TIME ZONE]
Firebird/InterBase	DATE	TIME	TIMESTAMP
OpenOffice	DATE	TIME	TIMESTAMP
IBM DB2	DATE	TIME	TIMESTAMP
Oracle	DATE	-:-	-:-
SQL Server	DATETIME SMALLDATETIME	-:-	TIMESTAMP
SQLite	TEXT, REAL, INTEGER		
	TEXT als ISO-8601-Zeichenkette ("YYYY-MM-DD HH:MM:SS.SSS")		
	REAL als julianisches Datum		
	INTEGER als Unix-Zeit, Sekunden seit 1970-01-01 00:00:00 UTC		

Bits		
	BIT (n) Bit-Ketten mit fester Länge	BIT VARYING(n) Bit-Ketten mit variabler Länge
MySQL		BLOB TINYBLOB MEDIUMBLOB LONGBLOB
MS Access		MEDIUMBLOB LONGBLOB
PostgreSQL	BIT	BYTEA
Firebird/InterBase		BLOB (typ)
OpenOffice	BINARY	VARBINARY
IBM DB2	-:-	BLOB CLOB
Oracle	-:-	BLOB
SQL Server	BINARY(n)	VARBINARY(n) IMAGE
SQLite	BLOB	BLOB

Logische Werte

Manche Datenbanken behelfen sich mit einem Datentyp, der nur 0, 1 und NULL darstellen kann.

Logische Werte	
MySQL	Ersatz: ENUM
MS Access	Ersatz: BIT
PostgresSQL	BOOLEAN
Firebird/InterBase	BOOLEAN
OpenOffice	BOOLEAN BIT
IBM DB2	BOOLEAN
Oracle	-:-
SQL Server	Ersatz: BIT
SQLite	-:- (INTEGER)

19.3 Tabellen anlegen, ändern, löschen

Wie Sie Tabellen anlegen, ändern und löschen, haben Sie in Kapitel 3, Datenbankdefinition«, erfahren. Dort haben Sie auch die Integritätsregeln kennengelernt.

Tabellen anlegen (CREATE TABLE)

Wie Sie Tabellen anlegen, haben Sie in Abschnitt 3.3, »Tabellen anlegen (CREATE TABLE)«, gelernt. In Abschnitt 3.4, »Integritätsregeln«, erfahren Sie, wie Sie für referenzielle Integrität sorgen können. Die Spaltendefinition wird im folgenden Abschnitt genauer dargestellt.

Tabellen anlegen	

MySQL	`CREATE TABLE tabellenname`
	`(`
	`spaltendefinition`
	`[...]`
	`PRIMARY KEY (spaltenliste),`
	`UNIQUE (spaltenliste),`
	`FOREIGN KEY (spaltenname)`
	`REFERENCES tabellenname(spaltenname)`
	`);`
	Bemerkung:
	Die Fremdschlüsselunterstützung existiert nicht bei allen Tabellentypen.

MS Access	`CREATE TABLE tabellenname`
	`(`
	`spaltendefinition`
	`[...]`
	`[CONSTRAINT constraintname]`
	`PRIMARY KEY (spaltenliste),`
	`[CONSTRAINT constraintname]`
	`FOREIGN KEY (spaltenname)`
	`REFERENCES tabellenname (spaltenname)`
	`UNIQUE (spaltenliste)`
	`);`

Tabellen anlegen	
PostgreSQL	CREATE TABLE tabellenname (spaltendefinition [...] [CONSTRAINT constraintname] PRIMARY KEY (spaltenliste), UNIQUE (spaltenliste), [CONSTRAINT constraintname] FOREIGN KEY (spaltenname) REFERENCES tabellenname(spaltenname) [ON DELETE aktion] [ON UPDATE aktion] CHECK (bedingung));
Firebird/InterBase	CREATE TABLE tabellenname (spaltendefinition [...] [CONSTRAINT constraintname] PRIMARY KEY (spaltenliste), UNIQUE (spaltenliste), [CONSTRAINT constraintname] FOREIGN KEY (spaltenname) REFERENCES tabellenname(spaltenname) [ON DELETE aktion] [ON UPDATE aktion] CHECK (bedingung));
OpenOffice	CREATE TABLE tabellenname (spaltendefinition [...] [CONSTRAINT constraintname] PRIMARY KEY (spaltenliste), UNIQUE (spaltenliste), FOREIGN KEY (spaltenname) REFERENCES tabellenname(spaltenname) [ON DELETE aktion] [ON UPDATE aktion] CHECK (bedingung));

Tabellen anlegen	
IBM DB2	CREATE TABLE tabellenname (spaltendefinition [...] [CONSTRAINT constraintname] PRIMARY KEY (spaltenliste), UNIQUE (spaltenliste), [CONSTRAINT constraintname] FOREIGN KEY (spaltenname) REFERENCES tabellenname(spaltenname) [ON DELETE aktion] [ON UPDATE aktion] CHECK (bedingung));
Oracle	CREATE TABLE tabellenname (spaltendefinition [...] [CONSTRAINT constraintname] PRIMARY KEY (spaltenliste), UNIQUE (spaltenliste), [CONSTRAINT constraintname] FOREIGN KEY (spaltenliste) REFERENCES tabellenname (spaltenliste) [ON DELETE CASCADE], CHECK (bedingung));
SQL Server	CREATE TABLE tabellenname (spaltendefinition [...] [CONSTRAINT constraintname] PRIMARY KEY (spaltenliste), UNIQUE (spaltenliste), [CONSTRAINT constraintname] FOREIGN KEY (spaltenname) REFERENCES tabellenname (spaltenname) [ON UPDATE aktion] [ON DELETE aktion] CHECK (bedingung));

Tabellen anlegen	
SQLite	CREATE TABLE tabellenname (spaltendefinition [...] PRIMARY KEY (spaltenliste), UNIQUE (spaltenliste), FOREIGN KEY (spaltenname) REFERENCES tabellenname(spaltenname));

Spaltendefinitionen

Sie kennen den Aufbau der Spaltendefinitionen bereits aus Abschnitt 3.2, »Tabellen und Datentypen«, und Abschnitt 3.3, »Tabellen anlegen (CREATE TABLE)«.

Spaltendefinitionen	
MySQL	spaltenname datentyp [NOT NULL | DEFAULT wert [CONSTRAINT constraintname] {CHECK(bedingung) | PRIMARY KEY | UNIQUE | REFERENCES tabellenname(spaltenname) [{ON UPDATE | ON DELETE} {NO ACTION | CASCADE | SET DEFAULT | SET NULL}]}] Bemerkung: Die Fremdschlüsselunterstützung existiert nicht bei allen Tabellentypen.
MS Access	spaltenname datentyp [{NOT NULL | PRIMARY KEY | UNIQUE}] Bemerkung: CHECK und DEFAULT können nicht über SQL angelegt werden, aber durchaus in der grafischen Oberfläche.
PostgreSQL	spaltenname datentyp [DEFAULT wert] [CONSTRAINT constraintname] {NOT NULL | UNIQUE | PRIMARY KEY | CHECK(bedingung) | REFERENCES tabellenname[(tabellenspalte)] [{ON DELETE | ON UPDATE} {NO ACTION | RESRICT | CASCADE | SET NULL | SET DEFAULT}]

Spaltendefinitionen	

Firebird/InterBase	`spaltenname {datentyp | domänenname}`
	`[NOT NULL | DEFAULT wert |`
	`COLLATE sortierreihenfolge`
	`[CONSTRAINT constraintname]`
	`{CHECK(bedingung) | PRIMARY KEY | UNIQUE |`
	`REFERENCES tabellenname(spaltenname)`
	`[{ON UPDATE | ON DELETE}`
	`{NO ACTION | CASCADE | SET DEFAULT | SET NULL}]}]`
	Bemerkung:
	Primärschlüsselfelder müssen `NOT NULL` **sein.**

OpenOffice	`spaltenname {datentyp}`
	`[DEFAULT wert]`
	`[NOT NULL]`

IBM DB2	`spaltenname {datentyp | domänenname}`
	`[NOT NULL | DEFAULT wert`
	`[CONSTRAINT constraintname]`
	`{CHECK(bedingung) | PRIMARY KEY | UNIQUE |`
	`REFERENCES tabellenname(spaltenname)`
	`[{ON UPDATE | ON DELETE}`
	`{NO ACTION | CASCADE | SET DEFAULT | SET NULL}]}]`
	Bemerkung:
	Primärschlüsselspalten müssen mit `NOT NULL` **definiert sein. Als** `UNIQUE` **gesetzte Spalten müssen mit** `NOT NULL` **definiert sein.**

Oracle	`spaltenname datentyp`
	`[NOT NULL | DEFAULT wert`
	`[CONSTRAINT constraintname]`
	`UNIQUE | PRIMARY KEY |`
	`REFERENCES tabellenname (spaltenliste)`
	`[ON DELETE CASCADE] |CHECK (bedingung)]`

SQL Server	`spaltenname datentyp`
	`[NOT NULL | DEFAULT wert`
	`[CONSTRAINT constraintname]`
	`{CHECK(bedingung) | PRIMARY KEY | UNIQUE |`
	`REFERENCES tabellenname(spaltenname)`
	`[{ON UPDATE | ON DELETE} {NO ACTION | CASCADE}]}]`

Spaltendefinitionen	
SQLite	`spaltenname {datentyp` `[NOT NULL	DEFAULT wert |` `{CHECK(bedingung)	PRIMARY KEY	UNIQUE |` `REFERENCES tabellenname(spaltenname)` `[{ON UPDATE	ON DELETE}` `{NO ACTION	CASCADE	SET DEFAULT	RESTRICT	SET NULL}]}]`

Autoinkrement setzen

Die Verwendung von Autoinkrementwerten für Primärschlüsselfelder kennen Sie bereits aus Abschnitt 3.4.1, »Primärschlüssel (PRIMARY KEY)«. Autoinkremente sind vom Standard her nicht vorgesehen.

Autoinkrementwerte	
MySQL	`spaltenname INTEGER [NOT NULL] AUTO_INCREMENT`
MS Access	`spaltenname AUTOINCREMENT`
PostgreSQL	`spaltenname SERIAL`
Firebird/InterBase	Realisierung über Trigger
OpenOffice	`spaltenname INTEGER IDENTITY`
IBM DB2	Realisierung über Trigger
Oracle	Realisierung über Trigger
SQL Server	Realisierung über Trigger
SQLite	`spaltenname AUTOINCREMENT`

Tabellen ändern (ALTER TABLE)

Wie Sie Tabellendefinitionen ändern, erfahren Sie in Abschnitt 3.6, »Tabellendefinitionen verändern (ALTER TABLE)«.

Tabellendefinitionen ändern	
MySQL	`ALTER TABLE tabellenname` `ADD [COLUMN] spaltendefinition |` `ADD {INDEX	UNIQUE} [indexname] (spaltenname) |` `ADD PRIMARY KEY (spaltenname) |` `ADD [CONSTRAINT constraintname]` `FOREIGN KEY (spaltenname)` `REFERENCES tabellenname (spaltenname) |` `{ALTER	MODIFY} [COLUMN] spaltendefinition |` `DROP spaltenname |` `DROP CONSTRAINT constraintname;`

Tabellendefinitionen ändern	

MS Access	`ALTER TABLE tabellenname`
	`ADD spaltendefinition |`
	`ALTER spaltendefinition |`
	`CONSTRAINT constraint |`
	`DROP spaltenname |`
	`DROP CONSTRAINT constraintname;`
	Bemerkung:
	Sie können nur eine Änderung pro Befehl durchführen.

PostgreSQL	`ALTER TABLE tabellenname`
	`ADD {spaltendefinition | constraint} |`
	`ALTER [COLUMN] spaltendefinition |`
	`DROP spaltenname |`
	`DROP CONSTRAINT constraintname;`

Firebird/ InterBase	`ALTER TABLE tabellenname`
	`ADD {spaltendefinition | constraint} |`
	`ALTER [COLUMN] spaltendefinition |`
	`DROP spaltenname |`
	`DROP CONSTRAINT constraintname;`

OpenOffice	`ALTER TABLE tabellenname`
	`ADD {spaltendefinition | constraint} |`
	`ALTER [COLUMN] spaltendefinition |`
	`ADD CONSTRAINT constraint |`
	`DROP spaltenname |`
	`DROP CONSTRAINT constraintname;`

IBM DB2	`ALTER TABLE tabellenname`
	`ADD spaltendefinition |`
	`ADD CONSTRAINT constraint |`
	`ALTER {FOREIGN KEY | CHECK} constraintname constraint`
	`|`
	`ALTER [COLUMN] spaltendefinition |`
	`DROP PRIMARY KEY |`
	`DROP {FOREIGN KEY | UNIQUE | CHECK | CONSTRAINT}`
	`constraintname;`

Oracle	`ALTER TABLE tabellenname`
	`ADD {spaltendefinition | constraint} |`
	`DROP {spaltenname | constraintname} |`
	`MODIFY spaltennname spaltendefinition |`
	`MODIFY CONSTRAINT constraintname constraint;`

Tabellendefinitionen ändern	

SQL Server	`ALTER TABLE tabellenname`
	`ADD spaltendefinition |`
	`ADD CONSTRAINT constraint |`
	`ALTER COLUMN spaltenname |`
	`DROP spaltenname |`
	`DROP CONSTRAINT constraint;`
	Bemerkung:
	Sie können nur eine Änderung pro Befehl durchführen.

SQLite	`ALTER TABLE tabellenname`
	`ADD {spaltendefinition } |`
	`RENAME TO neuertabelenname;`

Tabellen löschen (DROP TABLE)

In Abschnitt 3.7, »Tabellen löschen (DROP TABLE)«, haben Sie erfahren, wie Sie Tabellen löschen können und was Sie dabei beachten sollten.

Tabellen löschen	
MySQL	`DROP TABLE tabellenname;`
MS Access	`DROP TABLE tabellenname;`
PostgreSQL	`DROP TABLE tabellenname;`
Firebird/InterBase	`DROP TABLE tabellenname;`
OpenOffice	`DROP TABLE tabellenname;`
IBM DB2	`DROP TABLE tabellenname;`
Oracle	`DROP TABLE tabellenname;`
SQL Server	`DROP TABLE tabellenname;`
SQLite	`DROP TABLE tabellenname;`

19.4 Domänen anlegen, ändern, löschen

Wie Sie Domänen anlegen, ändern und löschen, wissen Sie aus Abschnitt 3.5, »Domänen«.

Domänen erstellen (CREATE DOMAIN)

Sie haben in Abschnitt 3.5.1, »Domänen erstellen (CREATE DOMAIN)«, erfahren, welche Möglichkeiten es für Sie gibt, Domänen anzulegen.

Domänen erstellen	
MySQL	-:-
MS Access	-:-

PostgreSQL	`CREATE DOMAIN domänenname`
	`[AS] datentyp`
	`[DEFAULT wert]`
	`[NOT NULL]`
	`[CHECK (bedingung)];`

Firebird/InterBase	`CREATE DOMAIN domänenname`
	`[AS] datentyp`
	`[DEFAULT wert]`
	`[NOT NULL]`
	`[CHECK (bedingung)]`
	`[COLLATE sortierungsreihenfolge];`

OpenOffice	-:-
IBM DB2	-:-
Oracle	-:-
SQL Server	-:-
SQLite	-:-

Domänendefinition ändern (ALTER DOMAIN)

In Abschnitt 3.5.2, »Domänendefinition ändern (ALTER DOMAIN)«, haben Sie erfahren, wie Sie Domänendefinitionen ändern können.

Domänendefinition ändern	
MySQL	-:-
MS Access	-:-

PostgreSQL	`ALTER DOMAIN domänenname`
	`SET DEFAULT wert` |
	`DROP DEFAULT` |
	`ADD [CONSTRAINT] CHECK ( bedingung)` |
	`DROP CONSTRAINT` |
	`TYPE datentyp;`

Firebird/InterBase	`ALTER DOMAIN domänenname`
	`SET DEFAULT wert` |
	`DROP DEFAULT` |
	`ADD [CONSTRAINT] CHECK ( bedingung)` |
	`DROP CONSTRAINT` |
	`TYPE datentyp;`

OpenOffice	-:-

Domänendefinition ändern	
IBM DB2	-:-
Oracle	-:-
SQL Server	-:-
SQLite	-:-

Domänendefinition löschen (DROP DOMAIN)

Wie Sie Domänen löschen, wissen Sie aus Abschnitt 3.5.3, »Domänendefinition löschen (DROP DOMAIN)«.

Domänendefinition löschen	
MySQL	-:-
MS Access	-:-
PostgreSQL	`DROP DOMAIN domänenname` `[ CASCADE | RESTRICT ];`
Firebird/InterBase	`DROP DOMAIN domänenname;`
Openoffice	-:-
IBM DB2	-:-
Oracle	-:-
SQL Server	-:-
SQLite	-:-

19.5 Indizes anlegen, ändern, löschen

19.5.1 Indizes anlegen (CREATE INDEX)

Wie Sie Indizes anlegen können, wissen Sie aus Abschnitt 3.8.2, »Index bei der Tabellenanlage definieren«, und Abschnitt 3.8.3, »Index nach Tabellendefinition definieren (CREATE INDEX)«.

Indizes anlegen	

MySQL	`CREATE [UNIQUE]`
	`INDEX indexname`
	`ON tabellenname (spaltenname [(länge)]);`

MS Access	`CREATE [UNIQUE]`
	`INDEX indexname`
	`ON tabellenname (spaltenname);`

Indizes anlegen	

PostgreSQL	`CREATE [UNIQUE]`
	`INDEX indexname`
	`ON tabellenname [USING methode] spaltenname);`

Firebird/InterBase	`CREATE [UNIQUE] [{ASC[ENDING] | DESC[ENDING]}]`
	`INDEX indexname`
	`ON tabellenname (spaltenliste);`

OpenOffice	`CREATE [UNIQUE]`
	`INDEX indexname`
	`ON tabellenname (spaltenliste);`

IBM DB2	`CREATE [UNIQUE]`
	`INDEX indexname`
	`ON tabellenname (spaltenliste);`

Oracle	`CREATE [UNIQUE]`
	`INDEX indexname`
	`ON tabellenname`
	`(spaltenname [{ASC | DESC}]);`

SQL Server	`CREATE [UNIQUE]`
	`INDEX indexname`
	`ON tabellenname (spaltenname);`

SQLite	`CREATE [UNIQUE]`
	`INDEX indexname`
	`ON tabellenname`

Indizes ändern (ALTER INDEX)

Indizes ändern	
MySQL	-:-
MS Access	-:-
PostgreSQL	`ALTER INDEX indexname RENAME TO neuer_indexname;`
Firebird/InterBase	`ALTER INDEX indexname;`
OpenOffice	`ALTER INDEX indexname RENAME TO neuer_indexname;`
IBM DB2	-:-
Oracle	-:-
SQL Server	-:-
SQLite	-:-

Indizes löschen (DROP INDEX)

In Abschnitt 3.8.5, »Index löschen (DROP INDEX)«, haben Sie erfahren, wie Sie Indizes löschen können.

Indizes löschen	
MySQL	`DROP INDEX indexname ON tabellenname;`
MS Access	`DROP INDEX indexname ON tabellenname;`
PostgreSQL	`DROP INDEX indexname;`
Firebird/InterBase	`DROP INDEX indexname;`
OpenOffice	`DROP INDEX indexname;`
IBM DB2	`DROP INDEX indexname;`
Oracle	`DROP INDEX indexname;`
SQL Server	`DROP INDEX tabellenname.indexname;`
SQLite	`DROP INDEX indexname;`

19.6 Datensätze einfügen, ändern, löschen

Wie Sie Datensätze einfügen, haben Sie in Kapitel 4, »Datensätze einfügen (INSERT INTO)«, erfahren. Wie Sie vorgehen, um Daten zu ändern, wissen Sie aus Kapitel 8, »Datensätze ändern (UPDATE)«. In Kapitel 9, »Datensätze löschen (DELETE FROM)«, haben Sie erfahren, wie Sie Daten wieder löschen.

Datensätze einfügen (INSERT INTO)

Datensätze einfügen	

MySQL	`INSERT INTO tabellenname [(spaltenliste)]`
	`VALUES (werte) [, (werte) ...];`
	Bemerkung:
	Durch Kommata getrennt, können auch mehrere Datensätze eingegeben werden.

MS Access	`INSERT INTO tabellenname [(spaltenliste)]` `VALUES (werte);`
PostgreSQL	`INSERT INTO tabellenname [(spaltenliste)]` `VALUES (werte);`
Firebird/InterBase	`INSERT INTO tabellenname [(spaltenliste)]` `VALUES (werte);`
OpenOffice	`INSERT INTO tabellenname [(spaltenliste)]` `VALUES (werte);`
IBM DB2	`INSERT INTO tabellenname [(spaltenliste)]` `VALUES (werte);`

Datensätze einfügen	
Oracle	`INSERT INTO tabellenname [(spaltenliste)] VALUES (werte);`
SQL Server	`INSERT [INTO] tabellenname [(spaltenliste)] VALUES (werte);`
SQLite	`INSERT [INTO] tabellenname [(spaltenliste)] VALUES (werte);`

Datensätze ändern (UPDATE)

Datensätze ändern	
MySQL	`UPDATE tabellenname SET spaltenname = wert [WHERE auswahlbedingung];`
MS Access	`UPDATE tabellenname SET spaltenname = wert [WHERE auswahlbedingung];`
PostgreSQL	`UPDATE tabellenname SET spaltenname = wert [WHERE auswahlbedingung];`
Firebird/InterBase	`UPDATE tabellenname SET spaltenname = wert [WHERE auswahlbedingung];`
OpenOffice	`UPDATE tabellenname SET spaltenname = wert [WHERE auswahlbedingung];`
IBM DB2	`UPDATE tabellenname SET spaltenname = wert [WHERE auswahlbedingung];`
Oracle	`UPDATE tabellenname SET spaltenname = wert [WHERE auswahlbedingung];`
SQL Server	`UPDATE tabellenname SET spaltenname = wert [WHERE auswahlbedingung];`
SQLite	`UPDATE tabellenname SET spaltenname = wert [WHERE auswahlbedingung];`

Datensätze löschen (DELETE FROM)

Datensätze löschen	
MySQL	`DELETE FROM tabellenname [WHERE auswahlbedingung];`
MS Access	`DELETE FROM tabellenname [WHERE auswahlbedingung];`
PostgreSQL	`DELETE FROM tabellenname [WHERE auswahlbedingung];`
Firebird/InterBase	`DELETE FROM tabellenname [WHERE auswahlbedingung];`
OpenOffice	`DELETE FROM tabellenname [WHERE auswahlbedingung];`
IBM DB2	`DELETE FROM tabellenname [WHERE auswahlbedingung];`
Oracle	`DELETE FROM tabellenname [WHERE auswahlbedingung];`
SQL Server	`DELETE [FROM] tabellenname [WHERE auswahlbedingung];`
SQLite	`DELETE [FROM] tabellenname [WHERE auswahlbedingung];`

19.7 Daten abfragen (SELECT)

In Kapitel 5, »Daten abfragen (SELECT)«, haben Sie erfahren, wie Sie grundsätzlich Daten aus Tabellen abfragen können. Sie wissen von UNION und den Funktionen, die Sie verwenden können. In Kapitel 6, »Daten aus mehreren Tabellen abfragen (JOIN)«, haben Sie erfahren, wie Sie Daten aus mehreren Tabellen abfragen. In Kapitel 7, »Unterabfragen (Subselects)«, haben Sie die Möglichkeiten, die Ihnen Unterabfragen bieten, kennengelernt. In Abschnitt 5.2.1, »Vergleichsoperatoren«, haben Sie mehr über die Verwendung von Vergleichsoperatoren erfahren.

Allgemeiner Aufbau

<table>
<tr><th colspan="2">Daten abfragen</th></tr>
<tr><td>MySQL</td><td>SELECT [DISTINCT] spaltenliste
FROM tabellenname [AS aliasname]
[{INNER | LEFT | RIGHT} JOIN
tabellenname1 [AS aliasname1] ON
(tabellenname.spaltenname =
tabellenname1.spaltenname)]
[WHERE auswahlbedingung]
[GROUP BY spaltenliste]
[HAVING auswahlbedingung]
[ORDER BY spaltenliste];</td></tr>
<tr><td>MS Access</td><td>SELECT spaltenliste
FROM tabellenname [AS alias]
[{INNER | LEFT | RIGHT} JOIN
(tabellenname2 [AS alias2]
{INNER | LEFT | RIGHT} JOIN
(tabellenname3 [AS alias3]
ON tabellenname3.spaltenname =
tabellenname2.spaltenname)
ON tabellenname2.spaltenname =
tabellenname.spaltenname]
[WHERE auswahlbedingung]
[GROUP BY spaltenliste]
[HAVING auswahlbedingung]
[ORDER BY spaltenliste];</td></tr>
<tr><td>PostgreSQL</td><td>SELECT [DISTINCT] spaltenliste
FROM tabellenname [aliasname]
[{INNER | LEFT | RIGHT | FULL | CROSS} JOIN
tabellenname1 [aliasname1] ON
(tabellenname.spaltenname =
tabellenname1.spaltenname1)]
[WHERE auswahlbedingung]
[GROUP BY spaltenliste]
[HAVING auswahlbedingung]
[ORDER BY spaltenliste];</td></tr>
<tr><td>Firebird/InterBase</td><td>SELECT [DISTINCT] spaltenliste
FROM tabellenname [aliasname]
[{INNER | LEFT | RIGHT} JOIN tabellenname1
[aliasname1] ON
(tabellenname.spaltenname =
tabellenname1.spaltenname1)]
[WHERE auswahlbedingung]
[GROUP BY spaltenliste]
[HAVING auswahlbedingung]
[ORDER BY spaltenliste];</td></tr>
</table>

<table>
<tr><th colspan="2">Daten abfragen</th></tr>
<tr><td>OpenOffice</td><td>SELECT [DISTINCT] spaltenliste
[INTO neuer_tabellenname]
FROM tabellenname [aliasname]
[{INNER | LEFT OUTER | RIGHT OUTER | CROSS} JOIN
tabellenname1 [aliasname1] ON
(tabellenname.spaltenname =
tabellenname1.spaltenname1)]
[WHERE auswahlbedingung]
[GROUP BY spaltenliste]
[HAVING auswahlbedingung]
[ORDER BY spaltenliste];</td></tr>
<tr><td>IBM DB2</td><td>SELECT [DISTINCT] spaltenliste
FROM tabellenname
[{INNER | LEFT | RIGHT} JOIN tabellenname1 ON
(tabellenname.spaltenname =
tabellenname1.spaltenname1)]
[WHERE bedingung]
[GROUP BY liste]
[HAVING bedingung]
[ORDER BY spaltenliste];</td></tr>
<tr><td>Oracle</td><td>SELECT [{DISTINCT | ALL}] spaltenliste
FROM ({unterabfrage [ORDER BY spaltenliste]) |
tabellenname | viewname}
[{INNER | {LEFT | RIGHT} [OUTER]} JOIN tabellenname2
[aliasname1]
ON tabellenname.spaltenname =
tabellenname2.spaltenname]
[WHERE auswahlbedingung]
[GROUP BY (spaltenliste)
[HAVING auswahlbedingung]]
[ORDER BY spaltenliste];</td></tr>
<tr><td>SQL Server</td><td>SELECT spaltenliste
FROM tabellenname [AS aliasname]
[{INNER | LEFT | RIGHT} JOIN
tabellenname2 [AS aliasname2]
ON tabellenname.spaltenname =
tabellenname2.spaltenname]
[WHERE auswahlbedingung]
[GROUP BY spaltenliste]
[HAVING auswahlbedingung]
[ORDER BY spaltenliste];</td></tr>
</table>

Daten abfragen	

SQLite	`SELECT [DISTINCT] spaltenliste`
	`FROM tabellenname [aliasname]`
	`[{INNER | LEFT | CROSS} JOIN tabellenname1`
	`[aliasname1] ON`
	`(tabellenname.spaltenname =`
	`tabellenname1.spaltenname1)]`
	`[WHERE auswahlbedingung]`
	`[GROUP BY spaltenliste]`
	`[HAVING auswahlbedingung]`
	`[ORDER BY spaltenliste];`

Mengenoperationen (UNION, INTERSECT, EXCEPT/MINUS)

Mengenoperationen	

MySQL	`SELECT spaltenliste FROM tabelle1`
	`UNION [ALL]`
	`SELECT spaltenliste FROM tabelle2;`
	Bemerkung:
	`INTERSECT` und `EXCEPT/MINUS` werden nicht unterstützt.

MS Access	`SELECT spaltenliste FROM tabelle1`
	`UNION [ALL]`
	`SELECT spaltenliste FROM tabelle2;`
	Bemerkung:
	`INTERSECT` und `EXCEPT/MINUS` werden nicht unterstützt.

PostgreSQL	`SELECT spaltenliste FROM tabelle1`
	`{UNION | INTERSECT | EXPECT}`
	`SELECT spaltenliste FROM tabelle2;`

Firebird/InterBase	`SELECT spaltenliste FROM tabelle1`
	`UNION [ALL]`
	`SELECT spaltenliste FROM tabelle2;`
	Bemerkung:
	`INTERSECT` und `EXCEPT/MINUS` werden nicht unterstützt.

Openoffice	`SELECT spaltenliste FROM tabelle1`
	`{UNION | MINUS | EXPECT}`
	`SELECT spaltenliste FROM tabelle2;`

IBM DB2	`SELECT spaltenliste FROM tabelle1`
	`{UNION | INTERSECT | EXCEPT}[ALL]`
	`SELECT spaltenliste FROM tabelle2;`
	Bemerkung:
	`INTERSECT` und `EXCEPT` werden unterstützt.

Oracle	`SELECT spaltenliste FROM tabelle1`
	`{UNION | INTERSECT | MINUS}`
	`SELECT spaltenliste FROM tabelle2;`

Mengenoperationen	

SQL Server	`SELECT spaltenliste FROM tabelle1`
	`UNION [ALL]`
	`SELECT spaltenliste FROM tabelle2;`
	Bemerkung:
	`INTERSECT` und `EXCEPT/MINUS` werden nicht unterstützt.

SQLite	`SELECT spaltenliste FROM tabelle1`
	`{UNION [ALL]| INTERSECT | EXCEPT}`
	`SELECT spaltenliste FROM tabelle2;`

Aggregatfunktionen

Die Aggregatfunktionen haben Sie in Abschnitt 5.6.1, »Aggregatfunktionen«, kennengelernt.

Aggregatfunktionen					
	`AVG()` Durchschnitt	`COUNT()` Datensätze zählen	`MAX()` Höchster Wert	`MIN()` Niedrigster Wert	`SUM()` Summe
MySQL	`AVG()`	`COUNT()`	`MAX()`	`MIN()`	`SUM()`
MS Access	`AVG()`	`COUNT()`	`MAX()`	`MIN()`	`SUM()`
PostgreSQL	`AVG()`	`COUNT()`	`MAX()`	`MIN()`	`SUM()`
Firebird/ InterBase	`AVG()`	`COUNT()`	`MAX()`	`MIN()`	`SUM()`
OpenOffice	`AVG()`	`COUNT()`	`MAX()`	`MIN()`	`SUN()`
IBM DB2	`AVG()`	`COUNT()`	`MAX()`	`MIN()`	`SUN()`
Oracle	`AVG()`	`COUNT()`	`MAX()`	`MIN()`	`SUM()`
SQL Server	`AVG()`	`COUNT()`	`MAX()`	`MIN()`	`SUM()`
SQLite	`AVG()`	`COUNT()`	`MAX()`	`MIN()`	`SUM()`

Mathematische Funktionen

Mathematische Funktionen kennen Sie aus Abschnitt 5.6.2, »Mathematische Funktionen«. Schlagen Sie dort für den speziellen Aufbau von `MOD()`, `EXTRACT()`, `POSITION()` und `CAST()` nach.

Mathematische Funktionen			
	ABS() Absoluter Wert	MOD(n,m) Modulo/Rest einer Division	EXTRACT() Teilwerte ermitteln
MySQL	ABS()	MOD(n,m)	EXTRACT() YEAR() MONTH() DAY()
MS Access	ABS()	-:-	YEAR() MONTH() DAY() HOUR() MINUTE() SECOND()
PostgreSQL	ABS()	MOD()	-:-
Firebird/InterBase	ABS()	MOD()	-:-
OpenOffice	ABS()	MOD()	EXTRACT()
IBM DB2	ABS()	MOD()	YEAR() MONTH() DAY()
Oracle	ABS()	MOD()	EXTRACT() YEAR() MONTH() DAY() HOUR() MINUTE() SECOND()
SQL Server	ABS()	-:-	YEAR() MONTH() DAY()
SQLite	ABS()	-:-	-:-

Mathematische Funktionen		
	POSITON() Zeichen suchen	CAST() Typumwandlung
MySQL	POSITION() LOCATE() INSTR()	CAST()
MS Access	INSTR()	-:-
PostgreSQL	POSITION()	CAST()
Firebird/InterBase	POSITION()	CAST()

Mathematische Funktionen		
OpenOffice	POSITION()	CAST()
IBM DB2	LOCATE()	CAST()
Oracle	POSITION() INSTR()	CAST()
SQL Server	-:-	CAST()
SQLITE	-:-	CAST()

Datumsfunktionen			
	CURRENT_DATE() Aktuelles Systemdatum	CURRENT_TIME(n) Aktuelle Systemzeit	CURRENT_ TIMESTAMP(n) Aktuelles Systemdatum und aktuelle Systemzeit
MySQL	CURRENT_ DATE[()]	CURRENT_ TIME[()]	CURRENT_ TIMESTAMP[()] NOW() SYSDATE()
MS Access	NOW() DATE()	TIME()	-:-
PostgreSQL	CURRENT_DATE	CURRENT_TIME	CURRENT_ TIMESTAMP
Firebird/InterBase	CURRENT_DATE	CURRENT_TIME	CURRENT_ TIMESTAMP
OpenOffice	CURRENT_DATE	CURRENT_TIME	CURRENT_ TIMESTAMP
IBM DB2	CURRENT_DATE	CURRENT_TIME	CURRENT_ TIMESTAMP
Oracle	CURRENT_DATE()	CURRENT_TIME()	CURRENT_ TIMESTAMP
SQL Server	GETDATE() GETUTCDATE()	GETDATE() GETUTCDATE()	CURRENT_ TIMESTAMP
SQLite	CURRENT_DATE	CURRENT_TIME	CURRENT_ TIMESTAMP

Zeichenkettenfunktionen				
	CHAR_LENGTH() Zeichenlänge	SUBSTRING() Teile aus Zeichen	TRIM() Leerzeichen entfernen	UPPER() Groß-buch-staben
MySQL		SUBSTRING() MID()	TRIM()	UPPER() UCASE()
MS Access	-:-	MID()	TRIM()	UCASE()
PostgreSQL	CHAR_LENGTH()	SUBSTRING()	TRIM()	UPPER()
Firebird/ InterBase	CHARACTER_ LENGTH() CHAR_LENGTH()	-:-	TRIM()	UPPER()
OpenOffice	LENGTH()	SUBSTRING()	TRIM()	UCASE()
IBM DB2	LEN()	-:-	-:-	UPPER() UCASE()
Oracle	LENGTH() CHAR_LENGTH()	SUBSTR()	TRIM()	UPPER()
SQL Server	LEN()	LENGTH()	LTRIM() RTRIM()	UPPER()
SQLite	LENGTH()	SUBSTR()	TRIM()	UPPER()

Zeichenkettenfunktionen	
	Zeichenverkettung
MySQL	CONCAT(zeichenkette, zeichenkette)
MS Access	zeichenkette1 & zeichenkette2
PostgreSQL	zeichenkette1 || zeichenkette2
Firebird/InterBase	zeichenkette1 || zeichenkette2
OpenOffice	CONCAT(zeichenkette, zeichenkette)
IBM DB2	zeichenkette1 || zeichenkette2
Oracle	zeichenkette1 || zeichenkette2
SQL Server	zeichenkette1 + zeichenkette2
SQLIte	zeichenkette1 || zeichenkette2

19.8 Datensichten (VIEWS)

Die Erstellung und Verwendung von Datensichten haben Sie in Kapitel 10, »Datensichten«, kennengelernt.

Datensicht erstellen (CREATE VIEW)	

MySQL	`CREATE VIEW viewname [(spaltenliste)]`
	`AS`
	`auswahlbedingung`
	`[WITH CHECK OPTION];`

MS Access	Durch Abspeichern einer Abfrage

PostgreSQL	`CREATE [OR REPLACE] VIEW viewname [(spaltenliste)]`
	`AS`
	`auswahlbedingung;`

Firebird/InterBase	`CREATE VIEW viewname [(spaltenliste)]`
	`AS`
	`auswahlbedingung`
	`[WITH CHECK OPTION];`

OpenOffice	`CREATE VIEW viewname [(spaltenliste)]`
	`AS`
	`auswahlbedingung;`

IBM DB2	`CREATE VIEW viewname [(spaltenliste)]`
	`AS`
	`auswahlbedingung`
	`[WITH CHECK OPTION];`

Oracle	`CREATE [OR REPLACE] [[NO] FORCE]] VIEW viewname`
	`[(alias [...])]`
	`AS abfrage;`

SQL Server	`CREATE VIEW viewname [(spaltenliste)]`
	`AS`
	`auswahlbedingung`
	`[WITH CHECK OPTION];`

SQLite	`CREATE VIEW AS auswahlbedingung;` Views unter SQLite sind immer read-only.

Datensicht löschen (DROP VIEW)	
MySQL	`DROP VIEW [IF EXISTS] viewname` `[{CASCADE	RESTRICT}];`
MS Access	Durch Löschen einer gespeicherten Abfrage
PostgreSQL	`DROP VIEW [IF EXISTS] viewname` `[{CASCADE	RESTRICT}];`

Datensicht löschen (DROP VIEW)	
Firebird/InterBase	`DROP VIEW viewname;`
OpenOffice	`DROP VIEW viewname;`
IBM DB2	`DROP VIEW viewname;`
Oracle	`DROP VIEW viewname [{CASCADE | RESTRICT}];`
SQL Server	`DROP VIEW viewname;`
SQLite	`DROP VIEW viewname;`

19.9 Transaktionen

Sie haben in Kapitel 11, »Transaktionen«, erfahren, wie Sie Transaktionen einsetzen können.

Transaktionen	

MySQL	`START TRANSACTION;`
	`SQL-Anweisungen`
	`{COMMIT | ROLLBACK};`
	Bemerkung:
	Die Verwendung von Tabellentypen, die Transaktionen unterstützen (InnoDB oder BDB), ist Voraussetzung.

MS Access	-:-
PostgreSQL	`SQL-Anweisungen` `{BEGIN | COMMIT | ROLLBACK};`
Firebird/InterBase	`SQL-Anweisungen` `{COMMIT | ROLLBACK};`
OpenOffice	

IBM DB2	`BEGIN;`
	`SQL-Anweisungen`
	`{COMMIT | ROLLBACK};`

Oracle	`SQL-Anweisungen` `{COMMIT | ROLLBACK};`

Transaktionen	

SQL Server	`BEGIN`
	`SQL-Anweisungen`
	`END`
	Bemerkung:
	Es gibt die Möglichkeit, Transaktionen aufzuzeichnen. (`SAVE TRAN[SACTION] transaktionsname`) und dann mit `BEGIN TRAN[SACTION] transaktionsname` und mit `COMMIT TRAN[SACTION] transaktionsname` durchführen.

SQLite	`BEGIN TRANSACTION;`
	`SQL-Anweisungen`
	`COMMIT TRANSACTION | ROLLBACK TRANSACTION;`

19.10 Prozeduren/Funktionen/Trigger

Prozeduren anlegen	

MySQL	`CREATE PROCEDURE prozedurname`
	`(parametername datentyp)`
	`BEGIN`
	`anweisung`
	`END;`

MS Access	-:-
PostgreSQL	-:-

Firebird/InterBase	`CREATE PROCEDURE prozedurname`
	`parametername datentyp`
	`DECLARE VARIABLE variablenname datentyp`
	`BEGIN`
	`anweisung`
	`END;`

OpenOffice	

IBM DB2	`CREATE PROCEDURE prozedurname`
	`({IN | OUT | INOUT} parameterliste)`
	`[LANGUAGE SQL]`
	`[{MODIFIES SQL DATA | READS SQL DATA | CONTAINS SQL}]`
	`BEGIN`
	`anweisung`
	`END;`

Oracle	`CREATE [OR REPLACE] PROCEDURE [schema .] prozedurname`
	`[(argument [{IN | OUT | IN OUT}] datentyp)]`
	`{IS | AS}`
	`anweisung;`

Prozeduren anlegen	

SQL Server	`CREATE PROC[EDURE] prozedurname`
	`[@parameter datentyp`
	`[VARYING] [= vorgabewert] [OUTPUT]]`
	`[WITH`
	`{RECOMPILE | ENCRYPTION |`
	`RECOMPILE, ENCRYPTION}]`
	`[ FOR REPLICATION ]`
	`AS anweisung`
	`[...];`

SQLite	-:-

Prozeduren löschen	
MySQL	`DROP PROCEDURE prozedurname;`
MS Access	-:-
PostgreSQL	-:-
Firebird/InterBase	`DROP PROCEDURE prozedurname;`
OpenOffice	
IBM DB2	`DROP PROCEDURE prozedurname;`
Oracle	`DROP PROCEDURE prozedurname;`
SQL Server	`DROP PROCEDURE prozedurname;`
SQLite	-:-

Funktionen anlegen	

MySQL	`CREATE FUNCTION funktionsname`
	`(parametername datentyp`
	`)`
	`RETURN Rückgabewert`
	`anweisung`

MS Access	-:-

PostgreSQL	`CREATE FUNCTION funktionsname (`
	`parametername datentyp)`
	`RETURNS Rückgabewert`
	`AS anweisung`

Firebird/InterBase	Erfolgt über sogenannte externe Funktionen (UDF).
OpenOffice	-:-

Funktionen anlegen	

IBM DB2	`CREATE FUNCTION funktionsname (Parameterliste)`
	`RETURNS Datentyp`
	`[LANGUAGE SQL]`
	`[{READS SQL DATA | CONTAINS SQL}]`
	`Anweisungen`
	`RETURN Rückgabewert`

Oracle	`CREATE [OR REPLACE] FUNCTION [schema .] funktionsname`
	`[(argument [{IN | OUT | IN OUT}] datentyp)]`
	`RETURN datentyp {IS | AS}`
	`anweisung;`

SQL Server	`CREATE FUNCTION funktionsname`
	`(@parameter [AS] datentyp`
	`RETURNS datentyp`
	`[WITH funktionsoption]`
	`[AS]`
	`{RETURN [(]abfrage[)] |`
	`BEGIN`
	`  funktion`
	`  RETURN [wert]`
	`END};`

SQLite	-:-

Funktionen löschen	
MySQL	`DROP FUNCTION funktionsname;`
MS Access	-:-
PostgreSQL	`DROP FUNCTION funktionsname;`
Firebird/InterBase	-:-
OpenOffice	-:-
IBM DB2	`DROP FUNCTION funktionsname`
Oracle	`DROP FUNCTION [schema .] funktionsname;`
SQL Server	`DROP FUNCTION [ besitzername .] funktionsname [...];`
SQLite	-:-

Trigger anlegen	

MySQL	CREATE TRIGGER triggername
	{BEFORE | AFTER}
	{DELETE | INSERT | UPDATE}
	ON tabellenname
	[FOR EACH ROW]
	BEGIN
	anweisung
	END;

MS Access	-:-
PostgreSQL	CREATE TRIGGER triggername FOR tabellenname {BEFORE | AFTER} {DELETE | INSERT | UPDATE} [FOR EACH ROW] [FOR EACH STATEMENT] EXECUTE procedure
Firebird/InterBase	CREATE TRIGGER triggername FOR tabellenname [{ACTIVE | INACTIVE}] {BEFORE | AFTER} {DELETE | INSERT | UPDATE} [POSITION rang] AS anweisung;
OpenOffice	CREATE TRIGGER triggername FOR tabellenname {BEFORE | AFTER} {DELETE | INSERT | UPDATE} ON tabellenname CALL <TriggerClass>;
IBM DB2	CREATE TRIGGER triggername {AFTER | INSTEAD OF} {INSERT | UPDATE (spaltenliste) | DELETE} [REFERENCING {OLD | NEW} name] ON tabellenname {FOR EACH ROW | FOR EACH STATEMENT} anweisung;
Oracle	CREATE [OR REPLACE] TRIGGER [schema .] triggername {BEFORE | AFTER} {DELETE | INSERT | UPDATE [OF spaltenname [...]]} ON table FOR EACH ROW anweisung;

Trigger anlegen	
SQL Server	CREATE TRIGGER triggername ON {tabellenname | viewname} [WITH ENCRYPTION] {FOR | AFTER | INSTEAD OF} [DELETE] [,] [INSERT] [,] [UPDATE] [WITH APPEND] [NOT FOR REPLICATION] AS anweisung;

SQLite	CREATE TRIGGER triggername
	FOR tabellenname
	{BEFORE | AFTER | INSTEAD OF}
	{DELETE | INSERT | UPDATE}
	[FOR EACH ROW]
	BEGIN
	anweisung
	END;

Trigger ändern	
MySQL	-:-
MS Access	-:-
PostgreSQL	ALTER TRIGGER triggername ON tabellenname RENAME TO neuer_tabellenname
Firebird/InterBase	ALTER TRIGGER triggername [{ACTIVE | INACTIVE}] {BEFORE | AFTER} {DELETE | INSERT | UPDATE} [POSITION rang] AS anweisung;
OpenOffice	-:-
IBM DB2	-:-
Oracle	ALTER TRIGGER [schema .] triggername {ENABLE | DISABLE};
SQL Server	ALTER TRIGGER triggername ON ({table | view}) [WITH ENCRYPTION] {FOR | AFTER | INSTEAD OF} [DELETE] [,] [INSERT] [,] [UPDATE] [NOT FOR REPLICATION] AS anweisung;
SQLite	-:-

Trigger löschen	
MySQL	`DROP TRIGGER triggername;`
MS Access	-:-
PostgreSQL	`DROP TRIGGER triggername ON tabellenname`
Firebird/InterBase	`DROP TRIGGER triggername;`
OpenOffice	`DROP TRIGGER triggername;`
IBM DB2	`DROP TRIGGER triggername;`
Oracle	`DROP TRIGGER [schemaname .]triggername;`
SQL Server	`DROP TRIGGER triggername;`
SQLite	`DROP TRIGGER triggername;`

19.11 Benutzer, Privilegien, Sicherheit

Das Sicherheitskonzept des SQL-Standards haben Sie in Kapitel 14, »Benutzer, Privilegien und Sicherheit«, kennengelernt. Dort wurde Ihnen auch beschrieben, wie Sie Benutzern Rechte gewähren und sie ihnen wieder entziehen.

Benutzerrechte gewähren	

MySQL	`GRANT privilegienliste`
	`ON objekt`
	`TO benutzer`
	`[IDENTIFIED BY passwort]`
	`[WITH GRANT OPTION];`

MS Access	Nur über Menü möglich: EXTRAS • SICHERHEIT

PostgreSQL	`GRANT privilegienliste`
	`ON objekt`
	`TO benutzerliste`

Firebird/InterBase	`GRANT privilegienliste`
	`ON objekt`
	`TO benutzerliste`
	`[WITH GRANT OPTION];`

OpenOffice	`GRANT privilegienliste`
	`ON objekt`
	`TO benutzerliste`

Benutzerrechte gewähren	

IBM DB2	`GRANT privilegienliste`
	`ON TABLE tabellenname`
	`TO benutzerliste`
	`[WITH GRANT OPTION];`

Oracle	`GRANT privilegenliste`
	`ON objektname`
	`TO benutzerliste;`

SQL Server	`GRANT {ALL [PRIVILEGES] | privilegienliste}`
	`[ON {(spaltenliste) ON TABLE tabellenname |`
	`tabellenname | viewname [(spaltenliste)]}]`
	`TO benutzername`
	`[WITH GRANT OPTION];`

SQLite	Nicht implementiert. Rechte können über das Dateisystem an die Datenbankdatei vergeben werden.

Benutzerrechte entziehen	

MySQL	`REVOKE liste`
	`ON objekt`
	`FROM benutzerliste`

MS Access	Nur über Menü möglich: EXTRAS • SICHERHEIT

PostgreSQL	`REVOKE privilegienliste`
	`ON objekt`
	`FROM benutzerliste`

Firebird/InterBase	`REVOKE [GRANT OPTION FOR] privilegienliste`
	`ON objekt`
	`FROM benutzerliste;`

OpenOffice	`REVOKE privilegienliste`
	`ON TABLE tabellenname`
	`FROM benutzerliste;`

IBM DB2	`REVOKE privilegienliste`
	`ON TABLE tabellenname`
	`FROM benutzerliste;`

Oracle	`REVOKE {rollenname | privilegienliste}`
	`ON objektname`
	`FROM benutzerliste;`

SQL Server	`REVOKE [GRANT OPTION FOR] privilegienliste`
	`{ON (spaltenliste) ON TABLE tabellenname |`
	`tabellenname | viewname [(spaltenliste)]}`
	`{TO | FROM} benutzer`
	`[CASCADE];`

SQLite	Nicht implementiert. Rechte können über das Dateisystem an die Datenbankdatei vergeben werden.

19.12 Unterstützung von XML in Datenbanken

Unterstützung von XML	
MySQL	XML-Funktionen
MS Access	-:-
PostgreSQL	XML-Datentyp und XML-Funktionen
Firebird/InterBase	-:-
OpenOffice	-:-
IBM DB2	XML-Datentyp und XML-Funktionen
Oracle	XML-Datentyp und XML-Funktionen
SQL Server	XML-Datentyp und XML-Funktionen
SQLite	-:-

Gebräuchliche XML-Funktionen	
`xmlelement()`	Gibt einen XML-Wert zurück, der ein XML-Element darstellt.
`xmlattributes()`	Erstellt XML-Attribute aus gegebenen Parametern.
`xmlcomment()`	Gibt einen XML-Wert zurück, der einen XML-Kommentar darstellt.
`xmlforest()`	Gibt einen XML-Wert zurück, der eine XML-Struktur darstellt.
`xmlparse()`	Durchsucht ein XML-Dokument und gibt einen XML-Wert zurück.
`xmlconcat()`	Gibt eine XML-Struktur zurück, die eine Zusammenfassung von XML-Parametern darstellt.

Sie finden auf der Begleit-CD alle Beispiele des Buches, die Lernsoftware »SQL-Teacher« sowie freie Datenbanken.

20 Inhalt der CD-ROM

- **SQL-Teacher: Übungssoftware für SQL**
  Kopieren Sie die Datei *sqlteacher_setup.exe* auf Ihre Festplatte, und rufen Sie diese Datei auf (z. B. per Doppelklick im Datei-Explorer). Es startet dann das Setup-Programm, das Sie weiter durch die Installation führt.

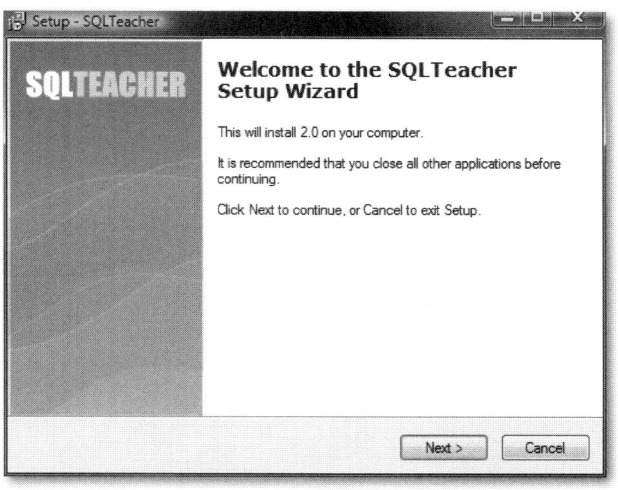

Abbildung 20.1 Installation des SQL-Teachers

- **Datenbanken**
  Folgende weitere Datenbanken finden Sie auf der Buch-CD. In Klammern ist das jeweilige Verzeichnis angegeben:
  - **MySQL 5.1.50 für Windows**
    (*databases/mysql-5.1.50-win32.zip*)
  - **MySQL 5.1.50 für Linux**
    (*databases/mysql5/mysql-5.1.50-linux-i386.tar.gz*)

- **Firebird 2.1.3 für Windows**
  (databases/FireBird/Firebird-2.1.3.Win32.exe)
- **Firebird 2.1.3 für Linux x86**
  (databases/FireBird/FirebirdCS-2.1.3..i686.rpm)
- **PostgreSQL Windows 9.0**
  (databases/postgressql/postgresql-9.0.zip)
- **PostgreSQL Linux 9.0**
  (databases/postgressql/postgresql-9.0.rpm)
- **OpenOffice Windows 3.2.1**
  (databases/openoffice/openoffice/OOo_3.2.1._Win32Intel_de.exe)

Index

A

B

C

D

E

F

G

H

I

J

K

L

M

N

V

W

X

Y

Z

Für Programmieranfänger und Umsteiger

Mit vielen Beispielen und Übungsaufgaben

Inkl. objektorientierter Programmierung, Datenbanken, Internet u.v.m.

Thomas Theis

Einstieg in Python 3

Sie möchten Python lernen? Mit diesem Buch schaffen Sie es! Anhand von anschaulichen Beispielen werden Sie Schritt für Schritt mit den Grundlagen, aber auch fortgeschritteneren Themen wie Oberflächen-, Datenbank- und Internetprogrammierung vertraut gemacht.
Selbst wenn Sie noch keine Programmierkenntnisse haben, wird Ihnen der Einstieg in Python im wahrsten Sinne des Wortes spielend gelingen!

399 S., 2. Auflage 2009, mit CD, 24,90 Euro, 42,90 CHF
ISBN 978-3-8362-1406-3

>> www.galileocomputing.de/2108

Galileo Computing